国学新读本

论　　语

臧知非　注说

河南大学出版社

国学新读本编辑委员会

总策划　马小泉

主　编　李振宏

编　委　(以姓氏笔画为序)

马小泉　王　健　朱绍侯　刘小敏

李中华　李振宏　苏凤捷　何晓明

张云鹏　张富祥　宋会群　杨天宇

杨寄林　杨朝明　赵国华　郑慧生

姜建设　袁喜生　曹　峰　曹础基

曾振宇　戚良德　龚留柱　熊铁基

目　录

序 …………………………………… 李振宏（ 1 ）
《论语》通说 ………………………………………（ 1 ）

学而第一 …………………………………………（106）
为政第二 …………………………………………（112）
八佾第三 …………………………………………（119）
里仁第四 …………………………………………（128）
公冶长第五 ………………………………………（134）
雍也第六 …………………………………………（142）
述而第七 …………………………………………（150）
泰伯第八 …………………………………………（159）
子罕第九 …………………………………………（165）
乡党第十 …………………………………………（173）
先进第十一 ………………………………………（181）
颜渊第十二 ………………………………………（191）
子路第十三 ………………………………………（198）
宪问第十四 ………………………………………（207）

卫灵公第十五 …………………………………（220）
季氏第十六 ……………………………………（228）
阳货第十七 ……………………………………（234）
微子第十八 ……………………………………（243）
子张第十九 ……………………………………（248）
尧曰第二十 ……………………………………（255）
参考文献 ………………………………………（258）

序

最近一些年来,一股"国学热"的思潮强劲涌动,在文化学界以至于整个社会上,引起了强烈反响。为什么在这样一个社会的大变革时代,在从传统社会向现代社会的转型期,最为传统的国学,却能引起国人的极大兴趣,这的确是一个值得思考和研究的问题。

"国学"作为一个学术文化概念,产生于近代。从渊源上讲,"国学"概念的产生,与"国粹"有些关联,并且是从对抗西学侵入的角度提出来的。今天,中华民族早已是一个独立于世界民族之林的自立自强的民族,全球经济一体化所带来的世界文化的汇合与交融,也早已是历史发展的必然趋势,而在这样的历史大势中,却会有"国学热"的产生,乍一看来,确有不可思议之处。但实际上,国学的当代走红,则与我们今天所处的历史时代有着一定的关系。

随着改革开放的迅速推进,随着市场经济的强劲发展,传统道德受到了强烈冲击,传统文化与现代文化观念的碰撞也日益强烈。于是,如何看待传统文化的问题,就严峻地提到了国人的面前。传统文化的出路何在,它从何而来,要走向何方,如何对之进行价值重估,一切关心文化问题,有着强烈历史责任感的人们,无不把关注的目光投向中国的传统学术。当然,也不排除一些对改革开放和市场经济所带来的冲击无法理解和接受,对现代经济发展对传统道德的亵渎强烈抗议的人们,自然而然地发出向传统文化复归而倡导国学的呼声。总之,不论是出于积极的思考,还是抱着一种向后看的心态,对国学的重视则成了最近十多年来一种普遍的文化选择。

于是,对待"国学热"就需要有一个分析的态度。对于任何一个民族的发展来说,传统文化都是其牢固的根基,是其一切历史的出发点,摒弃传统、甚至全盘否定传统文化,都是幼稚可笑的,不可取的。但一遇到问题就求助于传统,甚至一味狂热地提倡向传统复归,也是走不通的,过去那句常说的"倒退是没有出路的"话,虽说不是什么至理名言,却也还是有些道理的。这些年来,一些地方出现的中小学生、甚至幼儿园小朋友的读经热,就是一种值得注意的倾向。国学,毕竟是一种学术,需要有一定的文化基础,有一定的分析批判能力,才能对之进行识读、鉴别而决定其取舍。所以,严格地说,对于国学,尤其是经学,在当代中国,需要的是研究以及在此基础上的批判继承,而不是再像传统社会中那样采取唱诗班的方式,对青少年一代进行无分析地灌输。因此,如何弘扬传统文化,就是一个需要思考的问题。

正是基于以上考虑,为着弘扬优秀传统文化的需要,也为着对社会上盲目崇尚读经的风气有所引导,我们组织了这套"国学新读本"丛书,选择一些在中国传统文化中影响较大的国学典籍,对之进行简明扼要的注释,然后在读本前边,用较大篇幅解读该典籍的基本思想文化内涵,评述其在中国文化史上的地位和影响,并对如何阅读该典籍做出读书方法上的引导。通过这样一个较为翔实的导读内容,以批判分析的态度,给青年人的国学典籍阅读提供一个健康的思想导向。根据这样的宗旨,这套丛书,在大的结构上,每本都分为通说和简注两个部分,通说是导读的性质,简注在于疏通文字,希望这样的安排,能够为青年朋友和一般社会读者提供一个国学入门的向导。果能如此,也就实现了撰著者和出版者的愿望。

国学所以是国学,就在于它是我们祖国优秀民族文化和民族精神的载体。在这些国学典籍中,包含着民族文化的基因,蕴藏着民族精神的范型。衷心期待这套丛书能够成为广大读者学习国学精华,体认民族精神,继承祖国优秀文化遗产的良师益友。

李振宏

2008 年 2 月 28 日

《论语》通说

孔子是我国春秋末期人,《论语》是孔子与其弟子们的言论集及活动记录。

在中华文明史上,没有任何一个人像孔子这样受到人们广泛的关注,也没有任何一本书像《论语》这样为社会各个阶层所普遍地研读。尽管中国的社会性质、文明程度都发生了天翻地覆的变化,但是,在今天,孔子仍以其强大的人格魅力、学术贡献以及学术精神为人们所敬仰,并且日益走向世界;《论语》也以其巨大的文化内涵借助于现代传媒手段为更多的人所知道。

然而,现在人们心目中的孔子,已经不是历史上的孔子,现在人们所理解的《论语》与《论语》所表达的真实思想已经相去甚远!

这是认识主体的知识结构、价值取向、情感倾向的时代性所决定的。

但是,孔子是两千五百年以前的孔子,《论语》是两千五百年以前的《论语》。孔子的形象和行为不会因为人们后天认识的不同而变化,《论语》也不会因为后人理解的不同而改变其原来的内涵。

历史是客观的存在。

历史是无法改变的。

孔子是历史人物,《论语》是历史的《论语》,后人无法改变孔子的历史真实,也无法改变《论语》的历史思想。

后人——包括今人所理解的孔子和《论语》,并不全是历史上真实的孔子和《论语》。

要认识真正的孔子,要理解《论语》究竟说了些什么,我们今天从孔子身上学些什么,从《论语》中继承些什么,就要了解历史上的真孔子,理解《论语》的真含义,按照历史的逻辑顺序去拜见孔子,听听历史上的孔子所说的真实意思,而不是从时代的既定形象上去演绎孔子,借孔子之口说自己的话。

但是,孔子,又是时代的孔子;《论语》,又是时代的论语。孔子的思想具有相当程度的普遍性,确实跨越了历史时空的局限,影响着中国的现实。

认识历史上的孔子,准确把握两千五百年以前孔子的思想,是科学地继承孔子的思想财富、建设当代新文化的前提。

为达此目的,本书先纵向介绍孔子的一生,再横向介绍孔子的思想主张,最后介绍《论语》的成书过程,以助于读者对《论语》的理解。

一　孔子生平事略

孔子生活的春秋时代,是一个礼崩乐坏、新旧交替、使人彷徨又催人奋进的时代。生活在动荡之中的孔子,一心要将动荡的现实纳入到自己理想的秩序世界中,他殚精竭虑,思考着人生的真谛、理想的世界,数十年如一日,为了实现其人生目标奔走呼号、颠沛流离而矢志不渝。虽然他的政治理想没有实现,但他给后人留下了一个取之不尽、用之不竭的精神宝库,影响了中华文明数千年的发展进程,至今影响依然很大。这一切和孔子生活的时代是分不开的。

（一） 动荡的时代

当西周的历史推进到公元前770年的时候，随着周平王将都城由镐京（今西安市西）迁到雒邑（今洛阳王城公园附近），周王室迅速衰微，大国争霸不休，天子威严扫地。到了韩、赵、魏三家分晋（韩、赵、魏三家瓜分晋国实际完成于公元前453年，此前是韩氏、赵氏、魏氏和智氏四家控制晋国的政权，这一年，韩、赵、魏三家消灭智氏，瓜分了智氏的土地和臣民，实际上瓜分了晋国。但是，此后晋国公室依然存在，三家的爵位还是大夫。直到公元前403年，周王才正式命韩、赵、魏为诸侯，承认了三家分晋的合法性。许多史书将公元前403年作为我国战国时代的开端，司马光的《资治通鉴》就是从这一年写起的。但是，司马迁的《史记·六国年表》从历史事实出发，根据韩、赵、魏三家在晋国的实际执政状况，从公元前476年即周元王元年起，将还是大夫身份的韩宣子、赵简子、魏献子作为国君列入六国年表，所以现代通行的历史分期，将这一年作为春秋时代结束的年份），社会结构发生了天翻地覆的变化，社会性质演进到了更高一级的阶段。因为从周平王东迁到韩、赵、魏三家分晋和孔子删修鲁国史书《春秋》（《春秋》本来是鲁国史书名称，孔子删修之后，记述鲁隐公元年即周平王四十九年（公元前722年）到鲁哀公十四年即周敬王三十九年（公元前481年）的历史）的起讫年代基本相当，历史上就把这个时间段即公元前770年到公元前476年称为春秋时代，而将公元前475年到公元前221年秦始皇统一六国这个时间段称之为战国时代。

孔子就生活在春秋末期。要了解孔子的思想，必须对春秋的社会变动做一个简单的交代。因为存在决定意识，时势造英雄，孔子就是春秋时代的大动荡、大变革造就的伟大人物。

周人本来是商朝属下的僻居于西北的一个蕞尔小邦,自称"小邦周"。商朝就是由众多的像西周这样的小邦国组成的一个王朝。商王的势力最大,其余各个小国无力和商王抗衡而臣服于商,这种实力对比一旦发生变化,必然发生冲突。在公元前11世纪上半叶,商王朝陷入动荡之中。就是这个时候,周人势力壮大,成为西方众多小邦国的领袖,迅速走上和商朝王室对抗的道路。在公元前1046年左右,周武王姬发率领众多的诸侯推翻商朝,建立了西周王朝,定都于镐。不久,武王的弟弟周公旦又经过三年的征战,平定叛乱,安定了大局,周朝的统治才稳定下来。

周朝是在众多小邦国的共同支持下取代商朝的,这些小邦国在历史上被称为诸侯。孤立地看,周王室的力量大于任何一个诸侯,但在总体上远远不能和众多诸侯的力量相比。而周人兴起于西北,都城也在西部,根本无法对广大的东方地区进行直接的统治,于是采用分封制,就是把全国大部分土地划分成大大小小的邦国分封给周王的子侄兄弟、亲戚功臣、同盟与国;对于那些原来臣属于商朝并且曾经支持商朝与周对抗的邦国,只要投到周朝门下,承认周天子的领袖地位,也给他一个诸侯的称号,区别在于诸侯之间的政治地位不同而已。

根据文献记载,西周初年,曾经一次性地分封了七十多个诸侯国,在今山东一带,有齐、鲁两个大国,有邹、洙、滕、曹、茅、刑、郜等小国;在今河南一带,有宋、卫、官、蔡、郑、毛、雍、应、凡、蒋、胙、祭、虢叔、虢仲、陈、杞、申、吕等国;在今山西、河北一带,有晋、韩、燕、中山、霍等;在今南方地区有吴、楚、申、随等国。除了这些,还有众多自夏朝就遗留下来的许多小邦国没见记载,依然保有其原来的土地和人口,也得到了周王的承认。而周王室则把最肥沃的关中到雒邑之间的广大地区作为自己的根据地,称为王畿。雒邑是周朝的陪都,是控制东方诸侯国的桥头堡。关中到雒邑之间被称为畿内。镐京被称做宗周,雒邑被称做成周。所以,周王朝号称天下一统,但实际上是周邦和庶邦并存,从权力实体上来说是个万邦林立的时代。

当时,诸侯的义务一是向王室交纳土特产,也就是贡赋;二是定期朝见周王,即朝觐;三是周王有重大军事行动,诸侯要出兵协助。除了出兵以外,所谓的贡赋和朝觐都是礼节性的。至于各诸侯国内的军民政务,周王是不能过问的,否则,就被认为是违背礼制。当时,周王的地位不是依靠统一的政治、军事、经济制度来维持的,而是依靠其东西千里的王畿来维持的,任何一个诸侯国甚至几个、十几个诸侯国的面积加起来都无法和王畿相比,诸侯们当然只有服从的份。所以,我们不能用后世的统一国家的观念来看待周朝的统一。

为了保证周天子的独尊地位,在周人内部实行宗法制,王位始终有嫡长子继承,其余的庶子统统分封,即王后的长子继承王位,其余兄弟无论是王后之子还是其他嫔妃之子,无论是年长还是年少于王后的长子,或者分封为侯,建立自己的侯国;或者在王畿内部分得一块土地,叫做采邑,采邑的主人则在王室担任一定的职务。这样,天子永远都是天下的宗主,是天下最大的族长。

周代诸侯是统称,实际上根据受封者与周王的远近以及功劳大小分为不同等级,一般有五等:公、侯、伯、子、男。不同爵称的人尽管在历史上笼统地都称为诸侯,但政治待遇、地位高低、封土大小都有不同。无论何种爵位,也都是按照宗法制继承,诸侯的嫡长子永远为诸侯。诸侯对周天子来说是小宗,在国内则是大宗。诸侯在国内则根据亲疏远近,划分大小不等的土地,分给兄弟子侄,建立大小不等的采邑,也就是大大小小的政权,这些人叫做卿大夫;卿大夫再在自己的采邑中划出土地分给自己的亲属,让他们建立自己的家庭,这些人就是士。卿大夫、士的地位也是由嫡长子继承的，其余诸子随着时间的流逝，彼此之间的关系越来越疏远，成为普通平民，他们也属于统治阶级成员，但是没有任何政治权力。

周天子就是这样用分封制使自己在实力上保持对诸侯的绝对优势，用宗法制保证自己权力的无上性和独一性，从而建立了一个以宗法血缘关系为纽带的等级有序、尊卑分明的王朝，同时制定了一系列的礼仪制度，作为维护这个等级尊卑的外在规范。此时的周朝，是"溥天之下，莫非王土。率土之滨，莫非王臣"（《诗·小雅·北山》）。周天子集共主与族长于一身，对天下的统治比商朝要有力强大得多。

周王室的统治地位依靠的是经济军事实力，凭借的是庞大的王畿，宗法血缘关系不过是维持周王大宗地位的手段而已。显然，随着社会的进步，各个诸侯国经济发展，人口繁衍，封土扩大，王室和诸侯国的实力对比必然发生变化。当历史的车轮进入公元前8世纪以后，这个实力对比发生了质变，这就是在王室的西北新崛起了一个部族，即犬戎。

周幽王时（公元前781年—公元前771年），犬戎不断进攻王室，幽王御敌无方，最后镐京失陷，幽王死于非命。宜臼在战火的余烬中继承王位，就是周平王。平王见镐京残破，已经难以继续作为首都，而犬戎更时时威胁着自身的安全，无奈之下，于即位的当年即公元前770年，在郑、秦、晋等诸侯的护卫之下，东迁雒邑。历史上把平王东迁以后的周叫做东周，此前则称为西周。

平王东迁以后，名义上还是天下共主，但是因为西部王畿的丧失，王室直辖的土地不足过去的一半，还处在戎狄、诸侯的不断侵扰和蚕食之下，处于不断的萎缩之中，最后只剩下雒邑周围的百余里地，跟一个小诸侯相当。周王再也没有力量控制诸侯了，在诸侯的眼里也就失去了往日的威严，只是一个名义上的"共主"。与此同时，诸侯的势力迅速壮大，一些率先发展起来的诸侯纷纷想取代周王做天下霸主,想方设法,扩充实力,兼并弱小,上演了一幕又一幕波澜壮阔的大国争霸的历史剧,中国历史也就进入了一个以战争和变革为主旋律的新时期。

春秋时期的大国争霸首先由齐国开始,继之以楚,随后有晋国、秦国等,彼此之间冲突不断,众多的小国家先后被这几个大国吃掉,比较大一些的诸侯夹在这些大国之间,时而听命于齐,时而服从于楚,谁势力大就听谁的。如从公元前685年齐桓公即位,任用管仲为相,积极进行改革,发展经济,加强军事,齐国迅速崛起于东方,齐桓公打着"尊王攘夷"的旗号,即以维护周天子的权威名义,讨伐那些不听王命或者被认为不听王命的国家,先后灭掉附近十几个小国,曾率鲁、宋、卫、曹、郑、许等多国部队讨伐楚国,多次召集诸侯,发号施令,一副周天子第二的派头。齐桓公死后,齐国的霸业衰落,南方的楚国在兼并汉水流域的众多小国以后,开始北上,要取代齐国称霸中原,原来听命于齐国的鲁、宋、陈、蔡、卫、曹等国被迫弃齐归楚。

楚国北上,遇到的对手除了齐国以外,主要是晋国。晋国在晋文公的统治下,国力发展迅速。公元前632年,晋国在城濮打败楚国,确立了自己在中原的霸主地位,众多中原小国摆脱了楚国的控制,听命于晋国。随后晋文公在践土(今河南原阳西南)举行诸侯大会,当时叫做盟会,周天子正式承认晋文公的霸主地位。同年冬天,晋文公又在温(今河南温县)召集齐、秦、宋、卫、郑、鲁、蔡、陈等国国君举行会盟,周天子也被召参加。

在晋国称霸中原的时候,秦国则向西部发展。和东方诸侯相比,秦国是后起之秀。秦本来是商朝的诸侯,商灭亡以后被迁于西北地区为周王室牧马,是西周的附庸,因为护送周平王东迁有功,被立为诸侯,关中地区成为秦的封地。不过,周平王开给秦的是一张空头支票,因为当时的关中都在犬戎的控制之下。秦人就在与犬戎的斗争中建立了自己的国家，直到秦穆公即位，势力才强大起来。公元前627年，秦穆公趁晋文公去世的机会，向东发展，派兵偷袭郑国，灭掉了晋国的属国滑，从而导致秦晋两国的正面交锋，发生了著名的秦晋崤之战。结果秦军大败，全军覆没。崤之战的失败，使秦穆公头脑变得清醒了，知道秦国的力量还不足以向东争霸，于是转而向西发展，兼并了西部十二个戎狄部落，开地千里，独霸西戎。周天子派出专使向秦穆公祝贺，承认秦穆公的霸主地位。

在秦向西发展的同时，晋楚争霸中原的活动一刻也没有停止。楚国虽然在城濮之战以后处于下风，但一直在积蓄力量，等待时机。楚庄王即位以后，于公元前606年率军北上，征服郑国、宋国，打败晋军，原来依附于晋国的国家只好又投到楚国门下。

在天下一统的西周时代，礼乐征伐自天子出。礼乐标志着等级秩序，诸侯们是什么爵位，应该用什么礼仪、演奏什么乐章，都有固定的章程，没有周天子的命令，不得擅自使用；至于出兵打仗，更是天子的专门权力，诸侯们是不能擅自发兵越出封国边界的。但是，自进入春秋以后，谁也不把周天子放在眼里，周天子成为诸侯争霸的工具了。争霸之初，齐桓公还打着"尊王攘夷"的旗号，还给周天子一点面子，后来的诸侯们干脆连这个旗号也不要了。这不仅在事实上，而且在意识上，完全抛弃了西周时代的礼乐纲常，"僭越"事件屡见不鲜。就连保存西周礼乐制度最好的鲁国也出现了"季氏八佾舞于庭"的事件。"八佾舞"（八人一行为一佾，八佾即八行六十四人的乐舞队）是天子专用的舞乐，按照礼制规定，鲁国国君只能用六佾舞，大夫只能用四佾舞，季氏是大夫，只能用四佾舞。但他竟然用八佾舞，表明季氏自我膨胀已经到了无以复加的程度。（按：鲁国始封之君是周公，因是周成王的叔叔，辅助周武王打天下又辅助成王治理朝政，被封于鲁以后，被授权在东方代替周天子行祭天之礼，祭天时可以使用八佾舞，但这仅仅限于祭天时使用。季氏专擅鲁政,可能代替国君祭天。如果这样,季氏似乎可以使用八佾舞。学术界有的学者曾经这样理解。但是,季氏"八佾舞于庭"(《八佾》),显然不仅仅是为了祭祀,而是带有娱乐性质,属于越礼无疑,所以孔子对此非常气愤。)

本来,西周的社会结构是宗族关系和国家权力关系合一,诸侯与周天子和诸侯国内的大夫与诸侯的关系是一样的。诸侯可以不把周天子放在眼里,各国的大夫们也就不把诸侯放在眼里。上行下效,上梁不正下梁歪,只要势力允许,就要向诸侯的权力发出挑战。所以,在大国争霸的同时,各个国家内部都在程度不同地展开着私门和公室之争,也就是卿大夫们利用手中的权力扩大个人力量,刮削公室力量,化公为私,国君权力处于急剧弱化之中。著名的如鲁国的孟孙氏、叔孙氏、季孙氏三家的专权,晋国的中行氏、智氏、范氏、韩氏、赵氏、魏氏的六卿专政,最后发展为韩、赵、魏三家瓜分晋室。在这些争权夺利的斗争中,处处都充满着血与火,有的还打着维护君臣名分的幌子,更多的则是赤裸裸的篡权夺位。春秋时代,各个诸侯国内部都不同程度地上演着弑君弑父的悲剧,原来的社会结构迅速解体。

在争权夺利之中,人的私欲恶性膨胀,原来的伦理观念、价值观念处于一片混乱之中。社会向何处去?国家究竟应该怎样统治它的臣民?人应该为何而活?人应该怎样活?究竟应该怎样看待过去奉为金科玉律的礼乐制度、王朝体系?自命为天子的周王为什么不见上天的帮助?诸如此类的问题,不可避免地摆在了有识之士的面前,人们也都在从不同层面上思考着这样或那样的问题。

在客观上,王室衰微为文化的下移提供了条件。在西周时代,教育是贵族的权力,以礼乐制度为核心的文化知识掌握在贵族手中,有些则被王室所垄断,那些和王室关系比较疏远的小国诸侯都难以窥见真相,更不要说普通平民和处于被统治地位的庶人、奴隶了。王室东迁以后，部分王室官僚外流，包括文化官僚在内，这在客观上促进了文化的扩散。如著名的道家创始人老子（李耳），就担任过周王室的守藏史，后来老子定居于楚国，开创了道家学派。所以，道家虽然形成于楚地，其渊源则在王室。孔子的出生地鲁国本来就比较多地保留着西周的礼乐文化，王室东迁以后，往鲁国的文化人才多起来。所有这些，都构成了孔子创立儒家学派的基础。

就在这个社会礼崩乐坏、动荡不安的时候，孔子登上了历史的舞台。

（二）家世与出身

要了解孔子的一生，还要从孔子的家世说起。在中国古代社会尤其是先秦时代，家世背景可以增进我们对一个人的了解，有助于把握人物的思想特质。

孔子姓孔名丘，字仲尼，鲁国曲阜人氏。关于孔子的生年，历史上有两种记载：一是西汉史学大师司马迁在《史记·孔子世家》中记载的鲁襄公二十二年即公元前551年；一是战国时代解释《春秋》的两部著作——《春秋公羊传》和《春秋谷梁传》，认为是鲁襄公二十一年即公元前552年，《春秋谷梁传》同时记载了孔子的出生日期是"冬十月庚子"，也就是农历八月二十七。两千多年以来，众多学者为孔子生年的一年之差，争论不已，耗费了无数心血，谁也说服不了谁，实在是没有什么意义。现在一般采用司马迁的说法。至于孔子的卒年，《左传》有明确记载，是鲁哀公十六年四月乙丑即公元前479年农历二月十一。

孔子是宋国宗室之后。宋国就是商纣王同父异母的兄长微子启的封国。微子启是商纣王的兄长，因为不满纣王的荒淫无道，曾多次批评劝谏纣王，但都被拒绝了。所以，当周武王率领军队以吊民罚罪的名义讨伐商纣王时，微子启主动归附周武王，这对于民心是一个巨大的导向,极大地加速了商纣王的灭亡。周公旦平定东方以后,就把商朝故都即现在的商丘一带封给微子启,国号宋,由微子启继续统治商朝的遗民。所以,孔子也可以说是商朝王室之后,本来是子姓,孔姓是后来的氏,以氏为姓,而为孔。

根据《孔子家语》以及后人的研究,从微子启开始到孔子,共传十四代:微子启卒后,由弟弟微子仲即位,微子仲生宋公稽,稽生丁公申,申生缗公共,共生弗父何,但弗父何让位于大历公鲋祀,鲋祀即位以后答应弗父何的子孙世世为大夫;弗父何是孔子的第十代祖先。弗父何生宋父周,周生世子胜,胜生正考父,父生孔父嘉。从孔父嘉开始以孔为氏为姓,即姓孔了。孔父嘉生木金父,木金父生睪夷,睪夷生防叔,防叔生伯夏,伯夏生叔梁纥。叔梁纥即孔子的父亲。

孔子的家世,从孔父嘉开始发生变故。孔父嘉的父亲正考父是个谦谦君子,曾连续辅佐三位国君,是个名副其实的三朝元老,但是在朝廷上非常谦恭,小心谨慎。《左传》昭公七年记载,正考父在家庙中的鼎上铸下铭文作为自己教育子孙的座右铭:"一命而偻,再命而伛,三命而俯,循墙而走。亦莫余敢侮。饘于是,鬻于是,以糊余口。"意思是说,每逢接受任命、职位提升时,都是越来越恭敬,始而低头,再而曲背,三而弯腰,连走路都小心翼翼地靠着墙边走。这样做,不会受到别人的轻视、侮辱,就用这只鼎煮粥糊口,聊以充饥就行了。作为一个三朝元老,如此谦恭,应当有不得已的原因,可能是朝中争权激烈,为了避祸才如此。但是孔父嘉可不像他父亲那样谨小慎微,远离权力是非,而是主动参与宫中权力之争,最后和宋殇公一起被华父督所杀,其子木金父为了避难逃到相邻的鲁国,定居于鲁国昌平乡鄹邑。不过,关于迁鲁的时间,还有一种意见认为是在孔父嘉的孙子孔防叔的时候。从逻辑上分析,老子被杀,要避祸的首先是儿子,而不应该到了孙子的时候才避祸而远走他乡,所以应该以木金父迁鲁为是。

既然是避难来到鲁国,当然也就失去了在宋国的地位。但在当时,贵族逃往其他国家之后,虽然没有了权力,但仍能保持其身份。所以,木金父迁鲁以后,生活还是不成问题的,起码可以享受士这一级的待遇,仍然属于贵族,但因为没有什么作为,也就默默无闻。木金父四传至叔梁纥,孔氏家族开始有了起色,社会影响迅速扩大。

叔梁纥是个勇士,曾在两次战役中立有军功,令孔家门楣生辉。第一次是偪阳之战。鲁襄公十年(公元前563年)以晋国为首的几个诸侯国进攻一个叫做偪阳(在今山东枣庄市南)的小国,准备把偪阳作为礼物送给宋国大夫向戌,因为向戌曾调解各个争霸的诸侯国,使之握手言和,使各个霸主相安无事。鲁国也参加了这次进攻偪阳的战役。叔梁纥当时是鲁国贵族孟献子手下的武士,也在孟献子率领下参加了战斗。不过,偪阳并非如想象的不堪一击,而是上下一心,同仇敌忾,顽强抵抗诸侯军队的进攻。鉴于"敌众我寡"的现实,偪阳守军采用诱敌深入的战术,先放诸侯军队进城,待进到一半时,突然将悬吊着的城门放下,将诸侯军队拦腰切断,而后分别消灭。就在城门迅速下沉、眼见进城部队就要被一分为二、将士们不知所措的时候,叔梁纥赶到了城门洞里,举起双手,将城门稳稳托起,使先入城的部队能够退出,避免了被分割歼灭的厄运。孟献公看着从城中退出的战士,庆幸军队的化险为夷,由衷赞叹叔梁纥:"《诗》所谓'有力如虎'者也。"(《左传》襄公十年)

当然,以区区一个偪阳,根本无法和诸侯联军对抗,最终还是失败了,偪阳城陷落了。但是,向戌并不领情,不接受偪阳这个礼物,请求晋侯把偪阳送给宋平公。宋平公大喜过望,自然对晋国感激不尽。宋国本来是叔梁纥的故国,因为叔梁纥的功劳,使诸侯军队免遭损失,又使宋平公得到一份意外的礼物,无论是在晋国还是在鲁国、宋国，叔梁纥都获得了勇士的美名。

在偪阳之战中表现出来的英勇，使叔梁纥受到孟献子的重视，被派到鲁国北部的防邑驻守。防邑是鲁国的北大门，齐、鲁冲突的必争之地。鲁襄公十七年（公元前556年）秋，齐国兵分两路，大举进攻鲁国。齐国的高厚率领军队包围防邑。当时，被围在防邑的有鲁国大夫臧纥、臧畴、臧贾兄弟和叔梁纥。臧氏和鲁君同宗，都属于姬姓，后来以氏为姓而姓臧，是鲁国贵族，鲁国当然不能坐视不救。但是，鲁国援兵到了防邑附近的一个小地方旅松就停步不前了，大概是害怕齐军，不敢和齐军正面交战。无奈之下，叔梁纥再次扮演了孤军救主的角色。夜半时分，叔梁纥率领三百甲士，带着臧畴、臧贾，护卫臧纥，在夜幕的掩护下，突出重围，将臧氏兄弟送到鲁军大营，而后趁齐军不备，又返回防邑，率领军民死守。如果说突围成功是齐军防守不严的话，那么这返回防邑则完全令齐军目瞪口呆，本来以为突围了，防邑城内没有了守军，只等天亮进城庆祝胜利，战斗也就结束了，万万没有想到叔梁纥还会回来自投罗网。这实在是不把齐国大军放在眼里，是在戏弄齐军。齐军羞怒交加，挥军猛攻。令齐军更想不到的是，小小的防邑，在叔梁纥的守卫之下，竟然固若金汤，使尽各种手段也不奏效，只好撤军。此役之后，叔梁纥的名声更大了，各国没有不知道叔梁纥的。

但是，在春秋时期，还没有后来论功行赏的制度和观念，国家权力、政治地位都是按照血缘远近分配的。叔梁纥虽然立有战功，和鲁国的宗室并没有血缘关系，不能改变他的政治地位，士还是士，至多经济上有所改善而已。按照年龄，驻守防邑，叔梁纥已年逾花甲，已经是超期服役了，在防邑胜利之后，六十三岁的叔梁纥终于解甲归田。叔梁纥先和施氏女结婚，生有九个女儿；后娶一妾，生有一子，叫做伯尼（又名孟皮），但伯尼先天残疾，是个瘸子。在宗法社会里，不仅重男轻女，就是男子如果有残疾也难以支撑家族的门面,此时的叔梁纥身份虽然还是个士,但是,毕竟和以前有所不同,现在是鄹邑大夫,怎么着也是个有声望的人,希望有一个健壮的儿子光大门楣,于是又和一个叫做徵在的颜氏女结合,并于鲁襄公二十二年即公元前551年生下一个男孩,这就是孔子。

文献上记载,叔梁纥是和颜氏"野合"而生孔子。《史记·孔子世家》中说:"纥与颜氏女野合而生孔子,祷于尼丘得孔子。""野合"的一般理解是非婚结合,如果这样,孔子就是个私生子。但是,在古人心目中,孔子既然已经是圣人,把"野合"理解为非婚生子毕竟不体面,就把"野合"之"野"理解为不符合礼仪或者不遵守制度的行为。

按照礼仪规定,门当户对、年龄相当、按照既定的婚配程序结合的婚姻才是正常的。但是,叔梁纥和颜氏的婚姻是典型的老夫少妻,据说二人结合时,叔梁纥是六十多岁的老翁,而颜氏则是个年刚二十的青春少女。当叔梁纥向颜家提亲时,颜家人都反对,只有颜徵在同意。古人认为男子年过六十四岁结婚属于违背礼仪的行为,而此时的叔梁纥已经不止六十四岁了,所以将二人的结合称之为"野合"。今人多采用后一种说法。

其实,若历史地看问题,在当时,并没有后世的贞节观念,男女交往较后世随便得多,一夫多妻、老夫少妻在贵族阶级中也普遍存在,根本不受什么年龄的限制,像传世的《仪礼》中关于婚姻程序的各种规定的适用范围是有限的,只适用于正妻,至于纳妾是不管什么程序不程序的,即使叔梁纥将颜徵在正式娶进门,颜徵在的名分也只能是妾而已,所以后人谓"野合"为不合礼仪的婚配是牵强的。其实,当历史的车轮前进到现代社会的时候,完全不必再像古人那样为孔子讳了,就说孔子是个私生子,也丝毫不影响孔子的历史地位。

因为在孔子出生以前,叔梁纥曾经"祷于尼丘",于是就把孔子取名为丘,成年以后加字仲尼。我们说孔子名丘字仲尼,就是这样得来的。

无论是否私生子,孔子的出生在古人眼里都不同凡响。"祷于尼丘得孔子",向神明祈求保佑是当时的普遍行为,但是,因为孔子后来被尊为圣人,这个"祷于尼丘得孔子"就成为非同寻常的举动了,它预示了孔子之所以成为圣人,是因为孔子生来就不是凡人。这是后人神化孔子的依据,现在还有一些食古不化的人认为孔子之所以伟大,是因为他不是凡人。现在我们了解孔子,研读《论语》,对此应该有一个清醒的认识,要用科学的眼光看待历史文献的相关记载。

(三) 青少年时代

明白了孔子的家世和出身,现在来看看孔子的成长过程。

刚刚出生的孔子还是非常幸福的,叔梁纥老年得子,自然视为心肝宝贝。但是这个幸福生活是那么的短暂,仅仅三年,孔子刚刚脱离襁褓,叔梁纥就丢下娇妻幼子,撒手西去了。一个二十多岁的寡妇,带着一个三岁的孩子,在孔家是很难生存下去的。当时实行的是嫡长子继承制,孔子是庶出,没有资格继承叔梁纥的名分,在孔家也要受到排挤。而颜氏家族是曲阜的大族,若离开昌平乡鄹邑回到曲阜老家,依靠娘家人的接济或者凭借在娘家儿时的伙伴的接济生活会好得多。所以,颜氏在办完丈夫的丧事之后即回到了曲阜,定居于曲阜的阙里。

阙里因此而成为孔子的故居。

正是在曲阜,孔子接触了大量的在别的地方所见不到的文物典章,使孔子在青少年时代就与众不同。

鲁国是西周初年周公姬旦的封地,因为周公要留在宗周辅佐成王处理朝政,就由周公长子伯禽到鲁建国。在周初众多的封国中,鲁国有着特殊的地位,这不仅是因为周公和成王关系亲密,更主要的是,鲁国实际上是王室控制东方诸侯的重镇。在西方有宗周,在中原有成周,在东方就依靠鲁国了。伯禽在建国过程中,带去大量的周王室的典章制度、礼仪文物,处处按照西周的制度礼俗改造当地的风俗习惯,用了整整三年时间才完成这个艰难的过程。因而,在诸侯国中,鲁国是保存西周文化最系统、最完整的国家。王室东迁以后,平王仓皇离开,关中一片狼藉,文物散乱,典章图籍丢失,带到雒邑的文物典章反而不如保存在曲阜的完整。正是这个得天独厚的条件,为孔子的学习打下了坚实的基础。孔子更没有辜负曲阜这片热土对他的厚望,在少年时代,就表现出了过人的求知欲,对眼前的一切处处观察、事事留意,像海绵吸水那样贪婪地学习传统礼仪制度、文化知识。《史记·孔子世家》中说:"孔子为儿嬉戏,常陈俎豆,设礼容。"这里的"俎豆"是祭祀的礼器,"礼容"是祭祀所行的礼仪。他不是像其他儿童那样玩耍,而是把祭器根据祭祀对象,按照礼仪要求摆放出来,磕头作揖行礼。这在现在是不可思议的,可在当时,人的身份、文化素养都是通过礼仪来表明的情况下,确实是自然而重要的。这是一个上流社会的人所必备的文化知识。

　　从认识论的角度看,孔子可能有不同于普通人的地方。人的个性是有差异的,不承认人的先天差别是不符合事实的。但是,就算孔子再与众不同,一个懵懂少儿也绝不会对什么祭祀的礼器和磕头作揖之举感兴趣。孔子之所以如此,从历史的逻辑上判断,原因只能有一个,那就是孔子母亲颜徵在教育的结果。颜氏本来是曲阜的大家族,不是一般的庶民,有相当高的文化素养;颜徵在对礼乐制度有一定的了解,她明白,要摆脱孤儿寡母的贫困生活,只有教育孔子,让孔子好好学习,成为有用之才;礼乐制度是文化的核心,将礼器作玩具符合儿童的心理,故而孔子年龄虽小,对俎豆之事就特别地感兴趣。

因为家贫,少年孔子在学习的同时,也帮助母亲做一些轻微的生产劳动,以补贴家用。孔子曾说自己:"吾少也贱,故多能鄙事。"(《论语·子罕》,下引《论语》只注篇名)一个"贱"字说明地位卑下,因为"贱"而从事各种"鄙事",这里的"鄙事"大约是指本来由庶人、奴隶从事的生产活动,是贵族们所不为的。因为"多能鄙事",了解劳动民众"鄙事"的艰辛和重要,使得日后的孔子在思考社会问题时,能够考虑到劳动民众的状况与情感。

大约在孔子十六七岁的时候,母亲终因积劳成疾而一病不起。但是在料理母亲后事时,却怎么也找不到父亲的墓穴。当时的坟墓,不像后来那样有封土(土堆),墓穴所在是用特殊的标志做记号,所以向儿孙交代故去亲人的墓穴就成为一件大事。但是颜氏在去世之前却没有把孔子父亲的墓穴所在告诉孔子。司马迁说是"母讳之也"(《史记·孔子世家》)。为什么要"讳之"?司马迁没有交代,后人议论不一。这可能有两种情况,一种情况是孔子的母亲没来得及告诉孔子就病死了;另一种情况是因为叔梁纥死时,颜氏身份是妾,没有资格参与叔梁纥的葬礼,自己也不知道墓穴的具体位置。无法告诉具体位置,不是因为"讳之",而是因为不知道。比较而言,后一种的可能性更大一些。不管怎样,不知父亲墓穴总是一件大事,找不到父亲的墓穴,母亲就无法安葬。最后,孔子把母亲的棺木放在交通要道口,终于向人打听到父亲的墓穴,完成了葬礼。

孔子说自己"少也贱"是后来的事,在少年时代的孔子怕是没有这个认识的,主动参加季孙氏的宴会,就体现了孔子的自我意识。季孙氏大宴鲁国贵族的时候,孔子母丧未久,孝服未除,孔子以为自己是叔梁纥之子,属于士一级,也有资格参与宴会,也想在这个宴会上多结识一些头面人物,就随着别人一起进入会场。负责接待的季孙氏家臣阳虎将孔子拒之门外,极其轻慢地对孔子说:"季氏飨士,非敢飨子也。"(《史记·孔子世家》)从字面上看,是说季孙氏请的是士,不敢请你孔子,好像是说孔子身份比士高,实际上是说你孔子不是士,不够资格参加宴会。这有几种可能:第一是孔子虽然是叔梁纥之子,但因为是庶出,没有士的身份;第二是孔子不足二十岁,还没有成年,不能参加宴会;第三是孔子孝服在身,不适宜参加宴会。但是,无论哪一种情况,对孔子来说都是当头一棒:第一次参加成人活动,就被人如此轻辱而又无可奈何,只能默默地接受,这对于孔子以后的自我定位、思考人生都产生了很大的影响。

参加季孙氏宴飨被拒,对孔子是一个很大的打击。孔子明白,要改变处境必须依靠个人奋斗,途径就是努力学习,学到作为一个贵族应该掌握的全部知识,同时要有个人的见解。

按照西周的教育传统,受教育是贵族的权利,教育内容分为六个方面,即礼、乐、射、御、书、数。礼和乐包括国家典章制度、各种礼仪,既规范着国家权力职能的划分、各种活动性质的差别,又表明统治阶级内部身份等级以及各级贵族之间日常交往的目的和彼此的认同程度。不同的人,在不同的场合,为了不同的目的,见面以后行不同的礼节,表达自己的意愿,对方也以相应的礼仪回应,表达自己的意思。贵族间的交往,许多问题并不是像后世那样直截了当地提出商量的,而是用礼和乐这种含蓄的方式表达的。这在当时,被看做是文化地位的象征。御和射是驾车和射箭技术,车子是主要交通工具,又是军队的主要装备,当时以车战为主,兵力多少就是以多少乘战车来衡量的;而当时"国之大事,在祀与戎"(《左传》成公十三年),掌握祭祀礼仪和功能、掌握军事技术是统治阶级的主要任务,所以射、御成为必修课。书和数即写字和计算及其他技术知识,是日常必备的技能,否则书信往来、日常记事都无法进行,所以书和数自然也是教育的内容。这些也都是孔子学习的内容。不过,西周学在官府,春秋时代亦然,但处于混乱之世,春秋的官学怕是没有西周那样系统,孔子的学业部分是在官学学来的,大部分是自己学习得来的,也就是说,孔子是个自学成才的典型。

  孔子的勤奋学习,首先体现在抓紧一切时间上。《公冶长》记载了这么一件事:"宰予昼寝。子曰:'朽木不可雕也,粪土之墙不可杇也。于予与何诛?'"宰予是孔子的学生,白天睡觉,大概是午睡吧。孔子知道以后,大发雷霆,说宰予像一块朽木,不能雕刻成器,如粪土垒成的墙壁不能粉刷,对于这样的人已经无话可说,不值得责备,因为责备也没有用。批评如此严厉,看来孔子是反对白天睡觉的,为什么?因为白天是学习、做事的时间,不是用来睡觉的。那个时候,晚上照明条件有限,既没有现在的电灯,也没有现在的煤油灯,要照明只能用火把,几乎是所有事务都要在白天来做。不存在白天做少了,还可以开个夜车给补回来的可能。所以,孔子严厉地批评宰予白天睡大觉。

  其次是留心观察,虚心请教。有这么几件事最能反映孔子的学习精神。鲁昭公二十七年(公元前525年)孔子二十七岁时,鲁国东南方的一个邻国——郯国的郯子来到鲁国,在一次宴会上,鲁国大夫昭子向郯子询问上古时代少皞时期以鸟名官的情况,郯子作了详细的回答。少皞是传说中的人物,其官名制度后人自然不那么清楚,有很多种传说;而郯国是个小国,以往是被看做落后的蛮夷之邦,不懂得中原礼乐制度,昭子问郯子,是带有一些刁难的成分在内的。但当孔子听说郯子知道少皞时代的事以后,立即拜见郯子,向他请教少皞时代官职制度情况,郯子一一作答。孔子满载而归,感慨地对别人说:"吾闻之,天子失官,学在四夷,犹信。"(《左传》昭公十七年)意思是说,我听说,天子手下已经没有管这类历史文化事务的人了,在天子那里已经看不到的学问,还保存在蛮夷那里。现在看来,这个说法是有事实依据的。

孔子第一次进入鲁国太庙的时候,表现得尤其好学。太庙是祭祀开国之君的,鲁国的开国之君是周公,许多祭祀礼仪在其他庙里是没有的。孔子自然也没见过,就不停地问这问那。这个时候,孔子已经以博学闻名鲁国了,在一般人的心目中孔子应该什么都知道才是。所以孔子走后,有人议论说:"孰谓鄹人之子知礼乎?入太庙,每事问。"(《八佾》)意思是说,谁说这个"鄹人"(指叔梁纥,叔梁纥任鄹邑大夫,按当时惯例,以某人称某邑大夫)之子懂得礼呢?到了太庙里面什么都不懂,什么都问。人们把这句话传给孔子,孔子回答说:"是礼也。"(《八佾》)不懂就问,本身就是礼。

孔子向鲁国乐官师襄学琴,学了十几天,还是学同一首曲子。师襄对他说:"此曲你已经学会了,可以学新曲子了。"孔子回答说:"曲调是学过了,演奏的技巧还没有学好。"过了几天,师襄说:"技巧学好了,可以学新曲子了。"孔子回答说:"我还没有领会这首曲子的意境神韵。"又过了几天,师襄说:"已经领会意境神韵了,可以学新曲子了。"孔子说:"我还没有体会到这首曲子的作者是谁,其为人如何,风貌怎样。"过了一会儿,孔子仰望蓝天,若有所悟地说:"我体察到作者的为人和风貌了。这首曲子除了周文王还有谁能作出来呢?"师襄闻言,大惊失色,连连拱手致敬说:"是的。老师告诉我这首曲子的名称就叫《文王操》。"这则故事记在《史记·孔子世家》里,其中难免有夸饰的成分,但基本事实是有的,从中可见孔子学琴的认真程度。正是因为他对音乐的执著,才能领会音乐的奥妙,据说孔子在齐国听演奏《韶乐》,如醉如痴,三月不知肉味。

仅从上述这么几件事,就可以看出孔子学习的勤奋和执著。对礼、乐如此,对其他内容也是这样。如《礼记·射义》中说:"孔子射于矍相之圃,盖观者如堵墙。"孔子在一个园子里射箭,围观的人像墙壁一样密不透风。这除了因为孔子名气大的因素外,与孔子的射箭技术也不无关系。

孔子在叙述自己成长过程时说:"吾十有五而志于学,三十而立。"(《为政》)虽然没有明确"三十而立"的具体内容,但从其求学的具体过程来看,他所说的"三十而立"是指到了三十岁的时候,已经学业有成,传统典章制度、礼仪规范、文史经典及一些具体的专门知识都系统地掌握,而且溯本求源,有自己的认识,诸如后来被确立为儒家经典的《诗》、《书》、《易》、《礼》、《春秋》、《乐》等文献典籍悉数通晓,确立了自己的思想体系,明白了自己的奋斗目标,在鲁国已经是一个家喻户晓的博学之士了,国家有什么问题也会主动向孔子咨询。如鲁昭公三十年(公元前522年),孔子刚好三十岁,齐国国君景公和大夫晏婴来鲁国访问。这时的秦国已经由一个西方小国在秦穆公的治理下迅速成为西方霸主,齐景公有些想不通,向孔子请教秦国迅速强大的原因。孔子回答说:"秦,国虽小,其志大;处虽僻,行中正;身举五羖,爵之大夫,起缧绁之中,与语三日,授之以政。以此取之,虽王可也,其霸小矣。"(《史记·孔子世家》)在这里,孔子归纳了三条:一是有大志,国家虽然小,但志向远大,有了志向,就有了奋斗目标;二是行为端正,不做不该做的事;三是重视人才,这是孔子最为赞赏的一点。"身举五羖,爵之大夫,起缧绁之中,与语三日,授之以政"就是指用贤而言,说的是秦穆公用百里奚的事情。百里奚本来是虞国大夫,后来虞亡于晋,百里奚成为晋国俘虏,变成了奴隶。秦晋联姻,晋献公女儿嫁给秦穆公,百里奚作为陪嫁一起来到秦,百里奚不甘于做奴隶的命运,从秦国逃了出来,结果被楚国抓获。秦穆公听说百里奚才干出众、品德优秀,后悔没有早发现,本想用重金把百里奚赎回,又担心楚国识破自己的真正目的不同意,就故意用五张公羊皮("羖"即

"公羊")赎回百里奚,而后拜百里奚为大夫,委以国政,使秦国迅速走上称霸之路。在孔子心中,像秦穆公这样不拘一格使用人才的人,不仅能称霸,而且能称王。这段话,发前人所未发,说得齐景公连连称是。当然,我们举这个例子,不是说明孔子对齐景公说了些什么,主要是说明三十岁的孔子已经声名远播了。

(四) 艰难的仕途

西周时代,学在官府,官府设立学校、培养人才的目的就是培养官僚。所以,"学而优则仕"(《子张》)也就成为孔子教育学生的目标,也是自我奋斗的写照。学习知识,是要用它来治理天下,希望国家社会的发展符合自己的理想模式。要达此目的,只有掌握权力才有可能。对于这个道理孔子是十分明白的,要施展自己的抱负,将理想变为现实,只有登上权力的舞台。

踏入仕途,可不是个人主观意愿所能决定的,在当时的历史条件下,一方面要看社会条件的允许,另一方面还要得到掌权者的认同和使用。当时的鲁国,孔子的仕途可不怎样。在西周初年,鲁为东方大国,但到了春秋后期,已经衰落为一个弱小国家了。当时晋、楚、齐三强并立,中原的许多小国夹在列强中间左右为难,为了自保,本来是某一个大国的属国,现在往往是同时隶属于两个以至于三个国家。鲁国夹在列强之间,而与强齐为邻,除了要向晋、楚交纳贡物以外,更要看齐国的眼色行事,唯恐哪一点没有做好,招来战祸。

而鲁国内忧更重于外患。

当时的鲁国实权掌握在季孙氏、叔孙氏、孟孙氏三家手里。昭公虽然是国君,但并没有多少权力。昭公当然不愿意如此,也在想方设法削弱三家势力,恢复往日的尊严,无奈手中没有足够的实力,只能采用相互制衡的办法,用其他贵族的势力来分割、抑制这三家势力。公元前517年,季平子与另一个贵族郈氏因为斗鸡发生矛盾,昭公趁机联合郈氏进攻季孙氏的据点费城。叔孙氏、孟孙氏和季孙氏一荣俱荣、一损俱损,季孙氏被灭,下一个就轮到叔孙氏和孟孙氏了,对此,叔孙氏和孟孙氏是明白的,所以三家联合起来对付昭公,结果郈氏兵败自杀,昭公逃往齐国避难,后来又投奔晋国,过着流亡的生活。孔子对这三家的作为当然不满,希望恢复公室权力,重新确立国君的威严,但面对现实又无能为力,看来在鲁国要想走上仕途、实现自己的政治理想是不可能的,于是孔子来到了齐国。

当时的齐国是齐景公在位。孔子想凭借当年和齐景公讨论秦国兴起的原因这个条件,在齐景公手下找个官做做。但是,时过境迁,孔子以一个书生的身份要见到齐景公并不那么容易,于是先在高昭子家做一个家臣,想通过高昭子的引荐见到齐景公。高昭子是齐国的贵族,名声不怎么好,当时人们对孔子做高昭子的家臣就有议论。但是,入仕心切的孔子也顾不了这么多了。后来孔子见到了齐景公,并进行过两次现实政治问题大讨论。第一次齐景公问国家政治的根本是什么,孔子回答说:"君君,臣臣,父父,子子。"(《颜渊》)意思是说,一个国家要使君臣父子尊卑有序,不能以下犯上。齐景公听了十分赞赏,说:"善哉!信如君不君,臣不臣,父不父,子不子,虽有粟,吾得而食诸?"(《颜渊》)意思是说,不守君臣父子之道,国君不成其为国君,有再多的财富,国君也享受不到。所以,齐景公击掌赞叹,高声叫好。第二次讨论治国问题,大约讨论的重点是财政问题,孔子的回答是"政在节财"。齐景公听后也非常高兴,准备给孔子一块封地。如果此事成功,孔子就名副其实地成为贵族了。但是这件事因为齐相晏婴的反对没有成功,反对的理由是:

"夫儒者滑稽而不可轨法。倨傲自顺,不可以为下。崇丧遂哀，破产厚葬，不可以为俗。游说乞贷，不可以为国。自大贤之息，周室既衰，礼乐缺有间。今孔子盛容饰，繁登降之礼，趋详之节，累世不能殚其学，当年不能究其礼。君欲用之以移齐俗，非所以先细民也。"(《史记·孔子世家》)

看来晏婴对孔子一点好感都没有，说话是如此的刻薄：这些儒生行为脱离现实，又自视甚高，处处以人师自居；推崇厚葬，一场丧事办下来，常常使人倾家荡产，他们宣传的一套绝对不能成为风俗；到处游说，靠别人施舍过日子，不能用这样的人治理国家；古代的大贤已经逝去，周王室已经衰落，周代的礼仪已经残缺不全，真相无从知晓，现在孔子大整仪仗、设立繁杂的进退升降的礼节，整年累月地专门学习也学不完。如果用这样的人为官，用这样的礼仪整治齐国风俗，是万万行不通的，不可能为贫民百姓所接受。

晏婴贵为相国，站在他身后的是一大批高官显贵，反对孔子为官的绝对不是一两个人，而且晏婴批评得也不无道理，儒家确实太重视繁文缛节，令人不知所从。最后，齐景公放弃了使用孔子的念头。过了一段时间，齐景公坦率地对孔子说："若季氏，则吾不能；以季孟之间待之。"(《微子》)意思是说，要我把你尊奉得像鲁国的季氏那样我做不到，但可以让你享有季、孟之间的名位。季孙氏是鲁国的上卿，孟孙氏是鲁国的下卿，齐景公在向孔子表明即使任命他为官，也不可能给予高位。就在这时，传来了有人要杀害孔子的消息，大概是孔子宣传的"君君、臣臣、父父、子子"之道影响了那些篡权者的利益，所以要将孔子杀之而后快。孔子得到这个消息以后，仓皇逃离齐国，返回故里。

孔子回到鲁国时大约是三十七岁，在公元前515年左右，孔子的主要活动是集中精力课徒讲学，对出仕问题反而没有以前强烈了。这和当时鲁国的政局有关系。此时的鲁国政局是"陪臣执国命"，所谓"陪臣执国命"就是国家政权掌握在"陪臣"即家臣手中。

身处上卿的季孙氏在孔子少年时代就一直把家务事交给阳虎管理,阳虎是季孙氏的大管家。鲁定公五年(公元前505年),季平子病死,继承上卿职位的季桓子觉得阳虎虽然资格老但不过是个家臣而已,不把阳虎看在眼里,阳虎就把季桓子囚禁起来,直到季桓子屈服才放了他。经过这样一次变故,季桓子大小事务都要听阳虎的,就形成了这样一种政治格局:鲁国政事掌握在季桓子手中,季桓子权力掌握在阳虎手中。这就是"陪臣执国命"。在家臣执国命的时代,孔子是不愿意出来做官的,因为只要出来,就不可避免地要听命于季桓子,也就等于听命于阳虎,这是违背"君君、臣臣、父父、子子"之道的。但是,盛名之下,是是非非不是主观想躲就能躲开的,因为此时孔子是遐迩闻名的学问家,门徒广布,如果能把孔子拉入自己的政治圈子,对自己无疑是个巨大的政治资本,所以阳虎千方百计地和孔子拉关系、攀交情。

在孔子十七岁那年到季孙氏家赴宴时,阳虎曾狐假虎威地呵斥过孔子。如今又是一个陪臣,孔子根本不愿意见他,以各种理由拒绝、回避。阳虎就利用当时通行的礼俗(大夫送礼物给士,士如果因为当时不在家而不能亲自接受,就要在事后亲自登门表示感谢),选了一个孔子不在家的时候将一个蒸熟了的乳猪送给孔子,使孔子不得不到他家来道谢,这就有机会见面交谈了。孔子明白阳虎的意图,也选一个阳虎不在家的时候去道谢,不料在返回的途中碰见了阳虎。阳虎对孔子说:"过来吧,我有话对你说。"孔子不回答。阳虎接着说:"自己德才兼备却听任国事迷茫混乱,这样的人能算是仁人吗?"紧接着又自己回答说:"怕不能算做仁人吧。自己很想做官,而又屡屡错过机会,怕是不能算做智者吧!时光一天天过去,岁月不等人啊。"孔子这才回答说:"我迟早会出仕的。"(见《阳货》)

孔子和阳虎的见面就这样戏剧性地结束了。但是,尽管阳虎真诚地向孔子发出了邀请,孔子仍然没有出仕,依然埋头在传道授业解惑的事业中,"退而修诗书礼乐,弟子弥众,至自远方,莫不受业焉"(《史记·孔子世家》)。因为"陪臣执国命"是绝对不能容忍的。出仕固然重要,但政治信念更不可动摇。孔子曾坚定地宣布他的出仕原则:"危邦不入,乱邦不居。天下有道则见,无道则隐。邦有道,贫且贱焉,耻也;邦无道,富且贵焉,耻也。"(《泰伯》)意思是说,不要进入政局危险的国家,也不要居住在纲纪混乱的国家。政治清明就出来做官,否则就隐居不仕。国家政治清明而自己贫贱是一种耻辱,国家政治黑暗而自己富贵也是一种耻辱。孔子拒绝和阳虎见面就反映了他政治信念的坚定性。

大约在孔子五十岁的时候,仕途有了转机。鲁定公八年(公元前502年)阳虎发动叛乱,试图杀掉季氏,自己完全取而代之。第二年,鲁国国君和季氏联合讨伐阳虎,阳虎兵败出逃,季桓子亲自执政。孔子出仕不存在"陪臣执国命"的尴尬了,于是开始了正式在鲁国为官的生涯。

孔子在鲁国做的第一个官职是中都宰,就是中都行政负责人,相当于后世的一个县长,虽然官不大,总也算是一个地方首长,可以按照自己的意志在纲纪的范围内发号施令。以孔子的才干,治理这么一个小地方,自然没有什么困难。一年之后,四周各地都纷纷以中都为榜样。所以鲁定公很快任命孔子为小司空,不久又升任大司寇。司寇是和当时中央最高的三个官职司徒、司马、司空并列的高官,负责全国的司法工作。孔子在这个位置上做了三年多(鲁定公十年至十三年,孔子五十二岁至五十五岁)。当时还没有后世的法律条文,案件处理就靠贵族官吏依据传统习惯和个人理解判定。由于孔子能够实事求是,是非分明,处事公平,结果是举国上下,政平讼理。又由于司寇位为上卿,内外重要政务都可以参加,这为孔子施展才华提供了舞台,也大大提高了鲁国的地位,其中最突出的就是孔子在夹谷之会上为鲁国赢得了实质性的胜利。

鲁定公十年(公元前500年)夏天,齐鲁两国国君在夹谷(今山东莱芜市内)举行盟会,齐是大国,兵强马壮,盟会由齐景公提出,当时有人建议齐景公,说鲁国重用孔子,对齐国可能不利,要早作对策。齐景公就提出两国盟会,想在盟会上展示自己大国的力量,压服鲁国,要鲁国无条件地做齐国的附庸,不要因为有这么一个孔子就觉得了不起。当时诸侯盟会十分重视礼仪,国君要有专门人员相礼,也就是司仪,一般的要有上卿出任。孔子就被鲁定公指定为鲁国的相礼。鲁定公像平常出行一样,准备带着仪仗和随从赴会,孔子说:"臣闻有文事者必有武备,有武事者必有文备。古者诸侯出疆,必具官以从。请具左右司马。"(《史记·孔子世家》)孔子预料齐国会有其他意图,不会像传统的诸侯会盟那样是为了友好,而是要以势压人,必须有所准备以防不测。

事情果然如孔子预料的那样。盟会的时候,两国国君刚见面时还彬彬有礼,互相问候,等到双方登上临时搭起的高台以后,情况就不同了。齐景公以奏四方之乐为名,让武士们扮成夷狄模样,手持各种武器,身着旍旄羽被,大呼小叫地从四面蜂拥而来,场面一片混乱。孔子看出了其中的玄机:齐国是想趁着混乱,让这些所谓的夷狄劫持鲁定公,那时齐国说什么鲁国就得听什么。孔子见情况危急,挺身而出,大步登上高台,双目如电,直视齐景公,挥动衣袖,说:"我们两国国君在此相会,要这些夷狄音乐干什么,叫管事的赶紧把他们赶下去。"(见《史记·孔子世家》)当时陪同齐景公的是齐国相国晏婴,这一切都是晏婴的主意,这些跳舞的人也都是晏婴安排的,其他人根本赶不走他们。有司只好把目光转向晏婴和齐景公。晏婴不作声,实际上是要属下不要理会孔子,抓住机会劫持鲁定公。但是,孔子不理晏婴,依然瞪着齐景公,要齐景公下令。齐景公自知理亏,只好挥手令这些人退下。过了一会儿,齐国随从又请求奏宫中音乐,结果又上来一些侏儒,把个庄严的盟会变成了娱乐场,实在是不合礼制。孔子再度快步上台对齐景公说:"匹夫而营惑诸侯者罪当诛,请命有司!"(《史记·孔子世家》)意思是说,用这些侏儒迷惑诸侯的人应处以死罪,赶紧把这个管事的交给有关官员治罪。在这个庄严的场合,确实不应该让侏儒登场,确实违背了礼制,齐景公无奈,只好按孔子说的办。

第一天会盟以鲁国的大获全胜而结束。齐景公回到住地很是恼怒,责备左右说:"鲁以君子之道辅其君,而子独以夷狄之道教寡人。"(《史记·孔子世家》)后来在缔结盟约时,齐国提出在齐国出兵打仗时鲁国要出动三百辆战车相随,否则是破坏盟约。这实际上是要鲁国承认自己是齐国的附庸,而且若答应齐国要求,鲁国还要得罪另一个大国——晋国。孔子见状,立即予以反驳,要求齐国归还以往侵占的鲁国的土地,否则就是没有诚意。齐景公无奈之下,只好答应鲁国提出的条件。

夹谷之会的胜利,大大提高了鲁国的国际地位,更提高了孔子的政治地位。回国不久,鲁定公就命令孔子代理相国事务,参与国家大政的决策讨论。

但是,孔子的地位是不可能稳固的。因为长期以来的鲁国权力掌握在三桓(鲁桓公的三个后裔:季孙氏、叔孙氏、孟孙氏,三家世袭掌握鲁国权力)手中,而三桓的权力又有相当大的一部分掌握在各自的家臣手里。这种状况和孔子的政治理想是冲突的,随着孔子地位的上升,和三桓的矛盾也必然地浮出水面,这个冲突最后在堕三都的过程中爆发了。

三都是三座城邑,分别属于三桓:属于季孙氏的费邑,属于叔孙氏的郈邑,属于孟孙氏的成邑。三桓自己都驻在曲阜,这三座城邑分别在各自的领地,所以都不在自己的控制之下,而是有家臣掌管,家臣们和三桓闹独立,侵凌三桓以至于越过三桓直接干预鲁国国政。三桓对这个情况不满,孔子对这个情况也不满。孔子利用三桓对家臣的不满,建议三桓在适当的时候把这三个家臣据以叛乱的城邑拆掉,这就是历史上有名的堕三都。三桓接受了孔子的建议,首先顺利地拆掉了叔孙氏的郈邑,随后在拆毁季孙氏的费城时,遇到了费城宰季孙氏的家臣公山不狃的武装反抗,并且先发制人地对曲阜发动攻击,幸亏孔子指挥有方,打败了公山不狃,迫使公山不狃逃往齐国,最终拆毁费城。但是,在拆成邑时,情况发生了变化。孟孙氏本来支持拆毁成邑,但是成邑宰公敛处父对孟孙氏一贯忠心耿耿,从来没有背叛的意思。公敛处父对孟孙氏说,拆掉成邑对孟家和鲁国都是不利的。成邑是鲁国的北门,又是孟孙氏封邑的保障。如果把城邑拆掉,齐国军队可以长驱直入鲁国境内,孟家的封邑也就没有了依托。一句话点醒了梦中人,孟孙氏一改过去的态度,表面上不动声色,实际上坚决支持成邑宰公敛处父的武装抵抗。从夏天拖到冬天,都没有攻下成邑。而关键是季孙氏和叔孙氏的态度也发生了一百八十度的大转弯。本来,季孙氏和叔孙氏支持拆掉郈邑和费城,是因为各自的家臣阳虎和公山不狃都曾经凭借自己控制的城堡起兵反叛,和自己闹独立,支持孔子是为了加强自己的力量,解除自己的后顾之忧。但是,孔子的目的则是为了削弱三桓本人的力量,双方是真正的同床异梦。公敛处父对孟孙氏(孟懿子)说的话,也使季孙氏和叔孙氏明白了孔子的真正目的,他们转过来和孟孙氏站在了一起,最后,在当年的十二月,鲁定公亲自出马指挥拆毁成邑,也没有成功,只好不了了之。孔子堕三都的计划没有完成。

堕三都计划是否完成,直接关系到孔子在鲁国是否能够继续其执政生涯。本来和三桓在堕三都问题上取得一致,就可以实现孔子的张大公室、加强君权、削弱三桓实力,逐步实现君君、臣臣、父父、子子的尊卑秩序的理想,现在和三桓反目,而失去了三桓的支持，要么和三桓同流合污，一起瓜分鲁国国君已经很少的权力，要么退出鲁国政坛。最后，孔子只能选择后者，离开鲁国。

当官是为了实现自己的政治抱负，不能实现政治目标，还当什么官！孔子退出鲁国政坛，是其政治观念的必然选择。就在这时，齐国看到鲁国在孔子的治理下有声有色，国势向上，为了使鲁国君臣奋发图强的意志消沉，选了八十名妖冶靓丽、能歌善舞的美女，穿着艳丽无比的衣服；又挑选一百二十匹骏马，配上耀眼的丝绸锦缎做成的鞍鞯，以两国修好的名义送给鲁定公，目的是让鲁国君臣沉迷于声色犬马之中，无心国事，以减少对齐国的威胁。孔子看出了齐国的用心，坚决反对，但是鲁定公和季桓子还是接受了齐国的礼物。孔子看到鲁定公和季桓子又坚定地站在了一起，知道自己在鲁国是无论如何也没有意义了，国君本人不要国君的尊严和权力，自己又怎能去加强君权？孔子只好离开鲁国，开始了他长达十四年的流浪生涯，希望在别的国家找到施展自己政治抱负的舞台。

（五）周游列国

鲁定公十三年即公元前497年，五十五岁的孔子率领几十位学生逶迤西去，离开故土，踏上了游历列国之路。

孔子周游列国十四年，主要停留的是卫、陈、曹、宋、郑、蔡、楚等国家，另外在卫国的匡、蒲和楚国的叶等地也做过短暂的停留。停留时间最长的是卫国和陈国，在十四年的游历生活中可谓历经酸甜苦辣。

孔子出游的目的是实现政治理想，希望在别的国家能够遇到使用自己的明君。在当时来看，齐国和鲁国是近邻，国势也比较强大。但是，因为在夹谷之会上孔子得罪了齐景公和晏婴，所以孔子没有东行而是西行来到了卫国。

卫国和鲁国不仅是近邻而且是兄弟之邦。鲁国是周公之后，卫国是康叔之后,周公和康叔是兄弟,鲁、卫也就成为兄弟了;孔子的学生子路的妻兄颜浊邹是卫国有名的大夫,还有著名贤士蘧伯玉可以相互论道,而卫国国君卫灵公在诸侯中也有一定的礼贤下士的声誉;此外,卫国人口众多,财力还比较充裕,所以孔子就把出游的第一个目的地选在了卫国。

孔子到达卫国以后就住在颜浊邹家,在颜浊邹的引荐下,卫灵公很快接见了孔子,对孔子的到来表示了少有的欢迎,以上卿的礼节接待孔子,并且给孔子在鲁国任司寇时一样的待遇。孔子任司寇时的薪俸是"粟六万",卫灵公也给孔子同样的薪俸。这个薪俸对孔子及其弟子来说生活上是没有问题的。但是,孔子背井离乡不是为了生活,否则以孔子的学识才干要谋一高官、过上奢华的生活是太容易了。孔子出游的目的是为了实现政治理想,把仁义德治的理念变成现实。而卫灵公此时执政已经三十八年,早已没有了刷新政治的兴趣,一心沉溺于享乐之中,对孔子的学说并不感兴趣,所以对孔子表面上客气,实际上只是把孔子当做一个名士养起来。在这时,大约是有人眼红孔子所享受的待遇,就在卫灵公跟前说孔子的坏话,卫灵公就派人监视孔子的活动。孔子觉得在卫国无所作为,决定到陈国去碰碰运气。于是带领学生离开卫国,前往陈国。

孔子前往陈国的途中,路过一个叫做匡的地方,遭到了匡人的围攻。因为孔子和阳虎长得很像,当年阳虎曾经进攻过匡,行为十分残暴,匡人痛恨阳虎,如今把孔子当做阳虎包围起来,要杀掉孔子一行。弟子们十分着急,而孔子面不改色心不跳,镇定自若,对弟子们说:"文王既没,文不在兹乎?天之将丧斯文也,后死者不得与于斯文也;天之未丧斯文也,匡人其如予何?"(《史记·孔子世家》)意思是说,文王已经死了,古代文化不是都在我这里了吗?要是上天想要毁灭这些文化,我就不能传授这些文化,后人就无从知道了；要是上天不想毁灭这些文化,匡人又能把我怎样?后来匡人发现是个误会,孔子一行才得以离开。但是,不知是出于什么原因,孔子离开匡以后,并没有到陈国去,而是回到了卫国。

孔子回到卫国没有继续住在颜浊邹家,而是住在蘧伯玉家。蘧伯玉是位名士,社会声望高,但并不参与朝政,对朝廷安全不构成任何威胁。也许意识到以往监视孔子不妥,所以孔子回到卫国以后,卫灵公没有再派人监视孔子的行踪,对孔子的态度也积极起来。孔子参政的热情也迅速高涨,希望能真正得到重用。但是随后发生的几件事,使孔子非常失望。

第一件事是孔子见南子。因为卫灵公沉迷于享受之中,朝中大权掌握在夫人南子手中,卫灵公对南子的话言听计从,南子有"小君"之称。南子听说孔子名气大,很想见见孔子,派人对孔子说:"四方之君子不辱欲与寡君为兄弟者,必见寡小君。寡小君愿见。"要想结好卫君,必须先见"寡小君",也就是南子。孔子开始不想去见南子,走夫人路线毕竟不是那么光明正大,而且这个南子的生活作风也不怎么样。但是一方面是碍于面子,另一方面也可能是求仕心切,只要有机会实现自己的政治理想,至于通过什么途径登上权力的舞台则是次要的。所以犹豫一番以后,孔子还是答应了南子的要求,前往会面。见面时,南子在帷帐里面,孔子进门以后,向北施礼,南子在帷帐里还礼,"夫人自帷中再拜,环佩玉声璆然",南子盛装接见,还礼十分隆重。这次会面对孔子的仕途究竟有什么帮助,两人谈了什么,都不得而知。但是,对于两个人见面的细节倒是迅速传开了,有些还绘声绘色。其中可能夹杂着桃色新闻的成分。子路听到以后,对老师十分不满,认为老师去见南子有辱斯文,急得孔子对天发誓说:"予所不者,天厌之!天厌之!"(《史记·孔子世家》)意思是说,如果做了不该做的事,要遭到上天的惩罚的。

第二件事是使孔子陪游。大概在孔子见过南子月余之后，卫灵公和南子、一位宦官共同出游，卫灵公和南子坐一辆车在前面，宦官在中间，让孔子坐在宦官后面的车子上。孔子认为这是对自己的不敬，不符合为君之道，说："吾未见好德如好色者也。"(《史记·孔子世家》)孔子认为这是耻辱的事情，再次带领弟子们离开了卫国。

孔子第二次离开卫国后，先到卫国西南的邻国曹国(今山东定陶一带)，但曹国君臣都不理会他们。孔子又来到了宋国，结果更糟糕，宋国大夫桓魋竟然想杀掉孔子。孔子正和弟子们在一棵大树下练习礼仪，桓魋派人把孔子包围起来，又命人砍倒这棵大树。如果树被砍倒，坐在树下的孔子就有生命危险，情况紧急，学生们劝孔子赶紧离开。孔子从容不迫地说："天生德于予，桓魋其如予何！"(《史记·孔子世家》)意思是说，我的高尚的德行是上天赐予的，桓魋能把我怎么样！

宋国没有立足的地方，孔子就来到了郑国，情况一样的狼狈。刚到郑国，人生地不熟，孔子和学生走散了，一个人凄凄惶惶地站在郑国国都东门外，不知所措，弟子们也四处寻找他。有人对子贡说："东门有人，其颡似尧，其项类皋陶，其肩类子产，然自要以下不及禹三寸。累累若丧家之狗。"子贡见到孔子以后，如实转告这段话。孔子毫不介意，笑眯眯地说："形状，末也。而谓似丧家之狗，然哉！然哉！"(《史记·孔子世家》)孔子离开郑国，来到了陈国，但也是一无所获，最后只好又回到卫国。

就在回卫国的途中，孔子又经历了一次危险。

孔子回卫国，途经蒲，正赶上公叔氏据蒲叛卫。蒲人知道孔子要回卫国，就把孔子扣住了。孔子弟子中有一位叫做公良孺的，急公好义，勇力过人，自己带着五辆车子追随孔子，对大家说："吾昔从夫子遇难于匡，今又遇难于此，命也已。吾与夫子再罹难，宁斗而死。"尔后率领众人奋力拼杀,蒲人被公良孺的勇敢所震慑,和孔子约定,只要不到卫国去就放他们走。孔子答应了蒲人的要求。但是,一出大门,孔子就直奔卫国而去。子贡很不理解,急问孔子:"和人定下的盟约能反悔吗?"孔子回答说:"要盟也,神不听。"(《史记·孔子世家》)意思是说,被迫定下的盟约,神是不会理会的。

　　这是孔子第三次来到卫国,但是年迈的卫灵公并没有任何的不高兴,而是亲自到郊外迎接孔子,显示自己礼贤下士的风度。但在政治上仍然没有使用孔子的任何意思,只是偶尔地咨询一些问题,仅仅是咨询而已,并不按照孔子的意见办。孔子看到卫国政治江河日下,自己无能为力,感叹说:"苟有用我者,期月而已可也,三年有成。"(《子路》)遗憾的是,卫灵公不仅不用他,在和他谈话的时候,还心不在焉,一边和他说话,一边抬头看着天上的飞雁。这是对孔子的极大不敬,是孔子无法容忍的。于是孔子一行又前往陈国。

　　孔子来到陈国,也一事无成。但这个时候,卫国内部发生动荡。卫灵公在位时,以嫡长子蒯聩为太子,后来蒯聩得罪了南子,被迫出逃,就立蒯聩之子蒯辄为太子。卫灵公死后,南子立辄为国君,是为卫出公。为了控制卫国,晋国就支持卫灵公的原太子聩回来争权,齐国则支持卫出公,双方争斗不已,卫国上下,一片惶惶。就在这时,鲁国掌权的季桓子病死,临终前,可能对以往的做法有所反省,觉得对不起孔子,影响了鲁国的强盛,要求接替掌权的季康子迎回孔子。季康子又接受属下建议,没有召回孔子,怕将来因为政见不合,有始无终,被别人笑话,而是召回了孔子的学生冉有。

　　在孔子的学生中,冉有(冉求),当时三十一岁,以行政能力出众闻名,也一直受到孔子的重视。在鲁国使者到来的时候,孔子语重心长地对冉有说:"鲁人召求,非小用之,将大用之也。"(《史记·孔子世家》)孔子对鲁国的内情是了解的,明白季康子的用意,说这番话的目的是希望冉有回国从政以后不要忘记老师,有朝一日能把老师请回去。

冉有回鲁国确实得到了重用,却一直没有向孔子发出邀请。

在陈国不得志,冉有一去无消息,又碰到吴国进攻陈国,孔子遂来到蔡国。当时楚国有一位大夫叫做叶公(本名诸梁,因为封邑在叶而名叶公),住在负函(今河南信阳)。叶公以博学贤良闻名,孔子离开陈国以后就去看他。二人见面以后,讨论时政,叶公问如何治理国家,孔子回答说使距离近的人高兴幸福,使远方的人自动归附。二人就什么是"直"的问题展开争论,叶公说:"吾党有直躬者,其父攘羊,而子证之。"意思是说,我的家乡有位正直的人,他父亲偷了别人的羊,他亲自去告发。孔子说:"吾党之直者异于是:父为子隐,子为父隐,直在其中矣。"(《子路》)意思是说,我们家乡的人认为"直"应该是这样:父亲为儿子隐瞒,儿子为父亲隐瞒。这是二人站在不同的角度对"直"的不同理解。叶公是站在国家立场上说话,孔子是站在伦理立场上说话,包含了父慈子孝的含义在里面。孔子说的"父为子隐,子为父隐"并不是要儿子赞同父亲偷羊,也不是要父亲赞同儿子偷羊,而是说面对这样的事情,为了做到忠孝两全,可以采用别的方法制止偷盗行为,不一定要到官府指证自己的老子或者儿子。后人往往把这句话看做孔子主张父子相互包庇的证据,这是片面的。

孔子由负函返回蔡国途中,遇到了长沮、桀溺等一批逃避现实的隐士在一起耕田,孔子遭到了一番奚落。孔子使子路上前问渡口在哪里。长沮问子路说:"夫执舆者为谁?"子路说:"为孔丘。"长沮又问:"是鲁孔丘与?"在得到了肯定的回答以后,长沮冷冷地说:"是知津矣。"意思是说,鲁国的孔丘那么大的学问,到处转悠,是应该知道渡口在哪里的,根本不用问别人。子路转而问桀溺,桀溺也不告诉他,而是说:"滔滔者天下皆是也,而谁以易之？且而与其从辟人之士也,岂若从辟世之士哉？"意思是说,整个天下都像洪水泛滥一样乱糟糟的,任何东西在滔滔洪水中都不可能保持什么清白,你们同谁一起去改变它？你与其跟着孔丘那种逃避无道君主的人四处流浪,还不如跟着我们这些逃避现实的人过隐居的生活。孔子听说以后对子路说:"鸟兽不可与同群,吾非斯人之徒与而谁与？天下有道,丘不与易也。"(《微子》)意思是说,我们不能在山林中和鸟兽为伍,我们不同世人在一起又和谁在一起？天下政治清明,也就不用我们改革了。

几天之后,子路又和孔子走散了,子路在后面寻找孔子,遇到一个荷蓧丈人,子路问他见到过孔子没有。这位老丈不屑一顾地说:"四体不勤,五谷不分,孰为夫子？"说完也不说看没看到孔子,把拐杖插在田头,自顾自地除草去了。子路见这位老丈出语不凡,恭恭敬敬地垂手站在一旁等待答案。老人见子路懂得礼貌,就留子路在他家里过夜,杀鸡款待子路,并且叫他的两个儿子拜见子路。第二天,子路把这件事告诉给孔子。孔子说这是个隐者,让子路再去寻找,而人已经离开了。子路感慨地说:"不仕无义。长幼之节,不可废也;君臣之义,如之何其废之？欲洁其身,而乱大伦。君子之仕也,行其义也。道之不行;已知之矣。"(《微子》)意思是说,不分黑白地拒绝出去做官是不对的,长幼之间的礼节不可以废弃,君臣之间的礼仪更不能废弃。为了洁身自好而废弃君臣大义是不对的。君子出去做官就是为了实现君臣大义。我们的政治主张实现不了是早就知道了的。子路的这段话是对这位荷蓧丈人的批评,批评这位老丈为了自己的所谓名声不顾君臣大义反而说别人做得不对。

孔子在蔡地停留了三年,楚国听说孔子在陈、蔡之间居无定所,生活很是不好,就派人来请孔子到楚国去。陈、蔡当政者担心如果孔子到了楚国,可能会使楚国强大而对自己不利,于是就派人把孔子围困在荒野里,让孔子不能成行。从逻辑上看,仅仅把人包围起来是不能阻止孔子南行楚国的,围得了一时,围不了一世;而陈、蔡执政者又不像要杀孔子的样子,如果要杀孔子就不用派兵包围了。所以,陈、蔡包围孔子应当另有目的,就是要逼迫孔子放弃南下的念头。孔子是个意志坚定的人,知道了楚国在邀请自己,这无疑是黑暗之中的曙光,所以根本不把陈、蔡的举动放在心上,南下楚国的决心是不会动摇的。尽管断水断粮,饥肠辘辘,孔子依然弦歌不绝。可是学生们却忍受不了饥饿,不免有抱怨之声。子贡就很不高兴地说:"君子亦有穷乎?"孔子回答说:"君子固穷,小人穷斯滥矣。"(《史记·孔子世家》)子贡在责备孔子不想办法摆脱困境,却还在弦歌,"君子亦有穷乎"是反问孔子:君子在面临困境的时候就一点办法也没有吗?孔子回答说:君子虽然面临困境也不会改变他的操守和信念,而小人遇到困难就会放弃初衷、不要原则了。

孔子知道弟子们有想法,彼此之间差异比较大,乃决定利用这个特殊时刻解决他们的思想问题。先问子路:"《诗》云'匪兕匪虎,率彼旷野'。吾道非邪?吾何为于此?""匪兕匪虎,率彼旷野"是《诗·小雅·何草不黄》中的句子,意思是说,既不是兕也不是虎,怎么总在旷野之中出没呢?孔子用它来反问是不是自己的信念有问题。子路回答说:"意者吾未仁邪?人之不我信也。意者吾未知邪?人之不我行也。"意思是说,并不是我们没做到仁,而是别人不信任我们;并非我们没有达到智,而是别人不让我们实行、把我们的智慧变成现实。孔子认为子路的见解还有问题,又问道:"有是乎!由,譬使仁者而必信,安有伯夷、叔齐?使知者而必行,安有王子比干?"(《史记·孔子世家》)意思是说,是这样子吗?子路你要明白:假若是仁者就会四方信服,怎么还会有伯夷、叔齐这样的事情发生？假如是智者就能处处行得通，哪里还会有王子比干的事情存在？也就是说，智者、仁者不被人家理解和接受是正常的，不能因为不被别人理解和接受就怨天尤人，更不能改变自己。

随后孔子又把子贡叫来，问和子路同样的问题。子贡回答说："夫子之道至大也，故天下莫能容夫子。夫子盖少贬焉？"意思是说，夫子您的志向太大了，以至于天下无法相容，夫子可以把自己的志向降低一些。孔子听了十分不高兴，批评说："赐，良农能稼而不能为穑，良工能巧而不能为顺。君子能修其道，纲而纪之，统而理之，而不能为容。今尔不修尔道而求为容。赐，而志不远矣！"（《史记·孔子世家》）意思是说，好的农夫善于播种不一定善于收获，好的工匠善于技艺不一定都能令人满意。君子能守道义、统纲纪，未必能为天下所容。但是不能因为不为天下所容就改变自己的主张。赐（子贡字赐）啊，现在你要不坚守道义，只要求为人所容，你的志向太渺小了。

最后是颜回见孔子。孔子又问了同样的问题。颜回回答说："夫子之道至大，故天下莫能容。虽然，夫子推而行之，不容何病，不容然后见君子！夫道之不修也，是吾丑也。夫道既已大修而不用，是有国者之丑也。不容何病，不容然后见君子！"意思是说，夫子之道因为太过广大而不为天下所容纳。但是，夫子直道而行，不加改变，不容于天下又有什么关系？正因为不容于天下，才见什么是君子的本色！君子的任务就是修道，不修道是我辈君子的耻辱；修道而不被任用，是国君大臣们的耻辱。天下不容有什么关系？天下不容而不改变自己才是君子所为。这个答案正符合孔子的境界，孔子十分兴奋地说："有是哉颜氏之子！使尔多财，吾为尔宰。"（《史记·孔子世家》）意思是说，好一个颜氏之子，如果你有钱的话，我愿意做你的家宰。欣慰之状、满意之情，溢于言表。当然，在孔子所有弟子中，颜回以安贫乐道著称，到老死也没富过。

孔子并没有坐以待毙,而是一边教导学生,一边派子贡突出重围,到楚国搬来了援兵,孔子一行被解救,来到了楚国。

当时楚国是昭王在位。楚国的正式封爵在西周为子爵,但到了春秋时代,楚国兼并了江汉流域几十个小国,成为南方最大的国家,并且公开以蛮夷自居,不遵守中原的等级制度,以王自称。楚昭王是有为之君,听说孔子到来,打算把七百个"书社"(即里社)封给孔子,表示对孔子的尊敬。但是因为令尹子西的反对没有实现,不久,楚昭王病死,朝中也就没有人再重视孔子。孔子在楚国依然是无所事事,只能仰首长空,浩叹岁月之悠悠!同时坚信自己一定能够有施展抱负的那一天。

公元前489年,六十三岁的孔子从楚国又回到了卫国。孔子在卫国多年,门下弟子多在卫国做官,还有一些朋友在卫国也都有一定的权势,他们了解孔子在外漂泊的艰难,纷纷向孔子发出邀请。孔子第三次返回卫国。

这一次返回卫国和以往不同,这次是卫国邀请去的,而且卫国国君出公刚继位,想有所作为。所以孔子认为这一次返回卫国一定会大展宏图,一路上兴高采烈,谈锋甚健。子路问孔子说:"卫君待子而为政,子将奚先?"孔子很肯定地回答说:"必也正名乎!"所谓"正名"就是按照西周制度调整现时君臣名分。这在当时是行不通的。卫出公自己就是在父亲尚在的情况下,在祖母即卫灵公夫人南子的扶持下登上君位的,本身就不符合君位继承制度。再看现实,绝大多数公卿大夫的行为都不符合君臣父子之道。所以子路认为老师的看法太迂腐,便说:"有是哉,子之迂也!奚其正?"意思是说,居然有这样迂腐的认识!天天正名,正名正名,从哪儿正起啊!孔子见学生居然这样对自己说话,勃然大怒,说:"野哉,由也!君子于其所不知,盖阙如也。名不正,则言不顺;言不顺,则事不成;事不成,则礼乐不兴;礼乐不兴,则刑罚不中;刑罚不中,则民无所错手足。故君子名之必可言也,言之必可行也。君子于其言,无所苟而已矣。"(《子路》)意思是说,这个仲由,简直太粗野了,君子对自己不懂的事情大都采取存疑的态度。名分不正,说话就不顺当;说话不顺当,事情就办不成;事情办不成,礼乐教化就无法兴起;礼乐教化不兴,刑罚就不得当;刑罚不得当,老百姓就会坐立不安,连手脚怎样摆放都不知道。所以君子确定一个名分一定要说出道理,言之成理一定要可以实行。所以,君子对待自己说的每一句话都不能随便。孔子的话是不错,但是,正如子路说的那样:太迂腐了,注定要碰壁。

孔子是怀着一腔热情来到卫国的,但是,卫出公并没有像他想象的那样向他问政,更没有委任他任何职务,只是把他养起来而已。孔子的政治热情迅速地衰退了。如果说卫灵公在世时,孔子还有一些和卫灵公一起议论政治的机会的话,那么,现在的卫出公仅仅是把孔子放在那里,连个议论政治的机会都没有。孔子心中的悲凉是可以想见的。

公元前484年即鲁哀公十一年春,冉有率领军队大败前来进攻的齐军,这是鲁国少有的军事胜利。执政的季康子十分高兴,问冉有是从哪儿学来的军事指挥本领。冉有说是从孔子那里学来的,并且极力推荐孔子,要求季康子不能像对待常人那样对待孔子,一定要发自内心地礼敬孔子。季康子知道孔子,当自己接替季桓子执政时孔子早已周游列国、名满天下,季桓子临终时曾再三叮嘱,一定要把孔子请回国,任命孔子为相,但当时因为公之鱼的反对没有付诸实践,而是把冉有召回了鲁国。现在,见冉有极力推荐,正好把孔子接回来。此时,距离冉有回鲁国参政已经整整八个年头了。但是,反对孔子回国的人实在不少,就是在季康子决定接孔子回国时,还有不少当权者极力反对。不过,季康子是下定决心了,把极力反对孔子回国的公华、共宾、公林赶出鲁国,而后派专使携带厚重的礼物到卫国迎接孔子。此时的孔子已经六十八岁了。

（六）回归故里　整理文献

孔子十几年的漂泊生涯，门下弟子，来来去去，尽管大多数人并没有理想的政治出路，但身居高位、富甲一方者不乏其人。然而，孔子始终风尘仆仆地奔走于诸侯之间，饱受冷落，备尝艰辛，为实现自己的政治理想而矢志不渝，即使在最艰难困苦的时候心中想到的还是自己的理想，甚至产生了"道不行，乘桴浮于海"（《公冶长》）的念头，即在中国实现不了自己的理想，就乘着木排到海外去。

在常人眼里，经历了如此磨难之后的孔子，暮年回国，而且受到执政者最高规格的礼遇，按说可以安度晚年了。但是，孔子是为了理想而生活的，回到鲁国以后，一方面继续他的学术活动，另一方面仍然是强烈地希望把自己的理想变为现实，自己虽然年老，不适宜再出来做具体的事情，但他希望弟子们能够按照自己的教诲行事，也希望弟子们能够使季康子按照自己的主张治理国家。但此时无论是鲁国的现实，还是弟子们的追求，和孔子的希望都越来越远，最后带给孔子的只能是失望。

孔子回国伊始，鲁哀公和季康子都曾恭恭敬敬地向他咨询国政。哀公问孔子："何为则民服？"孔子回答说："举直错诸枉，则民服；举枉错诸直，则民不服。"（《为政》）意思是说，怎样做才能使民众服从呢？孔子回答说，使正直的人在邪曲之徒上面，民众就会服从；把邪曲的人安置在正直的人上面，百姓就不服从。这实际上是批评哀公用人不当，百姓不服从是自找的结果。季康子向孔子请教如何处理政事，孔子回答说："政者，正也。子帅以正，孰敢不正？""政"就是正的意思，你自己带头走正路，谁也不敢不走正路。季康子又问："如杀无道，以就有道，何如？"孔子回答说："子为政，焉用杀？子欲善而民善矣。君子之德风，小人之德草。草上之风，必偃。"(《颜渊》)意思是说，杀掉无道的人，亲近有道的人，怎么样？孔子认为你处理政事为什么要杀人，你自己想做好事，百姓就会跟着你做好事。君子的品德好比风，小人的品德好比草，风朝哪边吹，草就往哪边倒。也就是说普通百姓的行为是跟着当官的走的。季康子又问："使民敬、忠以劝，如之何？"孔子回答说："临之以庄，则敬；孝慈，则忠；举善而教不能，则劝。"(《为政》)意思是说，怎样使百姓恭敬忠心、相互鼓励劝诫呢？孔子的答案是：你对百姓态度恭敬，他们就会恭敬；你自己孝顺父母、对百姓慈爱，他们就会忠心；你举荐好人，教育能力差的人，他们就会相互劝勉。

　　季康子是年轻后辈，是实实在在地向孔子请教，真心地希望从孔子那里得到些能解决现实问题的良方妙计。但是，孔子给他们的答案都是抽象的理论，而且都带有批评的意思。在权力面前，道德说教能为权力服务，才能受到掌权者的支持，否则掌权者是不会高兴的。孔子的这些话显然是不受欢迎的。话不投机半句多，哀公也好，季康子也好，和孔子的关系自然地疏远，孔子对他们的做法当然也不满意。

　　孔子对哀公和季康子看不顺眼，对那些在鲁国当官的学生们也越来越看不顺眼。季康子想改变原来的赋役制度，把按"丘"征收变为按田征收，这样可以增加军赋的征收数量。这是一件改变传统的大事，要有相当的理论依据，尽可能地避免社会批评，争取舆论支持。季康子就派冉有去征求孔子的意见，但是，孔子就是不回答。冉有有些急了，就对孔子说："子为国老，待子而行，若之何子之不言也？"意思是说，您是国老，行还是不行，总要有个态度，怎能一言不发呢？孔子还是不表态。待冉有走后，孔子却大大地发了一通议论，坚决反对这件事，说："君子之行也，度于礼，施取其厚，事举其中，敛从其薄。如是，则以'丘'亦足矣。若不度于礼，而贪冒无厌,则虽以田赋,将又不足。且子季孙若欲行而法,则周公之典在。若欲苟而行,又何访焉?"(《左传》哀公十一年)孔子以实行周礼为己任,对改变军赋制度这样的大事,当然不会同意,可他心里明白,自己反对也没用,与其说了没用,不如不说。但是,内心的观点还是要表露的:君子治国,要看看是否符合周礼。按照周礼要求,施与民众的要宽厚,国家行事要适当,向民众征收军赋要尽量地少,按照丘征收军赋已经足够了。如果贪得无厌,即使是按田征收军赋也不够用。这个道理很明白,按照"施取其厚,事举其中,敛从其薄"办事,有周礼在;否则,想怎样办就怎样办,还问什么!后来,季康子和冉有还是推行了新法,孔子十分生气,说:"(冉有)非吾徒也。小子鸣鼓而攻之,可也。"(《先进》)诸如此类的事情,孔子和他的弟子之间经常发生,有些是孔子晚年回鲁国以后发生的,有些则在以往就曾经发生过。这里就不一一列举了,只要明白孔子的理想和现实之间的矛盾就行了。

尽管孔子对从政的学生们有着这样或那样的不满,但一有机会还是不遗余力地推荐他们踏上仕途。季康子问孔子:"仲由可使从政也与?"孔子说:"由也果,于从政乎何有?"季康子又问:"赐也可使从政也与?"孔子回答说:"赐也达,于从政乎何有?"季康子接着问:"求也可使从政也与?"孔子回答说:"求也艺,于从政乎何有?"(《雍也》)孔子是说学生们各有专长:仲由性格果断,端木赐通达人情世故,冉有多才多艺,无论性格差别如何,孔子认为他们都能做官。对待已经入仕的弟子,依然是诲人不倦,有问必答。如仲弓做了季氏家宰以后,向孔子请教如何执政,孔子回答说:"先有司,赦小过,举贤才。"对手下办事的人,不计较他们细小的过错,选拔使用贤良。仲弓又问道:"焉知贤才而举之?"即怎么知道哪些人是贤良?孔子回答说:"举尔所知,尔所不知,人其舍诸?"(《子路》)意思是说,选拔那些你所知道的;你所不知道的,当然选拔不成,但是别人也不会淹没他的。子夏为莒父宰,向孔子请教如何执政,孔子说:"无欲速,无见小利。欲速,则不达;见小利,则大事不成。"(《子路》)意思是说,你不要图快,不要贪图小利。图快反而达不到目的,贪图小利就办不成大事。孔子尽管和冉有有过不快,但是对冉有的从政状况依然时时关心。一次冉有退朝回来晚了,孔子问:"何晏也?"冉有回答说:"有政。"孔子说:"其事也。如有政,虽不吾以,吾其与闻之。"(《子路》)意思是说,恐怕是一般性的事务吧。不是什么国家大事,否则我是会知道的。

弟子们纷纷出仕,尽管不能一一按照孔子的教诲去做,但都能够一展才华,领时代风骚,遇到大事小事,都能恭恭敬敬地向孔子请教,有这样的学生,孔子当然是高兴和满足的。但是,对于孔子个人来说,十四年的漂泊,暮年回到鲁国后的诸多纠葛,弟子们的政治实践,使孔子深深地感到了政治的沧桑,自己的理想是难以变成现实了,也就彻底地放弃了从政的念头,把全部精力放在整理文献典籍上。

孔子是我国历史上第一个伟大的文献学家,目前我们看到的儒学典籍《诗》、《书》、《易》、《礼》、《春秋》,还有已经失传的《乐》都是经过孔子编订的,没有孔子的编订整理,没有孔子门人的保留宣传,在战乱之时怕是早就失传了。这六部书被后世儒家学者称之为六艺,而把孔子教育学生的礼、乐、射、御、书、数称之为小六艺。孔子集中晚年的所有精力整理这些典籍,就是想通过典籍整理来表达自己的政治理想,把自己的思想寄托在这些典籍之中。

诗起源于民间谣谚,是人们的口头歌唱,用文字记录下来以后,就成了文学作品,有的在传唱的时候,伴以歌舞。西周时代,统治者为了丰富自己的文化生活,也为了了解民间情况,组织专门的乐队,定时到民间采风,记录整理民间的歌词,不断地更新和补充,提倡那些符合统治阶级需要的内容,删除不合统治阶级需要的内容，久而久之，就形成了《诗》。当时的诗歌分为风、雅、颂三大类：风，反映的是各诸侯国的贵族和平民的风尚、习俗，内容多是清新绮丽的抒情篇章；雅，是王室附近地区的篇章，内容大都是贵族的政治生活状况，具有较高的史料价值；颂，是歌颂先祖丰功伟绩的诗歌，深沉肃穆，专门在祭祀的时候使用，是祭祀的专用诗歌。因而，《诗》有很高的文学价值和历史价值，反映了贵族们的思想和政治状况，记录了各诸侯国的民风民俗、生产活动、政治情绪等内容，有着丰富的社会、自然、生活属性。

春秋时，《诗》被贵族们用做交往的工具。贵族们见面的时候，往往吟诵某一首诗表达自己的思想和要求，对方也用同样的方法回应，吟诵诗篇表示是同意还是反对，或者自己有难处，无法满足要求，甚至提出其他建议。所谓"《诗》言志"就是这个意思。用诗婉转地表达自己的思想是文化品位、身份的象征，也是社会等级尊卑的体现。但是，在春秋时代，战乱频仍，不能再像以往那样定时到民间采风，原有《诗》的篇章也残缺不全，重复错讹。有鉴于此，孔子乃把整理《诗》作为一项重要任务，既用来作为教育学生的教材，也作为自己的政治寄托。根据《史记·孔子世家》的记载，孔子广泛搜求，收集了三千多篇，而后校勘核对，删除重复；按照乐曲的正确音调和诗词内容，调整篇章，使雅归雅、颂归颂、风归风，最后整理成三百零五篇，简称《诗》三百，就是今天我们看到的样子。

关于《乐》，当时被世人看做和《诗》同等重要，在所有正式场合吟诗必奏乐，平民平时吟诗时本来就是半唱半诵，因而诗歌和音乐是浑然一体的。孔子整理诗必然要对音乐作出相应的整理。孔子是一个造诣很深的音乐家，他在齐国听到《韶》乐，沉醉其中，三月不知肉味。听到别人歌唱得好，就一定要别人再唱一遍，自己跟着学习。对音乐理论和音乐功能更有着超出常人的认识，认为音乐在陶冶性情、深化人的道德修养方面有着不可替代的作用,他曾经简明扼要地说:"兴于诗,立于礼,成于乐。"(《泰伯》)意思是说,诗有助于振奋精神,礼有助于立身处世,乐有助于完美情操。所以,他理所当然地将乐也整理出来作为教育学生的教材。遗憾的是,《乐》没有保存下来,现在我们已经无从知晓孔子删定的《乐》的具体内容了。

孔子删定"礼"的情况比较复杂。孔子最向往的就是西周的礼治社会,对周礼特别钟情,研究得也最为深入,一辈子的政治理想就是"复礼"。显然孔子肯定对周礼下过删定编纂的工夫,才能教导诸生。但是,现存的礼有三种:《周礼》、《仪礼》、《礼记》。《周礼》讲的是各种官制,《仪礼》讲的是典礼仪式,《礼记》则专门讨论礼仪的性质、意义和作用。经过地下发掘资料的证实,这三礼实际的成书时间都要晚于孔子,我们现在看到的列于儒家十三经中的三礼都不是孔子删定以后的样子,而是包括了孔子以后儒家学者的加工成分在内。但是,我们可以肯定的是,这些礼书都曾经过孔子的手。孔子在少年时代就以俎豆之具作为玩具,以祭祀仪式作为游戏,可见他对礼仪的熟练程度。在《论语》中,"礼"字出现频率极高,共计七十五次,或者指国家制度,或者指行为规范,或者指治国理论,都说明孔子确实整理过周礼,特别是《仪礼》这部书,我们现在看到的基本上是孔子整理以后的样子。

《书》,又称《尚书》,本是上古流传下来的文书的统称,孔子整理编订以后成为专有名称。孔子之前已经有《夏书》、《商书》、《周书》流传于世,保存的是以往治国的理论和实践的情况。热衷于政治的孔子自然要加以整理。但是,孔子整理过的《书》并不一定是我们现在看到的篇目顺序,现在传世的篇目顺序已经改变了很多。

孔子十分喜欢《易》,据说频繁地翻阅,曾经把穿连《易》的革绳翻断了好几次。《易》本来是一部占筮的书,并非成书于一时,其内容陆续增加，人们不断发挥，把对现实世界的观察、人生的思考不断补充进去，使《易》的内容不断丰富，充实了事物发展变化的理论与方法。在统治阶级中十分流行，孔子也自然要注意《易》，特别是晚年，对《易》的理解、对人生的思考达到了新的境界，自然地把自己的体会在整理过程中加入其中。所以，后来有人说现存《易》的理论探讨部分也就是所谓的"传"——共有十篇即《十翼》，是孔子作的。孔子不一定写过什么十篇关于《易》的理论文字，但是可以肯定孔子整理过《易》。

对后世影响最大、也最为学界所推崇的是孔子编订的《春秋》一书。《春秋》本来是鲁国史书的专有名称。春秋时代，各诸侯国都有专门人员记述国家大事，这些记录就是所谓的历史书。但是，当时还不使用现在的"历史"这个名称，而是有各自的专门名称。鲁国史书就叫做《春秋》。按照史官的职责，对事情的记录本是客观的。但是用什么样的观点去评价、用什么样的标尺去衡量古人的行为则有着巨大的差别。春秋时代，发生了不计其数的犯上作乱的事情，有的干了坏事还想方设法为自己掩盖真相，有的干脆丢开历史事实，恣意妄为。如何让后人了解真相，就是当时的专门负责记述大事的史家的责任。但是，各国史官记述的历史要么秉承执政者的意思，要么受到当时条件的制约，不得不对一些事件作出模糊的记录；有的则所记事情太多。孔子是对历史有着相当研究的思想家和教育家，历史常常被拿来作为教育学生的教材，对周代制度礼仪的了解都是通过翻阅历史文献得到的，在长期的阅读思考过程中，孔子将鲁国历史文献"考其真伪，而志其典礼"，编订成我们现代看到的《春秋》一书。这是我国第一本编年体史书。

孔子编订《春秋》不是为了保存史料，现存《春秋》记载的是鲁隐公元年到鲁哀公十四年（公元前722年—公元前481年）的历史，二百四十二年间的事仅仅用了一万五千六百余字，文字之简略可以想见，仅仅从记事这个角度说实在是反映不了什么历史事件的。所以孔子编订《春秋》的目的在于表达自己的思想，这个思想的核心就是"正名"，让那些犯上作乱的人回到他自己原来的历史坐标中去。司马迁在《史记·孔子世家》中记述孔子编《春秋》之主旨："弗乎弗乎，君子病没世而名不称焉。吾道不行矣，吾何以自见于后世哉？""乃因史记作《春秋》，上至隐公，下讫哀公十四年，十二公。据鲁，亲周，故殷，运之三代。约其文辞而指博。故吴、楚之君自称王，而《春秋》贬之曰'子'。践土之会实召周天子，而《春秋》讳之曰'天王狩于河阳'。推此类以绳当世。贬损之义，后有王者举而开之。《春秋》之义行，则天下乱臣贼子惧焉。"年纪大了，想法不被当时的人所理解，不能付诸实践。不被当时的人理解不要紧，要紧的是要使后人知道自己的想法。人生在世，最大的忌讳就是不能扬名后世，人死了，名声没有了，这是不可接受的。为了"人没"而名扬，孔子编定《春秋》，以鲁国史料为基本依据（即"据鲁"），以周王室之制度礼乐为标准，该尊则尊，该卑则卑，这就是"亲周"；宋人是商王室之后，又是孔子列祖列宗的发祥地，故而不忘殷商之制度，这就是"故殷"（后世的经学家因为宋国是孔子的故国，又是商朝宗室之后，在叙述孔子编撰《春秋》主旨时，将"故殷"改为"故宋"）。对历史人物的称谓，不是根据该人物自己的定位，而是根据周朝的定位。如吴、楚之君自己都称为王，和周王平起平坐，但在孔子笔下，并不称他们为王，而是称之为"子"，因为吴、楚之君在建国时都是子爵；又如，晋文公在践土盟会诸侯，周天子被迫前往，等于承认晋文公的霸主地位的合法性，但在孔子眼里，天子是不能受诸侯召唤参加会盟的，于是在《春秋》中把这件事写作"天王狩于河阳"，即周天子不是参加践土会盟而是到那里巡狩的，从而摆正了天子与诸侯之间的位置。这就是《春秋》笔法，尊天王，讥世卿，贬乱臣，那些犯上作乱的人唯恐受到鞭笞，所以"乱臣贼子惧"。

正因为孔子编纂的《春秋》一书的文字过于简略,所要表达的意思也因为文字简略后人难以真正理解,书中所记载的历史事件后人就更无从知晓了,于是后世学者专门为孔子《春秋》一书作补充,或者是补充历史事实,或者是发掘孔子《春秋》的微言大义,即孔子书中所用文字背后究竟有什么深刻意义,这些书统称为《春秋传》。目前流传下来的有三部《春秋传》,因为作者不同而分别命名,即以记载历史史实为主的《春秋左氏传》,以发掘微言大义为主的《春秋公羊传》和《春秋谷梁传》,简称《春秋三传》,都是儒家经典,列于十三经之中。

从这些六经内容的简要介绍和孔子的整理过程来看,孔子晚年整理文献,并不意味着孔子放弃了自己的理想追求,决不是弃政从文,而是把政治舞台上无法实现的政治理想诉诸笔端,对乱臣贼子们口诛笔伐、以正视听,是用另一种方式表达自己的理想!

孔子完成以上的文献整理以后,一生的理想都寄托在这些文献典籍之中,传之后世,留予识者了,心愿已经完成,内心轻松的同时,难免有英雄暮年的悲凉之感,也预感到自己将不久于人世了。孔子回过头来总结自己的一生时说:"吾十有五而志于学,三十而立,四十而不惑,五十而知天命,六十而耳顺,七十而从心所欲,不逾矩。"(《为政》)"七十而从心所欲,不逾矩",就是说自己已经达到了礼的最高境界,所有行为都符合礼的要求。这个总结是实事求是的,又是悲凉的,它表明孔子奋斗一生的"复礼"事业彻底地失败了,没能够使社会"复礼",只能是以礼律己而不能顾及其他了。

哀公十六年四月,孔子的身体一天不如一天,子贡听说以后急忙前去探望。子贡到来的时候,孔子正拄着拐杖倚门而立,仰望长空,若有所思,看到子贡到来,颤巍巍地对子贡说:"赐,汝来何其晚也?"孔子说子贡来得为什么这样晚,并不是嫌子贡来得太晚影响了自己对子贡的嘱托,而是感叹自己人生无多、师徒相聚时日有限,也就是说子贡你如果早些来,我们还能多聚聚,现在聚会的时间不多了。随后孔子自顾自地低声吟唱道:"太山坏乎!梁柱摧乎!哲人萎乎!"意思是高高的泰山啊,快要崩颓!直直的梁柱啊,快要折断!深邃的哲人啊,快要枯萎!唱完以后,老泪纵横,唏嘘不已,而后对子贡说:"天下无道久矣,莫能宗予。夏人殡于东阶,周人于西阶,殷人两柱间。昨暮予梦坐奠两柱之间,予始殷人也。"(《史记·孔子世家》)意思是说,天下不守王道太久了,没有人能按照我说的执行。三代葬礼不同,夏人埋在东面台阶下,周人埋在西面台阶下,殷人埋在中间。昨天梦见我自己坐在两柱之间,属于殷人葬礼,看来我是殷人啊。孔子是宋国宗室,宋是殷后,孔子说自己是殷人是有道理的。像孔子这样一个思想家,意识到自己时日无多的时候,自然会对自己一生的追求进行梳理,也会追忆自己先辈的由来,梦到自己坐在两柱之间自然地会将三代葬礼的异同相联系,认为自己属于殷人,毫不奇怪。说明了孔子暮年对自己归宿的思索。七天以后,一代哲人孔子悄然而逝,享年七十三岁。

孔子逝世以后,葬在曲阜城北约一里路程的泗水旁,许多弟子服丧三年,相对哭泣尽哀以后而去,只有子贡在孔子的墓旁盖了一间茅草屋,又守丧三年才离去。有一百多户人家因为追念孔子,把家搬到孔子墓旁定居,人们就把这个新形成的居民点叫做孔里。后来又把孔子居住过的房子以及学生们的宿舍、教室改为孔庙,用来收藏孔子生前用过的物品。

孔子一生为了维护旧制度、旧秩序而奔波,处处碰壁,无权无势,死后却如此受人爱戴和尊敬,凭借的是他的学问、道德、人格修养,实属古今中外第一人。

孔子逝世三百多年以后,司马迁第一次为孔子作传,写完以后,心潮澎湃,难以自已,充满着感慨和崇敬地说:"余读孔氏书,想见其为人。适鲁,观仲尼庙堂车服礼器,诸生以时习礼其家,余祗回留之不能去云。天下君王至于贤人众矣,当时则荣,没则已焉。孔子布衣,传十余世,学者宗之。自天子王侯,中国言《六艺》者折中于夫子,可谓至圣矣!"(《史记·孔子世家》)"至圣"二字恰当地概括了孔子的历史地位。

二 孔子的思想体系

在介绍孔子生平事迹时,我们已经提到了孔子的思想,但那只是片段的介绍。孔子思想博大精深,是一个完整的思想体系,而这些思想贯穿于孔子和他的学生以及当时各国执政者的言谈之中。孔子的学生各有特点,所接触的执政者也是各有所需。而孔子都是根据提问者的不同情况谈自己主张的,同一个问题往往会有不同的解答。人们在读《论语》的时候,对孔子思想的理解难免会出现分歧。所以,要从历史的角度,对孔子的思想作一个系统的介绍和分析。

(一)"仁者爱人"与"克己复礼":孔子的仁学

《论语》二十篇五百一十二段话,谈论最多、出现频率最高的一个是"仁",一个是"礼"。"仁"总计出现了一百零九次,"礼"出现了七十五次。但是,孔子始终没有给"仁"作出完整的解释,都是在不同场合根据谈话对象的不同,从不同方面解释仁的具体内容,这就给后人理解仁的完整含义带来一定的困难,要完整地把握孔子关于仁的含义,就要把具体的、抽象的解释统一起来。尽管人们在对孔子关于仁的具体理解和评价方面还存在着差异,但有一点基本一致:仁是孔子思想的核心,而礼则是仁的外在行为标准和政治目标,二者是形式与内容的关系。

我们先看孔子关于仁的论述:

"孝弟也者,其为仁之本与!"(《学而》)孝顺父母、敬爱兄长大约就是仁的根本了。

"巧言令色,鲜矣仁!"(《学而》)花言巧语,伪装和善,这种人很少有仁德;反之,表里如一,真诚待人,就接近于仁了。

"仁者先难而后获,可谓仁矣。"(《雍也》)遇到困难的时候挺身而出,抢先去做;遇到有名有利的、论功行赏的事情则退后,这样的人就是个仁人了。

"夫仁者,己欲立而立人,己欲达而达人。能近取譬,可谓仁之方也已。"(《雍也》)仁是什么?自己认为是正确的事情、要树立的目标、确立的信念,同时要求别人树立相同的目标;自己想达到的也帮助别人达到。能够就眼前的小事做起,从中明白道理,就是实行仁的方法了。

"颜渊问仁。子曰:'克己复礼为仁。一日克己复礼,天下归仁焉。为仁由己,而由人乎哉?'"其具体做法是:"非礼勿视,非礼勿听,非礼勿言,非礼勿动。"(《颜渊》)使自己的语言行动都符合礼的要求就是仁。一旦自己能够实践礼,天下人都会称许你是一个仁人。行仁,不在于别人而在于自己。在日常生活中,不合于礼的东西不看,不合于礼的话不听,不合于礼的事不做。一切都按照礼来要求自己。

"仲弓问仁。子曰:'出门如见大宾,使民如承大祭。己所不欲,勿施于人。在邦无怨,在家无怨。'"(《颜渊》)做任何事情都要认真谨慎,按照要求一丝不苟。平时出门要像接待贵宾那样隆重,役使百姓要像承担大祀典那样小心谨慎,不能有任何疏忽。自己不喜欢的事物就不要强加给别人,无论是在朝廷还是在家里,都没有不满和怨言。

"司马牛问仁。子曰：'仁者，其言也讱。'"（《颜渊》）仁是什么？仁就是说话的时候慢一些，想好了再说。

"樊迟问仁。子曰：'爱人。'"（《颜渊》）仁就是爱人。

"刚、毅、木、讷，近仁。"（《子路》）刚强、果断、质朴、言语谨慎，有这四种品德，就接近于仁了。

"樊迟问仁。子曰：'居处恭，执事敬，与人忠。'"（《子路》）在家态度恭敬，办事严肃认真，对人忠心诚实，就是仁。

"子张问仁于孔子。孔子曰：'能行五者于天下，为仁矣。''请问之。'曰：'恭，宽，信，敏，惠。恭则不侮，宽则得众，信则人任焉，敏则有功，惠则足以使人。'"（《阳货》）能够实行庄重、宽厚、诚信、勤敏、慈惠这五种品德的人可以算得上仁人了。庄重不会招致别人的侮辱，宽厚能得到众人的拥护，诚信则能受到众人的任用，勤敏就会有功劳，慈惠能很好地使用他人。

孔子的仁是一个思想体系，内涵和外延都十分丰富，而孔子论仁也像讨论其他问题一样，都是根据学生所问问题的内容、学生知识结构、行为特点作出不同的回答。如樊迟三次问仁，孔子三次回答的内容就不相同，就是因为樊迟三次发问的内涵、目的不同，要解决问题的方法不同。而孔子回答的语言又是十分的简练，在当时来说，学生理解没有多大的困难，但是给后人理解仁的含义带来了许多分歧。在以上的众多解释中，仁的核心内容究竟是什么？当面临着错综复杂的社会矛盾、人际关系时究竟怎样做才符合仁的要求？如此等等，见仁见智，争论不休。

仁的核心内容究竟是什么？可以从抽象和具体的不同层面来把握。现代学者一般都是从抽象的、哲学的层面论述孔子仁学的内容和意义的，即"仁者爱人"。东汉文字学家、经学家许慎在《说文解字》中解释仁字的含义时说："仁，亲也。从人二。"因而，抽象地说，"仁"就是处理人际关系的最高准则和境界，孔子关于仁的一切论述都是为了建立亲密、和谐的人际关系,对内要求加强自我道德修养,注意内省的功夫,人人都要认识到,在现实社会生活中,自己是人,别人也是人,除了自己之外,还有他人的存在,自己和他人属于同一个类,具有相同的性质、尊严、愿望、追求,对他人应该同情爱护关心。对外则时时刻刻以建立和谐的人际关系为目的。上举孔子对仁的各种解释中都渗透着"爱人"的基本精神,孝悌固然明确表达了对父母的爱,"居处恭,执事敬,与人忠"则是通过对具体事情的态度表述出对他人的尊敬和友爱,就是"巧言令色,鲜矣仁"这句批评性的话也从反面说明了仁的"爱人"特质:诚实是对他人最好的爱!

但是,"爱人"毕竟太抽象,在日常生活中实在难以把握,而在当时的历史条件下,公开打出"爱人"的旗帜也会使人们无法理解。所以在方法论上孔子提出了一个基本原则,就是"己欲立而立人,己欲达而达人","己所不欲,勿施于人"。一句话,待人犹己。

人是社会性动物,人的思想感情和人的生活经历、知识结构紧密相连。人生活在家庭里,成长于父母兄弟的养育和呵护下,因而,"爱人"首先自亲者始。"孝弟也者,其为仁之本与",孝敬父母、敬爱兄长是仁的根本。孔子说:"弟子,入则孝,出则悌,谨而信,泛爱众,而亲仁。"(《学而》)意思是,孝敬父母,敬爱兄长,做事谨慎小心,广泛爱护大众而亲近有仁德的人。作为一个国君,一个贵族,只要对自己的亲人好,平民就会按照仁的要求去做,"君子笃于亲,则民兴于仁"(《泰伯》)。这就是"己欲立而立人,己欲达而达人"的具体体现。这里,孔子从实践的层面给我们说明了仁的具体内涵,同时也有助于我们对孔子说的"仁者爱人"这句话的理解。

孔子关于仁的其他论述因为内容比较具体,人们的分歧还不是很大。但是,"仁者爱人"这句话太抽象,给后人的理解带来很大的分歧。分歧的焦点在于对"爱人"的"人"的含义的理解,是泛称所有人,还是有特指？长期以来学术界有不同的认识。一种观点认为,在阶级社会里,人是属于一定的阶级的,因而孔子说的"仁者爱人"之"人"是有一定范围的,并不是抽象的指所有人。另一种观点认为,孔子所说的"仁者爱人"之"人"是一个类概念,是泛指所有人,"仁者爱人"就是用一颗慈爱之心去看待所有的人和事,人和自己属于同类,自己希望的也是别人希望的,自己反对的也是别人反对的;由自己所欲想到别人所欲,并帮助别人实现其欲望,这就是"己所不欲,勿施于人","己欲立而立人,己欲达而达人"。自己不希望的决不能强加于人。结合"孝弟也者,其为仁之本与"来看,"仁者爱人"就是推己及人、由内而外、由近及远。要从日常生活中的小事做起,由家庭而社会,由爱父母、兄弟而爱亲戚朋友以及其他人。

　　从逻辑上说,把"仁者爱人"之"人"理解为一个类概念,即泛指所有人,是可以讲得通的。但在当时的历史条件下,则并非指所有人。上面已指出,孔子回答学生的问题都是根据学生的知识结构、行为特点和提问时的特定环境再作出相应的解答的,所以同一个问题往往有多种答案。因而在回答樊迟关于仁的问题时,孔子就给了两个答案,一个是"爱人",另一个是"居处恭,执事敬,与人忠"。同一个人问同一个问题,给予不同的答案,原因就在于师徒讨论的内容不同,各有特定指向。这个特定指向是什么？因为时代久远和历史记载的缺失,我们无从知晓。但是,我们可以肯定,孔子不会教导樊迟去爱所有人。否则,我们把"爱人"作为一个抽象的坐标去定义孔子的"仁"的内涵,孔子关于仁的其他解释就无从理解。比如,"其言也讱"、"刚、毅、木、讷"和"爱人"之间实在是找不到关系。又如,"其为人也孝弟,而好犯上者,鲜矣;不好犯上,而好作乱者,未之有也。君子务本,本立而道生。孝弟也者,其为仁之本与!"(《学而》)为什么说"孝弟也者,其为仁之本与",是因为孝悌之人不会侵犯尊长;平时不侵犯尊长的人是不会造反作乱的。要使天下太平,就要使人人都变成孝悌之人,这是治国的根本,根本树立了,治国之道就有了,所以说孝悌是仁的根本。显然,这和抽象的"爱人"沾不上边。

其次,孔子生活的时代是个礼崩乐坏的时代,孔子的政治理想就是实现西周时代的礼治社会。在孔子理想的礼治社会里,人是按照宗法血缘关系分为不同等级的,尊卑有别、长幼有序、贵贱有等,不得逾越。在这样一个社会结构里面,只能是爱有等衰,而不存在现在人们所理解的抽象的爱所有人。上文的"孝弟也者,其为仁之本与",已经说明了这种爱的等级性、层次性和目的性。我们不能把"孝弟也者,其为仁之本与"和"其为人也孝弟,而好犯上者,鲜矣;不好犯上,而好作乱者,未之有也。君子务本,本立而道生"割裂开来单独发挥"孝弟也者,其为仁之本与"这句话的含义,也不能仅仅抓住"爱人"两个字去定义仁的内涵和外延。同理,其余关于"仁"的各种解说都是有着一定的适用范围的。所以,尽管和同时代的人比较,孔子"仁者爱人"的提出,是一个伟大的进步,但我们不能将孔子的"仁者爱人"现代化,从形式逻辑出发,认为"爱人"就是爱所有人。这里的"仁者爱人"是有具体指向的,只是现在资料缺少,我们不知道当年孔子和樊迟师徒两人谈论的话题究竟是什么,孔子是针对什么问题说"爱人"这两个字的。

现代学者常常举两件事作为孔子的"爱人"是爱所有人的证据。一是《乡党》记载的马厩失火的事。马厩失火,孔子正在朝廷议政,退朝以后才听说,孔子的反应是"伤人乎,不问马"。"伤人乎"之"人"是饲养马匹、管理马厩的人,用阶级分析的方法看,这饲养马匹和管理马厩的人属于劳动者,是下层的"小人"。孔子关心他们在火灾中的安危,正是孔子"爱人"的体现。另一件事是孔子反对人殉。在西周时代,用活人殉葬是正常的行为。春秋时代人们开始用俑代替活人陪葬,这是一个巨大的进步,反映了当时的人们对生命的重视。但是,孔子也反对用俑陪葬,孔子批评说:"始作俑者,其无后乎!"(《孟子·梁惠王上》)用俑陪葬虽然是一个进步,但是把俑做得和真人一样,依然反映了贵族们对下等人的轻视,应该制止,这样做的人要断子绝孙!这两件事确实反映了孔子有一颗仁慈之心。但是,仍然不能以此作为"仁者爱人"是爱所有人的依据。"伤人乎,不问马",人和马相比较,当然是人重要,即使这个人是地位最卑贱的奴隶。因为这个奴隶和马一样都是主人的财产,但奴隶是能增殖的财产,其经济价值也比马高得多,任何一个有理智的人都会先问人,后问马。这和"爱人"根本是两回事!与其这样为孔子辩护,不如不辩护。至于反对用俑陪葬,和"爱人"与否怕更是扯不上什么关系。

当然,我们现在读《论语》,将孔子的"仁者爱人"赋予新的含义,是完全可以的。因为在公民社会里,人人平等,从现实出发,汲取先贤的精神营养,是十分必要和应该的,我们完全可以而且应该抛弃孔子思想中的历史局限性,赋予其普遍意义。这是思想史发展固有的特点,是思想发展的历史性和时代性的统一。但是,我们决不能把我们现在理解的东西说成是孔子的原意,否则,孔子九泉有知,肯定会发火的。因为我们混淆了他老人家所极力主张的礼治社会的等级界限,把一个亲疏有别、尊卑有等的社会变成了一个人人平等的公民社会。对此,孔子是决不会同意的。

现在,我们看"礼"的问题。孔子说"克己复礼为仁",而且要求颜渊"非礼勿视,非礼勿听,非礼勿言,非礼勿动"(《颜渊》)。"礼"在《论语》中出现的次数仅次于"仁",是孔子谈论最多的话题之一,"克己复礼"也是理解孔子仁学的关键。下面就从对这句话的理解说起。

在现代人的心目中,"克己复礼"就是克制自己的欲望去实现或者恢复周礼,这已经成为常识,几乎目前所有的哲学史、思想史、文化史以及各种读本都这么解释。但是,这实实在在是个误解。从文字学上讲,"克"和"肩"意思相通,《说文解字》说:"克,肩也。"人们用肩扛物,把物体放在肩上,人能够把物体扛走就是"肩",所以"克"的本来意思是能够、胜任。这在文献中多有使用,如《诗·大雅·荡》中有"靡不有初,鲜克有终"的句子,《尚书·康诰》中有"克明峻德"、《多方》篇中有"克勘用德"等等。这里的"克"都是能够的意思,现在的成语"克勤克俭"还保留这个用法。现在人们使用的克制、战胜、抑制等含义都是在能够、胜任这个基础上引申而来的。所以不能把孔子的"克己复礼"之"克"理解为克制自己私欲去恢复或者实践周礼。正确的理解应是自己能够实践周礼就是仁,能从自己做起,以礼作为自己行为的准则,就是仁。这看上去和"克制自己按照周礼的要求去做"没有什么区别,但是实际上相去甚远。克制自己然后实践周礼表明人的内心还存在着不合周礼的欲望和冲动,要时时加强自身的修养,这是一种被动式的"复礼",而自己能够实践周礼则是主动的"复礼",二者的境界是不同的。这句话不仅表明了孔子对仁的一种解释,而且表明了他的奋斗目标:人人都能实践周礼,按照周礼的要求去做,仁就变成现实了,所谓"一日克己复礼,天下归仁焉"(《颜渊》),其主语是指天下所有人,各个阶级、各个阶层都能清楚地按照自己的地位角色做好自己的事情,君君、臣臣、父父、子子,秩序井然。这就是仁的理想国。

"克己复礼"之"克己"问题既明,那么再来看"复礼"的理解问题。目前人们对"复"字有两种理解,一是理解为实践,二是理解为恢复。从文字学上讲,这两种说法都通。《说文解字》谓"复行故道也"。所以,可以将"复礼"理解为践行礼制,也可以说是恢复礼制。在《论语》中，"复"字有重复、反复、复归诸义，所以，"克己复礼"可以翻译为自己主动践行和恢复礼。二者都通。这些，不妨碍我们对"克己复礼"含义的把握。现在要探求的是所复之"礼"的内容究竟是什么。

孔子所说的"礼"是周礼。周礼在早期阶段，是周族在文明时代初期形成的一整套行为习惯，是周族传统的典章制度礼仪习俗的综合体，属于习惯法，从生产、生活的不同方面具体而详尽地叙述了宗族成员之间、成员个人和集体之间的关系准则，在权利与义务方面的统一性、平等性、约束性各个方面有不可动摇的地位与权威。这本来是所有民族共同经历的历史过程，各族都有各族的习惯法。周取代商朝，成为"天下共主"以后，周人的习惯法的性质和功能发生了质变，本来是团结本族成员的、维护本族成员内部秩序的习惯礼仪，成了周王朝建立国家政治结构的组织原则。一些本来是表达宗族成员共同的喜怒哀乐之情以及举行各种祭祀庆祝活动的乐舞、进退揖让、先后缓趋之礼，成了区分上下尊卑等级贵贱差别的政治规范。因为周天子是天下共主，周人是统治宗族，这些礼仪及其原则成了国家原则和周人的专利，那些处于被统治地位的部族是不能享受"礼"的待遇的，所谓"礼不下庶人"就是这个意思。与此相适应的在聚会、祭祀、典礼时使用的各种器皿、车马、用具，也在大小、质地、形制、数量上有了严格的等级规定，通过这些等级反映着主人身份的差别。这就叫做"名器"。所谓"唯器与名，不可以假人，君之所司也"（《左传》成公二年），如果这"器与名""假人"了就意味着统治权力的丧失。但是，周人本来是商人的"小邦周"，其文化礼俗多少受到商人的影响，所以孔子说："殷因于夏礼，所损益，可知也；周因于殷礼，所损益，可知也；其或继周者，虽百世，可知也。"（《为政》）这儿的"礼"就是指社会制度，包括职官、刑罚、礼仪、舆服、音乐、宗教等等。这本来没有什么争议。

但是,在现代对孔子的研究中,有的学者为了说明孔子思想的时代性,说明孔子思想在现实生活中仍有着不可替代的意义,把孔子之"礼"抽象为"周代社会行为规范、仪式的总称",有的干脆说孔子的"礼""主要指伦理道德原则和规范"。伦理道德和制度不同,道德伦理具有一定的跨时空性和历史的继承性,而西周的伦理道德具有较多的"仁"性。这样一来,孔子"克己复礼"就不能简单地理解为孔子的历史观是向后看的。这显然是错误的。这不仅违背了"礼"的真实含义,而且混淆了伦理和制度的功能。社会行为规范、伦理道德和社会制度的性质是有区别的,社会制度反映着社会行为规范和伦理道德,但是二者绝不等同。社会行为规范和伦理道德不具有强制性,是人们自觉遵守的行为规范。而社会制度是具有强制性的,是人们必须遵守的,违背了礼的要求,不仅要受到舆论的谴责,更要受到刑罚的制裁。西周时代,尽管有刑不上大夫之说,但是,违背了礼制,就面临着丧失其地位的危险。所以我们万万不可把社会制度和社会行为规范、伦理道德混为一谈。尽管春秋时代,礼崩乐坏,周天子也好,各国国君也好,面对违礼的诸侯和卿大夫因为实力的限制无法作出相应的制裁,但是这并不等于承认这些违礼行为的合法性。而是相反,一旦实力具备就要采取强制措施,打击那些不守君臣之道的权势之家,孔子之堕三都就是一个史例。

孔子心目中的理想政治是西周的礼治社会,其基本内容是以宗法血缘关系为基础的君君、臣臣、父父、子子的等级秩序,其基本原则是尊尊亲亲。他的仁与礼是一而二、二而一的关系,是同一个问题的不同表述,仁是内容,礼是形式。内容和形式是一个统一体。"人而不仁,如礼何"(《八佾》)和"克己复礼"表达的是同一个意思,违背了礼也就不存在仁了。这儿的礼就是西周制度体系。公元前513年,晋国曾铸刑鼎,就是把刑罚条文铸造在鼎上,让社会各阶层都能知道刑罚的内容,知道哪些能做,哪些不能做。孔子听说以后,大发雷霆,说:"晋其亡乎,失其度矣。夫晋国将守唐叔之所受法度,以经纬其民,卿大夫以序守之,民是以能尊其贵,贵是以能守其业。贵贱不衍,所谓度也……今弃是度也而为刑鼎,民在鼎矣,何以尊贵?贵何业之守?贵贱无序,何以为国?"(《左传》昭公二十九年)在孔子眼里,铸刑鼎是"失度"之举,这儿的"度"就是晋开国之君唐叔从周王室接受的各项制度。继承唐叔之位的历代国君的本职就是遵守唐叔所立的制度治理国民,卿大夫们的责任就是维护尊卑秩序,让平民(这里的民实际上是指被统治阶级和统治阶级中的下层平民)以贵族为尊,安于自己的卑贱;让贵族们谨慎地保住自己的尊贵,尊贵者永远尊贵,卑贱者永远卑贱,贵贱分明,不得错乱,这就是"度"。要保证这种贵贱有等的稳定性,就是要保证贵族们对"民"有绝对的处分权,使"民"对贵族们保持敬畏之心,绝对服从贵族。现在把刑罚铸在鼎上,公之于众,平民知道了自己哪些能做哪些不能做,也就知道了贵族们的权利限制,平民可以在刑罚面前议论是非了。贵族们不能随意处分百姓,贵族们的权威和地位自然下降,贵族们不能保住自己的地位,导致贵贱秩序的混乱,自然是国将不国,所以说晋国快要灭亡了。

因为孔子向往西周的礼治社会,对奠定了西周制度基础的周公自然特别的尊崇和怀念,平生做梦以梦见周公为快慰,孔子晚年曾深情地感叹说:"甚矣,吾衰也!久矣,吾不复梦见周公!"(《述而》)史称孔子祖述尧舜、宪章文武,言必称周,他的历史观是向后看的,他毕生的奋斗目标就是恢复西周的礼治社会。

有的学者为了说明孔子不是一个复古主义者,极力说明孔子主张变革。孔子说:"殷因于夏礼,所损益,可知也;周因于殷礼,所损益,可知也;其或继周者,虽百世,可知也。"(《为政》)殷朝继承了夏朝的制度,废除和增加了什么是可以知道的;周朝继承了商朝的制度,废除和增加了什么是可以知道的;用这个方法推断以后的制度,即使一百代以后,也是可以知道的。有损有益,正是继承和发展,正说明了孔子是主张变革的,不是一个保守主义者。其实,这个分析是有问题的,是望文生义,只看到损益的表面意思,而没有看到孔子以三代为依据所要说明的损益的内容。在孔子心目中,殷因于夏礼,周因于殷礼,损和益都是在"因"的基础上进行的。损和益都是次要的,"因"才是主要的,损和益的目的是完善,到了西周,礼制已经十分地完善了,"周监于二代,郁郁乎文哉!吾从周"(《八佾》)表明了孔子的理想。"虽百世,可知也"的前提是制度的核心、主体不能变,如果制度的核心、主体变了,也就不"可知"了。

说孔子"复礼"是向后看,并不是说孔子一概地反对社会进步。而是相反,凡是已经证明有益于社会进步的东西,尽管礼治所无,孔子也是赞成的。这最集中地反映在对管仲的评价上。一次,孔子和学生们讨论管仲是否懂礼的问题,孔子先是说管仲气量很小。有学生问管仲是否节俭,孔子说管仲有自己专门的仓库贮藏钱币财物,而且不止一处,哪里谈得上什么节俭。又有学生问管仲是否知礼,孔子批评说:"邦君树塞门,管氏亦树塞门。邦君为两君之好,有反坫,管氏亦有反坫。管氏而知礼,孰不知礼?"(《八佾》)"塞门"是大门口的照壁,"反坫"是用来放置酒器的台子。按照礼制,这两样建筑只有国君才能使用,"树塞门"是为了表示宫室的威严,立"反坫"是为了"两君之好"。可是管仲身为人臣,也在自家堂前"树塞门",堂上立"反坫",是典型的僭越,这样的人如果也算知礼的话,世上还有什么人不知礼!但是,孔子认为,尽管管仲有这些越礼的行为,和他的历史贡献比起来,管仲仍然是一个"仁人"。一次,子路问孔子说:"桓公杀公子纠,召忽死之,管仲不死。"接着又说:"未仁乎?"公子纠是齐桓公的哥哥,为了争夺君位,齐桓公杀掉了公子纠。召忽和管仲原来都是公子纠的部属,帮助公子纠和齐桓公争位。公子纠死后,召忽自杀,表示对主人的忠心。但是,管仲不仅没有像召忽那样自杀尽忠,相反,投到齐桓公门下,做了齐桓公的国相,这怎能算是"仁"呢?孔子回答说:"桓公九合诸侯,不以兵车,管仲之力也。如其仁!如其仁!"(《宪问》)齐桓公九次召集天下诸侯盟会,而没有使用任何武力,都是管仲辅佐的力量,像这样的人当然是仁!当然是仁!后来子贡又问同样的问题,孔子回答说:"管仲相桓公,霸诸侯,一匡天下,民到于今受其赐。微管仲,吾其被发左衽矣。岂若匹夫匹妇之为谅也,自经于沟渎而莫之知也?"(《宪问》)这次回答得更具体:管仲做齐桓公的相国,帮助齐桓公成为诸侯的霸主,匡正天下,天下百姓到如今还享受着他的好处。如果没有管仲,我们现在怕都要像那些落后民族那样披散着头发、衣襟向左边开了。对这样大智大勇大功劳的人,难道也要像对普通男女那样遵守一些细节,最后因为一些细节不能遵守或者无法遵守而在山沟里上吊、在河塘里投水自杀而没有人知道吗?成大事不拘小节,大事成功了,小节也就没有计较的必要了。管仲的生活固然越礼,但是他帮助齐桓公完成了霸业。而齐桓公是打着"尊王攘夷"的旗号从事霸业活动的,在诸侯中重新树立了周天子的威信,起码是让诸侯们知道了周天子这张牌不能扔,维护了周天子的尊严。而面对周边落后民族的侵扰,是齐桓公维护了华夏族礼乐文明的传统,否则,那些落后民族横行中原,华夏文明就要被少数民族所同化,这样的管仲不是仁人还有什么人能配得上仁人的称号!

　　孔子的历史观是保守的,对社会的看法是今不如昔,所以才要恢复周礼。这并不影响孔子的历史地位,更没有贬低孔子学说的意思。因为评价历史人物的思想和贡献,要把历史人物置于历史环境中去考察,和他的同代人相比较。面对历史问题,看他的思想主张有无合理性、先进性,历史现实是否具备提出先进性合理性的思想主张的基础。用这个标准去衡量孔子的仁学思想,无疑是应予以充分肯定的。动乱的社会现实,不断加重的经济剥削,统治者迅速膨胀的贪欲,彼此之间残酷的争斗,使有识之士产生了社会向何处去的忧虑,站在各自的角度提出解决社会危机的方案。孔子的"仁学"无疑是时代的结晶,具有空前的广泛性,希望用周礼重建社会秩序,但是只要有益于社会进步,能够给社会发展带来好处,没有周礼或者不合周礼,也是可以接受的。之所以极力主张"复礼"是因为当时在孔子的心目中还没有比周礼更完善的制度。所以,我们不必要为孔子的祖述尧舜、宪章文武、行必周公而不安,更没有必要千方百计地论证孔子不是复古主义者。

现在,我们可以对孔子的"仁"和"礼"的思想主张有一个简单的概括了。孔子的仁学就是要求人们以慈爱之心,在家孝敬父母、敬爱兄长,由近及远地推及亲戚朋友(春秋时代的朋友是贵族成员之间如同学、同僚等的总称,本文则是泛称)和其他社会成员;在处理人际关系时,要用换位思考的方式,不能只从自己立场出发,只考虑自己的利益和感受,要站在他人的立场上,想一想他人的利益和感受;能做到这些,无论是在朝为官还是在野为民,都能恪尽职守、礼敬君长、尊重他人,君臣之间、上下级之间、同僚之间、同事之间,尊卑有等又彬彬有礼、彼此谦让,从而恢复一个亲疏有别、尊卑有等、高低有序的礼治社会。

(二) 为政以德:孔子的政治思想

在中国历史上,孔子是第一个系统地提出以德治国的思想家,确立了两千年以来的"德治"思想的总纲。尽管在孔子时代,德治思想有其历史局限性,在以后的历史中其德治思想也没能够变成历史现实,但是在思想史上的意义还是要给予充分注意的。

孔子说:"为政以德,譬如北辰,居其所而众星共之。"(《为政》)用道德治理国家,就能得到百姓的发自内心的拥护,百姓拥护国君,就像群星环绕北极星那样永恒不变。"道之以政,齐之以刑,民免而无耻;道之以德,齐之以礼,有耻且格。"(《为政》)治理百姓有两种选择,一种使用行政命令指挥百姓,用刑罚强制百姓,这样做的结果虽然也能使百姓服从,使百姓不敢犯法,但是,百姓并不知道犯法是一件可耻的事情。另一种是用德来治理百姓,用礼约束百姓,百姓就会知道犯法是一件可耻的事情而自觉地避免犯错误,犯了错误也会自觉地改正。这是孔子德治思想的总纲,这是建立在仁学基础之上的政治主张。其具体主张可以概括为以下几个方面:

1. 剥削有度　爱惜民力

孔子说:"道千乘之国,敬事而信,节用而爱人,使民以时。"(《学而》)治理一个有千辆兵车的大国,要慎重地处理政事,发号施令要守信用,要节约开支,要爱惜民力,要在不影响农事的前提下征发民力。统治者要"尊五美":"君子惠而不费,劳而不怨,欲而不贪,泰而不骄,威而不猛。"(《尧曰》)即使百姓得到好处,而自己却不耗费;役使百姓而使百姓不怨恨;追求仁义,不贪图财利;性情安宁,而不骄傲;态度威严,而不凶猛。子张对孔子的话理解不透,问什么是"惠而不费",孔子回答说:"因民之所利而利之,斯不亦惠而不费乎?择可劳而劳之,又谁怨?欲仁而得仁,又焉贪?君子无众寡,无小大,无敢慢,斯不亦泰而不骄乎?君子正其衣冠,尊其瞻视,俨然人望而畏之,斯不亦威而不猛乎?"(《尧曰》)意思是,教百姓做对他们自己有利的事情,就是使百姓得到好处而自己不耗费;选择百姓愿意做的事情叫他们做,他们就不会怨恨;追求仁义而得到仁义,就没有什么贪图;无论人多人少、势力大小,执政的人都没有任何的怠慢,就是安宁而不骄傲。君子平时衣冠整齐,态度端庄,目不斜视,人们看到以后生敬畏之心,就是威严而不凶猛。这些,从经济发展的角度看,就是要使民有度,顺民需求。

有两件事可以说明这个问题。一件事是孔子要开除弟子冉有。"季氏富于周公,而求也为之聚敛而附益之。子曰:'非吾徒也。小子鸣鼓而攻之,可也。'"(《先进》)这儿的"求"是冉有,是孔子最为得意的学生之一,在孔子的学生中,孔子对冉有的仕途最为看好。冉有出仕季氏是孔子同意的。孔子没想到的是冉有到了季氏手下竟然帮助季氏聚敛财富,孔子大怒,要把冉有开除出门墙,并且要其他的学生鸣鼓而攻之。

另一件事是有若和鲁哀公的对话。"哀公问于有若曰:'年饥,用不足,如之何?'有若对曰:'盍彻乎?'曰:'二,吾犹不足,如之何其彻也?'对曰:'百姓足,君孰与不足?百姓不足,君孰与足?'"(《颜渊》)有若是孔子的学生,鲁哀公问有若年成不好,国家钱粮不够用,怎么办?有若建议用彻法,大约是十分之一的税率。哀公说用十分之二的税率都不够,何况是十分之一。有若回答说,如果百姓够用,您怎么会不够用?如果百姓不够用,您怎么够用?一句话,老百姓有国君才能有,否则,国君是不可能有的;即使有了,也是不会长久的。因为只有少收些税收,让百姓能够安心生产,人口增加了,社会财富增加了,国家才能财源充足,才能富起来。否则,百姓无法生产,纷纷破产逃亡,国家还找谁收税?所以根本就不存在足与不足的问题。

2. 先富后教　无信不立

把对百姓的剥削限制在一定的范围以内,使百姓生活生产稳定,然后再教育百姓自觉地拥护统治。孔子到卫国去,冉有给他赶车,看到卫国人口众多,市井繁荣,孔子赞叹说:"庶矣哉!"冉有问:"既庶矣,又何加焉?"孔子回答说:"富之。"冉有又问:"既富矣,又何加焉?"孔子回答说:"教之。"(《子路》)人口增加之后要使百姓富足,百姓富足以后则教导百姓,提高民智。师徒之间没有进一步讨论教民的具体内容,也许这在师徒二人之间根本没有讨论的必要,冉有自然知道教的内容。但是,我们从孔子一生的教育事业来看,这里"教之"的"之"是礼、乐、射、御、书、数,是以礼乐为主的,而不可能是什么生产知识。因为在孔子的教学体系中,是没有农业生产内容的。一次,樊迟向孔子请教如何种庄稼,孔子很不高兴地回答说:"吾不如老农。"樊迟很不知趣,又问如何种菜,孔子仍然是面无表情地说:"吾不如老圃。"即不如老菜农。樊迟没有问到答案,见老师又不高兴,只好闷闷不乐地退出。孔子看着樊迟的背影,非常失望,说:"小人哉,樊须也!上好礼,则民莫敢不敬;上好义,则民莫敢不服;上好信,则民莫敢不用情。夫如是,则四方之民襁负其子而至矣,焉用稼?"(《子路》)意思是说,这个樊迟(即樊须)真是个没有出息的小人,要学什么种庄稼、种菜的知识。统治者讲究礼、遵守礼,老百姓就不敢不尊敬你;统治者办事合理,老百姓就不敢不服从;统治者讲究信用,老百姓就不敢不说真话。如果做到了这些,四面八方的百姓自然会扶老携幼前来投奔,哪里用得着自己去种庄稼!

西周时代的政治传统是刑不上大夫、礼不下庶人,老百姓是没有受教育的权利的。现在,孔子主张教民众知礼守礼,尽管主观目的是为了巩固统治,但其在文化上的意义是十分了不起的。以往人们往往抓住孔子轻视农业生产而批评孔子,忽略了孔子这种教普通民众以礼乐的意义,是应予以补充纠正的。

与富、庶、教相联的是孔子提出了足食足兵的主张。子贡问为政之道,孔子说:"足食,足兵,民信之矣。"粮食充足,军备充足,百姓就会信任政府了。子贡又问:"必不得已而去,于斯三者何先?"在万不得已的情况下,一定要在这食、兵、信三项中减去一项,先减哪一项?孔子说:"去兵。"即把军备去掉。子贡又追问:"必不得已而去,于斯二者何先?"要在剩下的两项中减一项,先减哪一项?孔子说:"去食。自古皆有死,民无信不立。"(《颜渊》)那就把食去掉吧,不吃饭人们会死,古往今来,人总是要死的。但是人死了"信"是不能改变的,失去了人民的信任国家就要灭亡。这是站在统治者的立场上,要求统治者无论如何要取信于民。

古往今来,人们对"自古皆有死,民无信不立"多持批评态度。东汉时的王充首先对孔子的这段话提出反驳,认为治理国家,首先要使百姓免于饥荒,只有基本生活得到了保障,才能谈得上"信"的问题。"仓廪实,知礼节;衣食足,知荣辱。让,生于有;争,生于不足。进言'去食',信安得成?春秋之时,战国饥饿,易子而食,析骸而炊,口饥不食,不暇顾恩义也。夫父子之恩,信矣,饥饿弃信,以子为食。孔子叫子贡去食存信,如何?夫去信存食,虽不欲信,信自生矣;夫去食存信,虽欲为信,信不立矣。"(《论衡·问孔》)王充从历史实践的角度批评孔子去食存信的主张,是有一定道理,为后来学者所首肯。存在决定意识,无数事实证明,在"易子而食,析骸而炊"的时代,是顾不上什么"恩义"的。正确的做法应该是反过来,"去信存食,虽不欲信,信自生矣"。但是,换一个角度思考,王充的批评也未必全对,因为孔子说的并不一定是要求百姓饿着肚子空讲什么信义,这儿的"信"并不是如王充所说的父子之间的恩义,而是指执政者治国取信于民之信,"去食"并非是要百姓不吃饭,而是指执政者在"信"与"食"发生矛盾时,应该放弃"食"而取信于民,和民共患难,做到信字第一,不欺骗百姓。孔子的"足食,足兵,民信之矣"不是对百姓说的,而是对执政者说的。"民无信不立"的意思是君主要取得民众的信任,只有取得了民众的信任,国家才能稳定和发展,才能"立"下去,而不是要百姓空着肚子讲什么信义。显然,王充是误读了孔子,今人不察,应予以纠正。

3. 正身律己　举贤使能

季康子问政于孔子,孔子说:"政者,正也。子帅以正,孰敢不正?"(《颜渊》)"政"就是公正,你带头走得端、行得正,谁敢走歪门邪道! 只要自己做到了,人们自然就服从。否则,说得再好人们也不会理睬。"其身正,不令而行;其身不正,虽令不从"(《子路》)说的就是这个意思。孔子又进一步指出:"苟正其身矣,于从政乎何有? 不能正其身,如正人何?"(《子路》)如果端正了自己,管理政事就没有什么困难;如果不能端正自己,又怎能去端正别人! 鲁哀公问孔子如何使民服从,孔子回答说:"举直错诸枉,则民服;举枉错诸直,则民不服。"(《为政》)即选拔正直的人,安排在邪曲的人之上,则百姓服从;把邪曲的人安排在正直的人之上,百姓就不服从。季康子问孔子如何使百姓尊敬、忠于统治者,孔子回答说:"临之以庄,则敬;孝慈,则忠;举善而教不能,则劝。"(《为政》)意思是说,你对他们态度庄重,他们对你就会恭敬;你自己孝顺父母、慈爱百姓,他们就会忠心;你选用品德高尚的人、教训品德差的人,他们就会自我劝勉。在孔子心目中,普通百姓的品德都是从统治者那里学来的,所谓的君子的品德优劣,直接决定着平民百姓的品德优劣。季康子曾经问孔子,把那些无道的人统统杀掉,亲近有道的人会怎样。孔子回答说:"子为政,焉用杀? 子欲善而民善矣。君子之德风,小人之德草。草上之风,必偃。"(《颜渊》)意思是说,你执政干什么非要用杀人的手段? 你自己想做好事,人民就会追随你做好事。君子的品德就好像风,小人的品德就好像草,风朝哪边吹草就朝哪边倒。所有这一切,都在强调统治阶级以身作则的作用。

正身律己,以身作则,大大小小的执政人员有良好的素质和才干,就要选拔优秀的人才来执掌国家政权。这些优秀人才的标准就是懂得礼乐。仲弓为季氏宰,问政于孔子,孔子回答说:"先有司,赦小过,举贤才。"即教导手下的办事人员,赦免犯小错误的人,选用贤良的人。仲弓又问:怎么知道哪些人是贤良?孔子说:"举尔所知,尔所不知,人其舍诸?"(《子路》)意思是说,选用你所知道的人就行了,你不知道的人,人家是不会埋没他的。樊迟问孔子什么是"知",孔子回答说"知人"。樊迟不明白怎样才是"知人"。孔子回答说:"举直错诸枉,能使枉者直。"意思是选用正直的人,废黜邪恶的人,能使邪恶的人变成正直的人。但樊迟还是没有明白,退出来以后,对子夏说:"乡也吾见于夫子而问知,子曰:'举直错诸枉,能使枉者直。'何谓也?"子夏回答说:"富哉言乎!舜有天下,选于众,举皋陶,不仁者远矣。汤有天下,选于众,举伊尹,不仁者远矣。"(《颜渊》)子夏理解了老师的话,认为孔子的回答意义深远、内容丰富,舜有了天下,在众人中挑选人才,选用了大贤皋陶,那些不仁的人就远离了;汤有了天下,在众人中挑选人才,选用了伊尹,那些不仁的人就远离了。

那么,贤与不贤的标准是什么?就是礼乐。孔子说:"先进于礼乐,野人也;后进于礼乐,君子也。如用之,则吾从先进。"(《先进》)意思是说,先学习礼乐而做官的是一般人,先做官而后学习礼乐的是君子。如果让我来选用的话,我就用那些先学习礼乐的人。按照当时的传统,君子是天生的贵族,他们是天然的统治群,有当官的特权,他们当官以后为了掌权的需要才去学习礼乐。一般人是没有资格学习礼乐的,更没有当官的资格。但是在孔子心目中,君子和一般人之间没有什么天然的鸿沟,君子和一般人的差别就在于对礼乐是否知道或知道得多少,一切都可以通过学习获得。只要懂得礼乐,君子和一般人也就没有了差别,一般人就获得了当官的资格。相反,君子虽然出身高贵,但是,因为不懂得礼乐,就没有资格当官。可见孔子举贤的标准就是礼乐。这看上去和孔子亲亲尊尊的原则相对立,因为亲亲是以血缘关系为基础的。但是,这种表面上的对立在本质上是统一的:礼乐是亲亲尊尊的制度体现,没有了制度,亲亲尊尊就失去了规范。"后进"可能不是君子团队里的人,但是,"后进"掌权以后,会维护君子集团的集体利益,保证社会秩序的稳定。

4. 名正言顺　循名责实

名正言顺,循名责实,就是要使礼乐制度的规定和实际状况相一致,纠正现实中的违礼僭越行为,使得名实一致,简单地说,就是正名。不过孔子的正名不是根据变化了的现实重新命名,承认新生事物的合理性,而是用既定的"名"去框定现实。上文曾经提到,孔子第三次前往卫国,子路问孔子如果卫国国君让他执政,他将先做什么?孔子回答说:"必也正名乎!"这儿的正名从文字上说是纠正那些命名不当的现象,就是使名实一致。但在实际上,则是指政治伦理秩序。子路不以为然,批评孔子说:"有是哉,子之迂也!奚其正?"孔子十分生气,说:"野哉,由也!君子于其所不知,盖阙如也。名不正,则言不顺;言不顺,则事不成;事不成,则礼乐不兴;礼乐不兴,则刑罚不中;刑罚不中,则民无所错手足。故君子名之必可言也,言之必可行也。君子于其言,无所苟而已矣。"(《子路》)子路竟然说老师迂腐,简直是又粗野又无知,还胡说八道。一个君子,对于自己不懂的事情,采取的是存疑的态度。名分不正,名实背离,说话就不顺;说话不顺,事情就办不成;事情办不成,礼乐就不能兴起;礼乐不能兴起,刑罚就不能允当;刑罚不允当,老百姓就会坐立不安,连手脚都不知道朝哪儿放。所以,君子做任何事情都要有正当的名义和充分的理由,言之成理,必定可行。君子对于自己说的话,绝对不能有一点马虎。

其实,对孔子的正名说,子路未必不知道,子路之所以批评孔子在卫国"正名"不合时宜,是因为卫国的现实实在无法"正名"。因为当时卫国国君是卫灵公的孙子卫出公蒯辄。卫灵公在世时,太子蒯聩因为得罪了卫灵公夫人南子而被驱逐出国。蒯聩就是卫出公的父亲。卫灵公死后，出公即位，蒯聩要回国争夺君位，上演了一场父子争权的闹剧。在这场父子之争中，如果用正名的眼光看，无论如何是无法"正"下去的，蒯聩争位的理由是老子在儿子怎能继承君位，儿子不让的理由是自己的君位是祖父确立的，做父亲的来争就是对自己父命的否定，本身就违背了孝道。子路看来，难以正名不如不正，而孔子则知其困难也要为之，把子路狠狠地批了一顿。有些学者为了说明孔子"正名"并不是要用旧的名分框定新的现实，就说孔子的上述一番话只是针对卫灵公父子之争的，没有普遍意义。其实，就以这场父子之争而言，正充分地说明了孔子对正名的坚定态度，正因为孔子执著于正名，不愿放弃自己的正名理想，才一生不得志。齐景公和孔子讨论如何执政，孔子说："君君，臣臣，父父，子子。"齐景公十分赞赏，说："善哉！信如君不君，臣不臣，父不父，子不子，虽有粟，吾得而食诸？"（《颜渊》）这正表明了孔子正名说的普遍意义。

在孔子心目中，西周的礼乐社会是名实一致的时代，也是为政以德的时代，正名本身就是德政的体现。所以，应该把正名作为孔子德治思想的组成部分。

（三）反省与自觉：孔子伦理修养的方法与实践

孔子思想对后世影响最广泛的是他的伦理学说。孔子认为春秋时代礼崩乐坏局面的出现，就是因为道德沦丧的结果。是人的自律性弱化，欲望冲破了道德伦理的约束，欲望膨胀，使得传统的君臣父子兄弟之间的伦常关系遭到破坏，所以要加强道德修养，提高道德水平，使全社会都能自觉地维护以尊尊亲亲为核心的等级秩序，从而实现仁德政治。而要实现仁德政治，首先是加强自身的道德修养，人人都成为仁人君子，仁德世界就会自然呈现。这在现在看来，当然是不符合历史实际的。春秋时代社会关系的变迁当然不是因为人心不古、道德沦丧所致,而是生产力进步、生产关系变革,瓦解了原来等级秩序的基础,使原来维护以血缘关系为核心的伦理观念丧失其维护统治的功能。这是历史的进步。

但是,孔子是不可能懂得礼崩乐坏是生产力进步、生产关系变化的结果的,这是孔子的历史局限。在当时来说,呈现在人们面前的一幅幅历史画面都是统治阶级之间的权力之争,都是为了满足自己或者以自己为核心的小集团的利益,而置君臣父子兄弟之义于不顾。只要人们能克制自己的私欲,按照君君、臣臣、父父、子子之道去做,社会自然就会尊卑有序、一片和谐。所以,孔子极其重视人的道德修养。其方法论的核心就是自我反省,自我实践。"吾日三省吾身:为人谋而不忠乎?与朋友交而不信乎?传不习乎?"(《学而》)"三省吾身"之"三"并不是实际数字,而是多的意思,即不断地反省自己是否尽心竭力为别人办事,同朋友往来是否诚实,老师传授的学业是否按时练习并付诸实践。这实际上包含了理论学习和自觉实践的各个层面,对这各个层面都要不断反省。反省和自觉,是孔子伦理实践方法的核心。"为仁由己,而由人乎哉?"(《颜渊》)"仁远乎哉?我欲仁,斯仁至矣。"(《述而》)"克己复礼为仁"(《颜渊》)等等,说的都是自觉的问题。

孔子思想体系的核心是仁,其伦理体系的核心也是仁,关于仁的内涵和外延已见上述。现在要说明的是围绕仁所提出的伦理范畴及其实践要求。

1. 孝悌为本

上已指出,孔子仁学的根本是孝悌。孝悌在孔子的伦理体系中是最核心的问题。在孔子看来,求学,首先是学习孝悌之道,要孝敬父母,敬爱兄长,做事谨慎,说话诚实守信,能爱护他人而亲近有仁德的人。这样做了之后还行有余力,再来学习文化知识。具体怎样做才算符合孝悌之道呢?孔子有具体的论述:

"子曰:'父在,观其志;父没,观其行;三年无改于父之道,可谓孝矣。'"(《学而》)

"孟懿子问孝。子曰:'无违。'樊迟御,子告之曰:'孟孙问孝于我,我对曰,无违。'樊迟曰:'何谓也?'子曰:'生,事之以礼;死,葬之以礼,祭之以礼。'"(《为政》)

"孟武伯问孝。子曰:'父母唯其疾之忧。'"(《为政》)

"子游问孝。子曰:'今之孝者,是谓能养。至于犬马,皆能有养。不敬,何以别乎?'"(《为政》)

"子夏问孝。子曰:'色难。有事,弟子服其劳;有酒食,先生馔;曾是以为孝乎?'"(《为政》)

"子曰:'事父母几谏,见志不从,又敬不违,劳而不怨。'"(《里仁》)

"子曰:'父母在,不远游,游必有方。'"(《里仁》)

"子曰:'三年无改于父之道,可谓孝矣。'"(《里仁》)

"子曰:'父母之年,不可不知也。一则以喜,一则以惧。'"(《里仁》)

以上是孔子对弟子们关于孝的提问时的回答,根据发问者的不同情况,对孝的含义和行为方式答以不同的内容。但总括看来,孔子之孝,是对父母的深厚亲情,是对子女在日常生活中回报父母养育之恩的具体要求。这可以归纳为几个方面:

一是遵从父母志向,学习父母的行为。父亲在世时,时时观察和思考父亲的志向;父亲去世了则想着父亲生前的所作所为,不能随意改变父亲生前定下的规矩,所谓"父在,观其志;父没,观其行;三年无改于父之道"就是这个意思。

二是养而敬,时时刻刻按照周礼的要求诚心诚意、恭恭敬敬地伺候父母。针对社会上只要是在物质上赡养父母就是尽孝的认识,孔子指出,养只是最起码的义务,但仅此是算不上孝的,孝的真正要求是敬,敬远重于养。敬的要求是什么？就是顺从父母的意志。即使发现了父母的想法和行为有什么不妥当的地方,也不能违抗父母之命,而是在遵从的基础上委婉地进行劝说。"事父母几谏,见志不从,又敬不违,劳而不怨"(《里仁》);"生,事之以礼;死,葬之以礼,祭之以礼。"(《为政》)"几谏"就是委婉地劝说,如果父母不接受,仍然要恭恭敬敬地遵从父母意愿而不违背触犯他们,内心只有忧愁而无埋怨之意。无论父母如何,做子女的都要按照礼制的要求侍奉父母：父母在,以礼敬养;父母去世,也以礼安葬、祭祀。所谓的"无违"有不违背父母意愿和不违背周礼两层含义。

仅此还不够。即使一切行礼如仪,在行动上确实没有违背父母意愿和礼的要求,但若心有不愿,脸上有所流露,还是不孝。"子夏问孝。子曰：'色难。有事,弟子服其劳;有酒食,先生馔;曾是以为孝乎？'"(《为政》)父亲有事,儿子去做;有了酒食,让父母先吃,这就是孝了吗？孔子认为这还算不上孝。真正的孝是以侍奉父母为自己最大的幸福和快乐,在为父母做所有事情的时候,脸上流露出来的始终是幸福的神情。所以,行孝的关键在哪里？孔子的回答是"色难",即始终以幸福的心情和神态侍奉父母最难。在孔子看来,"有事,弟子服其劳;有酒食,先生馔"只是低水平的要求。下引《子路》中记载的孔子和叶公的一段对话,可见孔子的"敬"和"无违"之一斑：

> "叶公语孔子曰：'吾党有直躬者,其父攘羊,而子证之。'
> 孔子曰：'吾党之直者异于是：父为子隐,子为父隐,直在其中矣。'"

叶公是站在国家的立场上和孔子辩论"直"的含义的,叶公认为老子偷羊,儿子指证是为"直"。孔子认为这违背了父子亲情,按亲情第一的原则,父子应该相互隐瞒才是。老子偷羊,儿子应该劝谏;老子不接受,儿子也只能在心中着急和忧愁,但不能揭发指证。

三是要从一点一滴做起。"父母在,不远游,游必有方。""父母之年,不可不知也,一则以喜,一则以惧。"(《里仁》)为什么?就是因为远游之后,无法照顾父母的日常起居,同时还令父母牵挂;实在需要远游者,也要让父母知道确切的去处,尽快地回到父母身边。对父母的年龄要时刻挂在心上,不能不知道,既为父母的长寿而高兴,同时又为父母因年龄的增长而衰老、生病、逝世的逼近而忧惧,平时更要小心谨慎地孝顺父母。

从法理的角度看,"其父攘羊,而子证之"和"父为子隐,子为父隐,直在其中矣"是属于相互对立的两个范畴。"其父攘羊,而子证之"虽然有伤亲情但符合国家之"直",是对国家之忠;"父为子隐,子为父隐"虽然保护了亲情但违反了法律。如此一来,孝于父母和忠于国家就处于对立之中。但是,在孔子的思想体系中,孝和忠是统一的,尽孝的目的是为了尽忠,对父母能做到"父为子隐,子为父隐"、"事父母几谏,见志不从,又敬不违,劳而不怨",即先做一个孝子,然后才能尽忠于君主,做好一个臣子。孔子云:

"出则事公卿,入则事父兄。"(《子罕》)

"迩之事父,远之事君。"(《阳货》)

"长幼之节,不可废也;君臣之义,如之何其废之?"(《微子》)

"'孝乎惟孝,友于兄弟,施于有政。'是亦为政。"(《为政》)

"事父母,能竭其力;事君,能致其身。"(《学而》)

"事公卿"和"事父兄"的道理一致,"事父母"与"事君"同重。不废长幼之节,就不会损毁君臣之义;把父子兄弟之义推及于国家政治,才是真正的"为政",国家上下自然秩序井然,万民自然其乐融融,而达于"仁政"的最高境界。不过,在孔子这里,对君长和对父母还是有区别的,这个区别主要表现在一个"谏"字上。子女对父母之劝谏只能是委婉上言,不能触犯父母意愿,即使父母不同意也只能顺从;对君长则要犯颜直谏,当君长为政不以道、有违周礼原则时,做臣子的不能盲从,从道不从君,道高于君,臣下应想方设法使君主按照道的要求去做,臣忠君和君守礼相对应,"君使臣以礼,臣事君以忠"(《八佾》),否则,臣子可以也应该弃君而去。孔子就是这样做的。也就是说,孔子虽然认为孝是忠的基础,但二者并非无条件的一致。

2. 忠义并重

人人在家力行孝悌,在国就能力行忠义。孔子把"为人谋而不忠乎"(《学而》)作为日常反省的内容之一,可见他对忠的重视程度。这里所说的忠是指日常生活中对他人的态度,指的是是否尽心竭力。除了为人谋要忠以外,更主要的是要"事君以忠"。不过孔子说的"事君以忠"是有条件的,就是上文提到的"君使臣以礼,臣事君以忠"(《八佾》),即君要按照礼节使臣,臣对君要忠心耿耿。所谓"孝慈,则忠"(《为政》),说的就是这个意思。强调的就是以身作则。虽然孔子没有直接说明如果君主不能以身作则,做不到以礼使臣,臣就可以不忠于君,但我们还是看到了孔子主张的君臣关系的相对性,不是要臣下绝对地、无条件地服从君主。孔子曾经说过什么是大臣:"所谓大臣者,以道事君,不可则止。"(《先进》)用正道事奉君主,君主不接受,就辞职不干。这样的臣下叫做大臣。子路问怎样事君,孔子回答说:"勿欺也,而犯之。"(《宪问》)不暗中欺骗,要当面规劝。这和后世的臣绝对服从于君是不能混为一谈的。孔子的时代,还有一些原始民主传统的遗留。

义是什么?用通俗的话说,就是符合最高道德准则的行为,所以,在古代,"义"和"宜"相通,义者宜也,按照应该做的事情去做就是义。这是孔子伦理思想中的重要范畴。孔子说:"君子义以为质,礼以行之,孙以出之,信以成之。君子哉!"(《卫灵公》)君子以义为做人的根本,用礼仪实行它,用谦逊(这里的"孙"同"逊",做"谦逊"解)的语言说出它,以忠诚的态度完成它。子路问孔子君子是否崇尚勇猛。孔子回答说:"君子义以为上。君子有勇而无义为乱,小人有勇而无义为盗。"(《阳货》)君子以义为最高的品德,君子有勇无义就会造反作乱,小人有勇无义就会偷盗为贼。可见义是一个人的行为节度,是否君子,就看行为是否符合义的要求。具体说来,在国家政治生活中,要尽心职守,效忠国家,危难之时,要有为国献身的精神。"可以托六尺之孤,可以寄百里之命,临大节而不可夺也。君子人与?君子人也。"(《泰伯》)可以把孤儿的命运托付给他,可以把国家的命运托付给他,在生死存亡的危难关头,不动摇不屈服,这样的人就是君子,就是义。

在社会活动当中,义是处理人际关系、判断是非曲直的准则。什么事该做,什么事不该做,什么事能做,什么事不能做,都要根据义来判断。"君子之于天下也,无适也,无莫也,义之与比。"(《里仁》)君子对于天下的事情,没有说哪些一定要做,哪些一定不要做,而是根据义的原则确定做还是不做,做到什么程度,符合义的事情要积极主动地去做,不符合义的事情坚决不做。

3. 知、勇、恭、宽、信、敏、惠

知、勇、恭、宽、信、敏、惠,是处理日常人际关系的具体规范。无论是君子还是小人,在日常生活中,都是血肉之躯,都有七情六欲,所谓为国献身、忠君之事等毕竟不是日常生活的主要内容。对于处理日常人际关系来说,按照仁和义的核心,要做到的是知、勇、恭、宽、信、敏、惠。

孔子把知、勇并举,说:"君子道者三,我无能焉:仁者不忧,知者不惑,勇者不惧。"意思是,君子做到的三件事,我都没有做到:仁德的人不忧愁,智慧的人不迷惑,勇敢的人不畏惧。子贡曰:"夫子自道也。"(《宪问》)这正是老师的自我评价,是老师的自谦之词。

在孔子心目中,知就是智,指道德认识和道德实践的才干,在社会中分辨善恶才能惩恶扬善,否则哪里有什么是非可言!"知之为知之,不知为不知,是知也。"(《为政》)为人做事要实事求是,知道就是知道,不知道就是不知道,这种诚实的态度就是"知"。在选拔官吏、治理政事时,要做到"知人",就是"举直错诸枉,能使枉者直"(《颜渊》)。在面对百姓迷信鬼神时,能"敬鬼神而远之,可谓知矣"(《雍也》)。懂得天地鬼神是怎么回事,教导百姓尊敬鬼神,但不要依靠鬼神,而是要靠自己解决问题。在和别人交谈的时候,要知道哪些该说,哪些不该说,否则,"可与言而不与之言,失人;不可与言而与之言,失言。知者不失人,亦不失言"(《卫灵公》)。可以同他谈而不谈,就会错过人;不能谈的而同他谈,就是说错话。聪明的人既不错过人,也不说错话。

勇是实践道德的勇气,一个有仁心、爱心的人,看到了不仁不义的事情,就有挺身而出的勇气,所谓见义勇为就是这个意思。"见义不为,无勇也。"(《为政》)仁与勇的关系,是勇隶属于仁,在仁的统驭之下发挥作用,"仁者必有勇,勇者不必有仁"(《宪问》),二者是主从关系。

恭是在日常生活中待人接物的态度,严肃、庄重、谦虚、诚恳、和蔼,而不矫揉造作,一切合乎礼的规定和要求。"恭近于礼,远耻辱也"(《学而》),恭敬符合礼,就可以避免耻辱。

宽即宽容,宽以待人,是孔子忠恕之道的具体体现。对别人的缺点,"既往不咎"(《八佾》)。能够宽容别人的错误,"君子尊贤而容众,嘉善而矜不能"(《子张》)。看到别人的进步要不失时机地予以肯定,不要老抓住别人过去的错误不放,"人洁己以进,与其洁也,不保其往也"(《述而》)。

信是诚实守信用,即在仁的范畴之内守信。"弟子,入则孝,出则悌,谨而信,泛爱众,而亲仁。"(《学而》)信是仁的内容之一。守信是做人的基本准则,人无信不立,事无信不成。"人而无信,不知其可也。大车无輗,小车无軏,其何以行之哉?"(《为政》)人没有信用就不能立在世上,就像虽然有车子,但是没有牵引车子的器具;虽然有牲口,也无法拉车,有了车子也不能行走。

除了这些,孔子还提出了敏、惠、温、良、俭、让等道德和性格方面的要求。敏就是办事有效率,做事不仅要勤快,而且方法要得当。惠就是能够施惠他人。温、良、俭、让是待人接物的态度和方法。子禽问子贡:"夫子至于是邦也,必闻其政,求之与?抑与之与?"意思是说,老师每到一个国家,很快就能了解这个国家的政治情况,是自己打听得来的还是别人告诉他的呢?子贡回答说:"夫子温、良、恭、俭、让以得之。夫子之求之也,其诸异乎人之求之与?"(《学而》)他老人家靠的是温和的语言、慈祥的面容、恭敬的态度、节俭的生活、谦逊的举止赢得人们的信任得到这些内容的。他老人家得到的方法和别人是有些不同。

4. 修养方法

上述一切,构成一个庞大的伦理体系,看上去很复杂,实践起来则很简单,只要记住仁的基本要求,平时时时刻刻反省自己,对照着做就行了。发现错误立即改正,并时常检讨,避免重犯;看到优秀的人和事,立即看齐,即见贤思齐。社会上的事变化万千,人的见识总是有限的,办错事、犯错误是难免的。犯了错误不要紧,改正错误就是了。孔子批评说:"过而不改,是谓过矣。"(《卫灵公》)孔子曾说:"法语之言,能无从乎?改之为贵。巽与之言,能无说乎?绎之为贵。"(《子罕》)意思是说,合乎正道的话,能够不听吗?但是,听从之后能够改正错误才是可贵的。谦逊顺耳的话,听了能不高兴吗?但是,听了以后要分辨是非曲直才是可贵的。所有这些,都是以自省、自觉、自律为基础的。

人们生活在现实社会,遇到的人和事千奇百怪、五花八门,和人的主观愿望、现实利益发生矛盾是十分正常的事情,如何处理观念和利益的冲突,处理人际关系,用自己的行为影响别人而不被别人的不良行为所熏染,是一个看上去简单而实际上又非常重要的问题。所以,自省也好,自觉也好,自律也好,都需要一定的方法,方法得当,就能达到既定的道德境界,否则,就会偏离甚至背离既定目标。在道德修养的方法方面,孔子给后人留下了丰厚的遗产,具有普遍意义。具体说来,有如下几条:

第一,慎交友。人是社会性动物,总要和别人打交道,除了生产生活决定各色人等如官僚、家人、老师、学生、奴隶等之外,人际关系中最重要的就是有朋友关系。孔子说:"益者三友,损者三友。友直,友谅,友多闻,益矣。友便辟,友善柔,友便佞,损矣。"(《季氏》)同三种人交朋友有益处,同三种人交朋友有坏处。同正直、诚实、见闻广博的人交朋友,对自己有益处;同逢迎谄媚、当面恭维背后诋毁、花言巧语的人交朋友,对自己有害处。俗话说"近朱者赤,近墨者黑",孔子的这番话是有着十分明确的针对性和实用性的。

第二,慎享乐。口腹之欲、耳目之好,是人之常情,任何人都有本能的欲望,并以满足为快乐。但是,如何满足口腹之欲、耳目之好,则大有讲究。孔子指出:"益者三乐,损者三乐。乐节礼乐,乐道人之善,乐多贤友,益矣。乐骄乐,乐佚游,乐宴乐,损矣。"(《季氏》)意思是说,快乐是多样的,有益的快乐有三种,有害的快乐也有三种。得到礼乐的调节,宣扬别人的长处,多交贤良朋友,这三种快乐是有益的。而尊贵骄傲、游手好闲、大吃大喝的快乐是有害的。

第三,要善于把握和尊长说话的时机。人往高处走,水往低处流,人们学习也好,修身也好,首先是为了改变自己的地位,所谓"学而优则仕"(《子张》)是普遍的观念,也是孔子教育学生的目的。因而和尊长打交道是自然的事。语言是交流的主体渠道,说话的态度和时机,直接影响到尊长对自己的看法,并进而影响到自己的政治前途和社会声誉,因为这反映出一个人的文化修养和素质。孔子指出:"侍于君子有三愆:言未及之而言谓之躁,言及之而不言谓之隐,未见颜色而言谓之瞽。"(《季氏》)在和君子相处时,人们常犯三种错误:君子还没有说到的时候,抢着说,叫做急躁;君子已经说到了,自己却不说,叫做隐瞒;不看君子的脸色,贸然开口,像个瞎子,叫没有眼色。这里的君子,本来是指道德高尚的人,在这里泛指地位高于自己、年龄长于自己、社会声望高于自己的人。

第四,常持戒心,遇事多想,全方位思考,尤其是多想不好的结果。孔子说:"君子有三戒:少之时,血气未定,戒之在色;及其壮也,血气方刚,戒之在斗;及其老也,血气既衰,戒之在得。"(《季氏》)人的一生不同年龄段的性格特点不一样,年轻时,血气未定,要警惕贪恋女色;壮年时,血气方刚,要警惕争强好斗;年老时,血气已衰,要警惕骄傲自大和贪得无厌。

关于思考问题的方法,孔子指出:"君子有九思:视思明,听思聪,色思温,貌思恭,言思忠,事思敬,疑思问,忿思难,见得思义。"(《季氏》)君子要考虑很多,看的时候,要考虑是否看明白了,听的时候要考虑是否听清楚了,和人交往要考虑脸上的颜色是否温和,容貌态度要考虑是否恭敬,说话交谈要考虑是否忠诚,对待工作要考虑是否认真,遇到疑问要考虑是否该问,发怒的时候要考虑是否有后患,看见可以得到的东西要考虑是否应该得到。这一切,从文字上看,都是指君子的行为,但是,做到了这些也就成了君子,实际上是在要求普通人遵守照办而后成为君子。

5. 修养目的

孔子修身的最高目的是成为仁人君子。在孔子心目中,人有君子和小人之别。虽然人与人的本性相近,所谓"性相近也"(《阳货》),但是因为后天学习、实践、修养的不同,即"习相远也"(《阳货》),人与人之间就出现了君子与小人的差别。人之所以要修身就是要使自己成为君子而不要成为小人。在孔子心目中,君子具有如下品德:

首先,君子有高度的道德自觉性,重德重义,严于律己,宽以待人。孔子说:"君子怀德,小人怀土;君子怀刑,小人怀惠。""君子喻于义,小人喻于利。"(《里仁》)意思是说,君子思念的是道德,而小人想的则是田地;君子关心的是国家法纪如何,小人想的则是个人蝇头小利。君子懂得大义,小人只懂得小利。对君子只要说说道理就行了,而对小人则要用利益引诱。遇到问题,君子首先是反省自己,而小人则是责备别人,君子"躬自厚而薄责于人"(《卫灵公》)。

其次,君子把仁义贯彻于日常生活之中,其道德实践是个自然的过程。"君子无终食之间违仁,造次必于是,颠沛必于是。"(《里仁》)无论客观情况如何变化,君子始终如一地信守仁道。至于具体做法,则根据具体情况随时调整:"君子之于天下也,无适也,无莫也,义之与比。"(《里仁》)天下事情复杂繁乱,情况千变万化,没有什么一定要怎样做,也没有什么一定不要怎样做,一切根据实际情况,适宜怎样做就怎样做。"君子欲讷于言而敏于行"(《里仁》),说话谨慎而行动迅速。

因为君子道德高尚并且自觉实践,俯无愧于地,仰不愧于天,所以胸怀坦荡。一次,司马牛问什么样的人是君子。孔子回答说:"君子不忧不惧。"司马牛追问说:"不忧不惧,斯谓之君子已乎?"不忧愁、不恐惧的人就能算是君子吗?无知无畏,也会不忧不惧,他们能是君子吗?所以司马牛继续追问。孔子回答说:"内省不疚,夫何忧何惧?"(《颜渊》)孔子的"不忧不惧"是建立在内省的基础上的,自己问心无愧,当然不忧不惧了。所谓君子坦荡荡就是以"内省不疚"为前提的。要做到这一点,就要仁、智、勇的统一。孔子说:"仁者不忧,知者不惑,勇者不惧。"(《宪问》)仁、知、勇三者统一,就达到了君子的境界,不存在什么迷茫忧愁和恐惧,一切都能想得明白,应付裕如。

君子在处理人际关系时,既坚持原则,又能协调好关系。"君子和而不同,小人同而不和。"(《子路》)即君子讲协调而不盲目附和,小人盲目附和而不讲协调。君子的原则性和灵活性统一,所以才能事事通达,遇到问题时能够权变。孔子说:"可与共学,未可与适道;可与适道,未可与立;可与立,未可与权。"(《子罕》)意思是,能在一起探讨学术的人,未必可以在一起学道;可以一起学道的人,未必可以一起坚守道;可以一起坚守道的人,未必可以一起通权达变。学、适道、立、权,是修养的四种境界,君子是这四种境界的统一。所谓"君子和而不同"就是这四者统一的表现。

当然,孔子心目中的君子,无论是道德内涵还是道德实践,都是以周礼为标准的,"克己复礼"概括了君子的一切内涵和外延,但是孔子所提出的一系列的君子为人处世之道是有积极意义的。

(四) 有教无类与诲人不倦:孔子的教育思想

孔子一生主要从事两项活动:一是出入朝廷,周游列国,游说国君,希望实现自己的政治理想;二是从事教育和文献整理活动。其政治理想没有变成现实,其学说对当时的政局变动没有什么作用,但是他的教育活动和教育理论对当时和后世则带来了巨大的影响。孔子是一位名副其实的伟大的教育家,不仅对中国历史的进步作出了巨大的贡献,而且对人类文明的发展也作出了不可磨灭的贡献。孔子整理文献等文化活动见前述,现在就孔子的教育思想撮要论述如下。

1. 有教无类

孔子在教育上的贡献，可以分为两部分，一是教育活动，二是教育理论。现在我们先看孔子教育活动的情况。

众所周知，孔子教学的基本原则是"有教无类"（《卫灵公》），就是不管学生们出身是贵族还是平民，还是最卑贱的小人，只要有心向学，交上一束干肉也就是所谓的束脩之礼，表示自己学习的意愿，孔子都一律收之为徒。这在现在看来，没有什么特别的，做教师的，只要学生愿意学，根本不需要过问什么家庭出身。但在当时，这可是一个了不起的行为，公开打出"有教无类"的旗帜，更是一个了不起的举动，可以说是一场教育制度的革命了。因为按照传统的等级制度，人们的政治权利和义务是按照血缘亲疏和政治尊卑定下来的，贵族永远是贵族，统治阶级永远是统治阶级，广大劳动人民注定要世代处于社会的最底层。接受教育，是统治阶级成员的权利，被统治阶级是没有这个权利的。当历史的车轮进入春秋时代以后，传统等级制度开始瓦解，许多贵族因为统治阶级内部争权斗争的失败或因为国家的消亡而沦为平民和普通劳动者，但是观念上君子与小人、贵族与平民、平民与奴隶的等级还是很严格的，等级分明，受教育仍然是贵族的特权。而孔子看到，在现实生活中，许多贵族尽管血统高贵，但是并不遵守礼法，而许多下层民众却还能保留传统的纯朴和习惯，贵族不一定守礼，而下层的小人、野人不一定不懂礼，相反，许多传统礼制在贵族中被破坏了，在民间却还保存着。传统的教育观显然是错误的。所以，孔子不仅把教育作为宣传自己思想主张的有效途径，而且明确提出了"有教无类"的教育原则。

孔子在自己的教育活动中，确实做到了"有教无类"。在其三千弟子中，出身是五花八门。其最得意的七十二弟子中就有不少出身贫寒、地位低下的。如：

颜回,"一箪食,一瓢饮,在陋巷,人不堪其忧,回也不改其乐。贤哉,回也!"(《雍也》)颜回以德行著称,安贫乐道。住在简陋的巷子里,天天就是一筐饭、一瓢水,别人受不了的清贫之苦,而颜回却以此为乐。这样的人,是大贤啊。这是颜回做了孔子学生以后的修养还是以前就是如此,我们无从考证。但是,如果是做了孔子学生才如此,那么颜回在投入孔子门墙以前也是个穷人。

仲弓,其父亲是"贱人",家"无置锥之地"(《荀子·非十二子》)。

子路,"卞之野人"(《史记·仲尼弟子列传》)。"子路事亲,尝食藜藿,负米百里之外。"(《说苑·建平》)家里没有粮食侍奉双亲,只能用粗劣的野菜,要到百里之外去背米。

原宪,"居鲁,环堵之室,茨以生草;蓬户不完,桑以为枢;而瓮牖二室褐以为塞;上漏下湿,匡坐而弦歌"(《庄子·让王》)。这可是够穷的,住在茅草盖的小屋子里,门户是茅草编的,还不完整,户枢是桑树条做的,窗户是用破瓮做的,用粗布隔成两个房间,屋顶漏雨,地下潮湿,而原宪端坐在地上,扣弦而歌。

曾参,住在卫国,一贫如洗,破衣烂衫,面带菜色,身上浮肿。天天参加体力劳动,双手磨出厚厚的老茧。往往是三天不煮饭,曾经十年不添新衣服。(见《庄子·让王》)

针对这样的情况,南郭惠子曾经发出疑问:"夫子之门何其杂也?"子贡回答说:君子端正品行,等待四方之士而且一定要做到来者不拒,正如优秀的医生门前病人多一样。所以夫子门下的人十分复杂。(见《荀子·法行》)子贡的话形象地说明了孔子"有教无类"的自我实践。

在孔子眼里,人和人之间就自然资质来说,没有什么本质的差异,"性相近也,习相远也"(《阳货》),人与人之间的差异不是先天因素决定的,而是后天生活环境、教育程度决定的,违背礼制、僭越犯上的人大都是那些曾经自认为天生高贵的宗室贵族,而出身低贱被贵族们看不起的庶人平民却能够遵守基本的礼法。春秋以来的社会变动已经雄辩地证明了人与人之间不存在什么聪明与愚笨的差别,存在的只是受教育程度的不同。基层民众之所以"愚笨"是因为他们没有接受教育的机会,无从了解礼制社会的行为规范,如果他们了解了西周的礼乐制度,认识到西周礼乐制度的有序与和谐,他们自然自觉地遵守,"复礼"的理想就能实现,起码有助于改变君不君、臣不臣的现实。正是基于这样的认识基础,孔子才身体力行地主张"有教无类"。

孔子"有教无类"主张的提出和实践,开创了文化下移和文化普及的新道路,为中国教育树立了一个新的里程碑。从此以后,学校教育正式走向民间,私人讲学兴起,教育内容也因人而异,民智的开启进入了一个全新的时代。不仅如此,孔子的"性相近也、习相远也",强调后天教育的重要作用,对于运用教育手段改变人、提高人的知识水平、道德品质,缩小人与人之间的差距,具有着重大的理论和实践意义。

但是,我们应当看到,孔子的"有教无类"的局限性还是十分明显的,这就是歧视妇女。在孔子的三千弟子中没有一个是女性。周武王曾说:"予有乱臣十人。"孔子说:"才难,不其然乎?唐虞之际,于斯为盛,有妇人焉,九人而已。"(《泰伯》)在古代汉语中,"乱"的本意是治。"乱臣十人"是指有十个治理国家的能臣。周武王说的这十个人是周公旦、召公奭、太公望、毕公、荣公、太颠、闳夭、散宜生、南宫适,还有一位妇女,或者说是周文王的妻子太姒,或者说是周武王的妻子、姜太公的女儿姜邑。从逻辑上说应以姜邑为是。孔子认为人才难得,从唐尧虞舜以来就是人才难觅,而周武王时代人才济济,确实是了不起。但是,孔子认为周武王说有十个治世之能臣是不对的,因为其中一位是女的,不能算,只能说有九个。这对女性的歧视到了不顾事实的地步,周武王自己都承认是十个,其中有一位妇女,而且商周时代,妇女的地位是比较高的,甲骨卜辞已经充分说明了这一点,在春秋时代,孔子对这些事实多少是应该了解一些的,而孔子硬生生地将这位有功于周王朝兴起的女性排除在外,可见孔子男尊女卑思想之深。也就是说孔子的"有教无类"之"类"的局限性是十分明显的,起码说,占人口二分之一的女性的受教育权就这样被剥夺了。

孔子是历史的孔子,他提出的"有教无类"主张的理论意义和实践意义,在当时来说,孔子不一定意识到。在主观上,当时的孔子怕也没有意识到要通过教育去改变人与人之间的差距。孔子课徒讲学的目的是为了宣传自己的学说,希望学生们通过各种途径实现自己的主张。所以,我们也不能因为"有教无类"说而任意拔高孔子,要看到其局限性。现在有些学者认为孔子是个人权主义者,他的"有教无类"是在主张人人都有受教育权,他的教育活动就是为了实现人人都应该享有的受教育权,这显然是违背历史真实的。一个不容否定的事实是,女性是没有受教育的资格的。这在中国历史上的消极影响不可小视。也可能在孔子之前,学在官府的时候,女子就没有入学的资格,孔子将妇女排除在外是历史传统的延续,但是,从孔子将周武王的十个能臣改为九个,起码说明孔子在主观上认为妇女不应该成为国家从政人员,才将唯一一个"妇人"从周武王的十个能臣中清除出去。对此,我们也应予以充分地注意。

2. 教育内容和教育目的

孔子主要从四个方面培养学生,即"子以四教:文,行,忠,信"(《述而》),用现代的话说,就是文化知识、实践能力、道德修养。文化知识是基础,没有文化知识当然谈不上理解分析,也就谈不上是非原则,或者说,是非分析能力是有限和浅薄的。但是,教给学生文化知识并不是主要的,主要的还在于学生能够把学到的知识付诸实践,成为道德高尚的人。也就是说,在孔子的教育体系里,忠、信更为重要。

就教学的知识结构来说,孔子教授的知识体系是传统的延续。礼、乐、射、御、书、数,这就是"六艺",即六种知识和技能(因为后人把《诗》、《书》、《礼》、《易》、《春秋》、《乐》六部文献也称为六艺,为了区分,就把礼、乐、射、御、书、数称为小六艺)。礼、乐、射、御、书、数早在西周时期就是贵族教育的内容,孔子把这些知识推向了民间。不过,孔子虽然开设了这六门功课,并不是说所有学生都要学这六门功课。而是根据需要和基础,因材施教,有的虽然重要,但并不一定适合学习,如音乐,孔子虽然重视,造诣也不错,但是对于一个没有音乐基础又没有音乐天赋的人来说,就不适宜学习,教得再好也是白费工夫。所以在教学实践中,孔子的教学内容是因人而异的。就孔子的主观意图来说,更注重的是做人的道理的灌输和从政能力的培养。所以,在教学实践和课业安排上不可能平均分配,而是有所偏重。孔门弟子中,"德行:颜渊,闵子骞,冉伯牛,仲弓。言语:宰我,子贡。政事:冉有,季路。文学:子游,子夏"(《先进》)。颜渊、闵子骞、冉伯牛、仲弓以德行见长;宰我、子贡以言语见长;冉有、季路以政事见长;子游、子夏以文学见长。之所以如此,除了个人的偏好以外,与教学内容的因人而异和孔子的教育主旨是有关的。

礼、乐、射、御、书、数是孔子的课程体系,而教材则是《诗》、《书》、《礼》、《易》、《春秋》、《乐》,这六部书后来被称为六经,也称为六艺。

孔子用做教材的不止以上六经,应该还有其他的内容。以上教材集中在礼乐教育方面,至于射、御、书、数的内容,六经涉及的很少,在教学过程中,孔子也应该有相应的教材。这些因为文献阙如,现在已经不知其详了。

孔子的教育目的是为了培养政治人才,道德修养也好,射、御、书、数也好,都是为了从政的需要。子夏说:"仕而优则学,学而优则仕。"(《子张》)子夏说的是孔子的主张,说的是仕与学的关系。现在一般把这里的"优"理解为"余力",把这句话翻译为"做官有余力就去学习,学习有余力就去做官",这显然是不符合孔子原意的,属于改字解经。这为那些专心做官不愿意学习的人找到了一个光明正大的借口:本职工作已经做不完,哪有时间去学习!无论是什么与本职工作有关的专业技能,还是什么先贤时哲的道德说教、古代圣王的治国遗文,都可以在这个借口之下统统束之高阁。在学无止境、学有余力的情况下才能为官,等于把那些学业没有完成或者学业不好的学生拒于官场之外。这显然和孔子的思想大相径庭。孔子主张贤人政治,人通过学习成为道德高尚、能力出众的人才而后为官,改变过去按出身、血缘关系选拔官僚的传统,提高官僚队伍的文化素质,改变官僚队伍的知识结构,让他们懂得先王之道并身体力行,从而实现尊尊亲亲的礼乐社会,这就是孔子办教育的全部目的。培养"君子"的目的是什么?并不是要人们个个整天埋头于人格的完善之中而不过问国家军政事务,任由一帮贪官污吏鱼肉百姓,糟蹋大好江山,任由礼崩乐坏的局面发展下去,而是希望君子们执掌政权,使天下归仁。所以,孔子说"三年学,不至于谷,不易得也"(《泰伯》)。这里的"谷"是指俸禄,学习三年,自然会做官,有俸禄,想不做官都很困难。所以说人活在世上,首先考虑的是如何学习,学习做人治国的道理,成为君子。成为君子之后,什么高官厚禄都会有的。所以说"君子谋道不谋食。耕也,馁在其中矣;学也,禄在其中矣。君子忧道不忧贫"(《卫灵公》)。一心向道,成为君子以后,不用谋"食","食"自然会有。所以是"君子谋道不谋食",有道自然有食。相反,有食无道也会失去已有之食,"耕也,馁在其中矣"说的就是这个道理。道从何来?就是学习,只要学习好,什么都会有,所以"学也,禄在其中矣。君子忧道不忧贫"。之所以"君子忧道不忧贫",是因为君子有道自然不会贫,而不是说孔子教育学生个个都去做一个守穷的君子,不要去做官。孔子反对的是放弃道的理念和信仰、不顾廉耻地钻营官位的人;反对的是小人当官,主张君子当官。孔子教育的目的是培养君子,也就是培养官僚,希望这些君子们能死守善道,"克己复礼",使"天下归仁"。所以,说"学而优则仕"是什么"学有余力就去做官"是万万不能成立的。

明白了上述分析,可以明白"学而优则仕"的本意就是完成学业、成绩优秀就去做官,无论什么官都可以,只要做官以后大体上能够按照老师教的内容做就行了,使君君、臣臣、父父、子子像那么回事就可以了。孔子自己为了做官奔波多年,对学生们做官的愿望从来都是支持态度,从实践的层面说明了这一点。所以,我们没有必要改字解经。

在当时的历史条件下,孔子主张君子当官、实现贤人政治是有利于社会发展的,通过教育提高官僚队伍的道德水准和行政能力更有利于社会发展。有文化总比没有文化好,水平高的人当官总比水平低的人当官好。

人们之所以把"学而优则仕"理解为"学习有余力就去做官",是鉴于"仕而优则学"在句法结构上和"学而优则仕"完全相同,若把"学而优则仕"理解为学业优秀而当官,对于"仕而优则学"则不好理解,说官当得优秀之后去学习显然有背于孔子的思想和教育实践。于是含糊其辞,谓"仕而优则学,学而优则仕"为"做官有余力就去学习,学习有余力就去做官"。其实,子夏说这番话的时候,很可能是在特定的条件下,在和某一个具体的人就某一件具体的事讨论当官与学习的关系时说的,在讨论一个人学到什么程度才能当官,一个当官的人要怎样为学,如何将二者统一起来这个问题的时候,子夏用了"仕而优则学,学而优则仕"来概括之,既然当官了,就要把官当好之后再为学;没当官的,学好了再当官! 也就是说,先做好本职工作,不能一心二用,当官的时候不好好当官,却一味地和什么社会名流、学问大家交往,而置本职工作于不顾,名义上是为了学问,实际上是为了虚荣,博取好学的虚名。这是错误的行为,不要说这样的行为本身就是虚伪的,就是确实是出于对学问的追求,也是不可取的,放着本职工作不做,也谈不上什么学问。正确的做法应该是先按照岗位要求,做好本职工作再谈论学问! 同样道理,学生就以学为本,学好了本领再去当官,否则即使当了官也是当不好的。

3. 教育方法

孔子是我国古代伟大的教育家,除了他首开私人讲学的风气、提出"有教无类"等教育思想以外,更主要的是他在教育方法方面的伟大贡献。如果说孔子思想的其他内容多少都有着这样那样的历史、阶级局限性的话,其教育方法和实践则超越了历史时空的限制,至今仍然有普遍意义。

大体说来,孔子的教育方法有以下几点:

第一,学、思结合。孔子曾经说过:"生而知之者,上也;学而知之者,次也;困而学之,又其次也;困而不学,民斯为下矣。"(《季氏》)孔子还说过:"唯上知与下愚不移。"(《阳货》)看来,孔子是承认存在着生而知之者的。但是,孔子对那些生而知之者并不迷信,而且持的是怀疑态度,认为那只是少而又少的人,古往今来的绝大多数人都是通过后天的学习获得知识的。

孔子认为:"性相近也,习相远也。"(《阳货》)人和人之间的差别,是后天学与不学所至,本性是差不多的。孔子对自己的评价就是"学而知之者"。他说:"我非生而知之者,好古,敏以求之者也。"(《述而》)自己并不是生而知之的人,不过是善于从古人那里学习罢了。又说:"盖有不知而作之者,我无是也。多闻,择其善者而从之;多见而识之,知之次也。"(《述而》)知识从何而来?多听多看就行了。孔子认为自己是"知之次也"。但是,无论是生而知之,还是学而知之,只要达到了"知"这个效果,大家都是一样的。《礼记·中庸》说:"或生而知之,或学而知之,或困而知之,及其知之一也。"这是符合孔子思想的。孔子说:"好仁不好学,其蔽也愚;好知不好学,其蔽也荡;好信不好学,其蔽也贼;好直不好学,其蔽也绞;好勇不好学,其蔽也乱;好刚不好学,其蔽也狂。"(《阳货》)爱好仁德而不爱好学习,弊端是容易被人愚弄;爱好聪明而不爱好学习,弊端是容易放荡不羁;爱好诚实而不爱好学习,弊端是容易被人利用而使自己受伤害;爱好率直而不爱好学习,弊端是说话尖刻刺人;爱好勇敢而不爱好学习,弊端是容易闹出乱子;爱好刚强而不爱好学习,弊端是狂妄不羁。一句话,学习可以弥补一切,可以改变一切。

要提高学习效率,就要讲究学习方法。这就是学与思的结合与统一。学是掌握知识材料,思是思考问题,明白道理。一个人整天不好好学习,只是苦思冥想,就会陷入瞎猜的境地,无论如何也不会有什么好处。孔子说:"吾尝终日不食,终夜不寝,以思,无益,不如学也。"(《卫灵公》)但是,一味埋头学习知识,不去思考也不行,掌握了知识材料以后,一定要进行分析思考,才能消化理解,明白其中的道理,将书本知识、别人的经验变成自己的知识和能力。这就是"学而不思则罔,思而不学则殆"(《为政》)。学、思结合,才能不罔不殆,并且乐在其中。

学、思结合有相应的方法,要沿着一定的思路才能有良好的效果。思考问题时,"毋意、毋必、毋固、毋我"(《子罕》),不凭空猜想,不绝对肯定,不固执拘泥,不自以为是。而要"多闻阙疑,慎言其余,则寡尤;多见阙殆,慎行其余,则寡悔"(《为政》),多听各种意见,有怀疑的地方就暂时放下,有把握的问题谨慎地提出自己的看法,就可以少犯错误;多看各种事情,有迷惑不清楚的事情暂时放下,对有把握的事情谨慎地实行,就可以减少后悔。对于暂时放下的疑问和事情怎么办?当然是深入思考,思考明白了再发表意见,而后去实行。

第二,谦虚的态度,求实的学风。孔子说的"毋意、毋必、毋固、毋我"已经包含了谦虚的学习态度在内。尺有所短,寸有所长,取长补短,就能学业精进。孔子说:"三人行,必有我师焉。择其善者而从之,其不善者而改之。"(《述而》)对于老师教过的课程,要按时温习实践,要把新旧知识联系起来,形成自己的知识体系。"温故而知新"(《为政》),"学而时习之,不亦说乎?"(《学而》)说的都是这个意思。

对于学习,要有实事求是的态度,知道的就是知道,不知道的就是不知道,不要不懂装懂,"知之为知之,不知为不知,是知也"(《为政》)。遇到自己不懂的问题,不仅要"多闻阙疑",而且要讲究方法的有效性。孔子曾经叙述自己的学习方法:"吾有知乎哉?无知也。有鄙夫问于我,空空如也。我叩其两端而竭焉。"(《子罕》)意思是,我有知识吗?本来没有的。有些普通百姓问我问题,我也回答不上来。但是,我从正反不同方面了解情况以后,就能回答出问题了。

学习是无止境的事情,固然要有恒心,以学为乐则最为重要,"知之者不如好之者,好之者不如乐之者"(《雍也》),以学为乐,其乐无穷,充满着学习的内动力,才能不断探索,才能做到"食无求饱,居无求安,敏于事而慎于言,就有道而正焉,可谓好学也已"(《学而》)。饮食不一定要求很满足,居住条件也不一定要很好,追求的是办事高效,说话谨慎,表达准确,向有学问、有道德的人学习而不断改正自己的缺点,从而成为一个真正好学的人。

第三,因材施教,循循善诱。孔子招收学生,是没有什么文化标准的,老老少少,各色人等都有,性格各异,理解能力更是千差万别。孔子教学则因人而异,在传授知识的同时,更注重学生思考能力的培养。子路问孔子说:"听到了就实行吗?"孔子回答说:"有父母兄弟在,怎能听到了就实行呢?"后来冉有问同样的问题,孔子回答说:"听到了就实行。"公西华不理解,问孔子为什么同一个问题有不同的答案。孔子回答说:"求也退,故进之;由也兼人,故退之。"(《先进》)"求"是冉有的字,"由"是子路的字。冉有做事畏缩不前,所以鼓励他大胆地干;子路好勇过人、容易冲动,所以要压压他。孔子总结说:"中人以上,可以语上也;中人以下,不可以语上也。"(《雍也》)就是说,对于中等以上的人可以讲高深的学问;对于中等以下的人就不能讲高深的内容。这儿的"中人"可能是指学生的知识结构,也可能是指学生的理解能力。这是符合教育实践的基本原理的。

无论学生年龄、出身背景、阅历、性格差别有多大,孔子的基本原则都是以培养学生的独立思考能力为主要目标。这除了注意因材施教以外,就是循序渐进、循循善诱。通观《论语》全书,从孔子和弟子们的交往与教学活动中,我们不难发现孔子非常注意用形象思维的方式诱导学生,如用"逝者如斯夫"(《子罕》)比喻时间一去不复返,以鼓励学生发愤图强、珍惜时间;用"岁寒,然后知松柏之后彫也"(《子罕》)比喻人的节操。颜回曾经总结他老师的教学特点是"夫子循循然善诱人"(《子罕》)。

第四,启发式教学,触类旁通。因为孔子收徒主要在于传授做人从政的道理,因而平时讲授的内容并不在于具体知识的多少,而是培养学生思考和实践的能力;而前来求学的都是成年人,都有一定的生活阅历,对社会人生都有相当的感悟,所以孔子十分重视启发式教学。孔子说:"不愤不启,不悱不发。举一隅不以三隅反,则不复也。"(《述而》)即不到学生苦思冥想、百思不得其解的时候,不去开导他;不到学生心里想说而口头表达不清的时候,不去启发他。告诉学生一个角落的情况而学生不能推断出其他三个角落的情况,就不再教了。强调教学生不能一味地灌输,而是要培养学生的主动性和积极性,要善于推导,举一反三。

第五,平等待人,教学相长。孔子在毕生的教学活动中,始终贯穿着"有教无类"的思想。这不仅体现在"自行束脩以上,吾未尝无诲焉"(《述而》),更体现在他能平等地对待所有学生。平等对话、相互切磋始终贯穿于师生之间。一部《论语》就是一部孔子和学生们的对话、讨论、争辩的全记录。在感情上没有亲疏厚薄之分,决不因为哪一位学生和自己走得近、比较对脾气就多讲一点,否则就少讲一点。《季氏》里记载,孔子的学生陈亢曾经带着怀疑的口吻问孔子的儿子伯鱼:"你在你父亲那里可曾听到一些我们不知道的特别新意的东西?"伯鱼回答说:"没有。有一天,我父亲一个人站在堂前,我轻轻地走过庭院,父亲问我:'你学过诗了吗?'我回答说:'没有。'父亲说:'不学《诗》,就不能使言语典雅。'我回来就开始学《诗》。又一天,我父亲一个人站在堂前,我轻轻地走过庭院,父亲又问道:'你学过《礼》了吗?'我回答说:'没有。'父亲说:'不好好学《礼》,就不懂得立身处世的准则。'我回来就好好学《礼》。我私下就听过两次这样的教导。"陈亢非常高兴地回到住处对人说:"我问的只是一个问题,却得到了三个有益的答案:一是明白了学《诗》的重要性,二是明白了学《礼》的重要性,三是明白了正人君子对自己的儿子也不偏向。"孔子是主张亲亲尊尊的,父子之间的亲情重于一切,但是孔子并没有因为父子之情而偏向自己的儿子。

孔子主张师生在学术上平等对话,"当仁,不让于师"(《卫灵公》),意思是在真理面前,对老师也不要让步。在师徒谈学论道的过程中,孔子和弟子之间丝毫看不出后世的师道尊严。如子路问孔子:"如果卫君用您主政,您将先做什么?"孔子说:"正名。"子路脱口而出说他的老师迂腐不堪,引来了孔子一大段关于"正名"的议论。作为一个学生,竟然当面说老师迂腐,显得有些不敬,但孔子并没有因此而指责子路不尊敬老师,而是详细地说明"正名"的重要性。(见《子路》)又如鲁国大夫季氏家臣公山弗扰(即公山不狃)发动叛乱,占据费邑和季氏对抗,派使者来找孔子前往为官,孔子准备去。子路不高兴,批评说:"没有地方去就算了,干吗要到一个叛臣那里去?"孔子急忙为自己辩解说:"那个找我的人难道会叫我白跑一趟吗?如果我被任用,我就会使周文王、周武王之道在东方复兴。"也就是说,自己去不是为了俸禄,而是为了实现自己的理想。(见《阳货》)又有一次,晋国大夫范中行的家臣佛肸背叛主人,派使者召孔子前往,孔子也准备应召。子路又反对说:"老师以前说过,'君子是不到那些做坏事的人的身边的'。现在佛肸以中牟为据点进行叛乱,您却要去,这不是自相矛盾吗?"孔子承认自己说过这样的话,而后辩解说:"真正坚硬的东西是磨不破的,真正洁白的东西是染不黑的,难道我只是一个葫芦,只能挂在那里给别人看而不能吃吗?"孔子的意思是说,自己就是到了佛肸身边也不会被佛肸影响坏的。(见《阳货》)孔子最终没有去,究竟是子路反对的结果还是其他原因,我们不得而知。但是,从师徒之间的对话来看,他们完全是平等的。

孔子的学生来自全社会,每一个人都有自己的特点和长处,和孔子交流自然给孔子带来许多新的知识。所以孔子确实是把教学看做一个教学相长的过程,在教育学生的过程中,确实是希望从学生那里获得新的知识,在学生成长的同时,自己变得更加深邃。孔子曾经说过:"回也非助我者也,于吾言无所不说。"(《先进》)回是颜回,是孔子最得意的学生之一,孔子却认为对自己没有很多帮助,原因是对自己说的话没有不同意的,从来不提不同意见。言下之意,如果颜回能对自己的话提出不同看法,双方有交锋,对自己就会有帮助了。子夏问孔子:"'巧笑倩兮,美目盼兮,素以为绚兮。'何谓也?"孔子回答说:"绘事后素。"子夏又问:"礼后乎?"孔子说:"起予者商也!始可与言《诗》已矣。"(《八佾》)"巧笑倩兮,美目盼兮,素以为绚兮"是《诗·卫风·硕人》里形容女子容貌美丽的诗句,大体意思是恰到好处的笑容真有魅力,美丽的眼睛真明亮,白嫩的脸蛋一打扮更漂亮。孔子是主张《诗》的教化作用的,几乎每一首诗在文字意思的背后,都有着另一层意思,孔子和子夏大概正在讨论《诗》的微言大义,所以子夏问孔子这几句诗的意思并不是指其文字意义,而是指文字背后的含义。孔子没有直接回答子夏的问题,而是说"绘事后素"。字面意思是"先有白色的底子,然后再绘画"。这句话的另一层意思是,世界上任何东西都是逐步形成发展的,美丽的画是先有白色的底子然后再用不同的颜色画出来的。礼仪也是如此,先有各种行为,大家都按照自己的习惯和想法为人做事,出现各种冲突矛盾,到处是一片混乱;为了调整矛盾,理顺秩序,于是制定各种礼乐制度。"巧笑倩兮,美目盼兮,素以为绚兮",这样的美人确实动人,因为人人都有爱美之心,但面对这样美丽动人的少女,人们虽然心动,但要发乎情,止乎礼,不能面对少女的动人美丽而失去风度。所以这几句诗是在告诉人们牢记男女有别,举止要合礼。因此,子夏接着问:"礼后乎?"意思是可不可以说礼就是相当于"绘事后素"之"后素"?孔子听了很高兴,赞叹说:"商(即子夏)啊,你真是个能启发我的人,现在可以和你谈论《诗》了。"因为从子夏的提问得到启发,所以孔子当面赞扬学生,说明了孔子的教学相长的观念与实践。这是值得后人认真总结和继承的。

三 《论语》的成书与阅读

孔子的生平事迹主要集中在《史记·孔子世家》中,在《左传》等文献中也有少量记载;孔子的思想学说,则集中在《论语》一书中。在读《论语》之前首先要对《论语》的成书过程有个了解。

《论语》是孔子及其弟子们的言论和行动记录,以孔子为主,对孔子学生们言论和行为的记录也都和孔子有着直接的关系,或者转述孔子的言论,或者记录学生们对孔子的评价。

关于《论语》的性质和命名,《汉书·艺文志》说:"《论语》者,孔子应答弟子、时人及弟子相与言而接闻于夫子之语也。当时弟子各有所记。夫子既卒,门人相与辑而论纂,故谓之《论语》。"从这段话里我们可以知道,所谓《论语》是孔子的"门人相与辑而论纂"而来。"门人"不同于弟子,弟子是直接受业者,门人则包括了再传弟子在内,不局限于直接受业的学生。既然是门人对孔子及其学生言行的集结,则《论语》的成书是在孔子死后的事了。

《论语》是若干篇章的集合,各篇之间在内容上没有什么关联,有些内容是重复的。这些重复有的是完全的重复,有的是部分的重复,有的是重复一次,有的是重复多次。这些说明《论语》原本不是一人一时一地完成的,而是出自多人之手,最后才集合成现在的样子。

根据现代学者的研究,《论语》的作者有孔子的学生,也有孔子的再传弟子,而且不止一个再传弟子,因而各篇成文也就有先有后,其最后成书一般认为是曾参的学生编订。最明显的证据就是《论语》中提到曾参时无一例外地都称曾子而不称曾参,而提到孔子其他学生时要么称名要么称字。春秋时代,"子"是尊称,下对上、卑对尊称"子",上对下是绝不称"子"的。曾参是孔子最年轻的学生之一,其去世时间大约在公元前436年,则《论语》的成书应当在此之后,也就是战国初年。

古代没有印刷术,书籍传播依靠的是师徒之间的口头传播和抄写,因而社会上流通有限。同时因为语言的地域差异、传抄的错讹,不同地区、不同学者群体之间使用的同一部书及其解释就会出现差异。战国时代,《论语》的传播情况不太清楚,到了汉代,就有三种版本:一个是在鲁地流传的本子,叫做《鲁论》;一个是在齐地流传的,叫做《齐论》;还有一个是《古文论语》。《鲁论》和《齐论》是汉初经师们口头传授、由学生用当时流行的隶书记述下来的,这些都称为今文本。因为秦始皇曾经下焚书令,除了法律、医药、卜筮、农艺书籍之外,禁止《诗》、《书》等儒家文献和其他诸子著作在社会上流传,把民间所藏的《诗》、《书》等儒家文献和其他诸子著作,集中在官府统统烧掉,也不准民间相互传授这些学说。这些被烧掉的书籍大都是使用战国时代的文字书写的,相对于汉初的隶书书体而被称为古文。汉景帝时,鲁恭王修建王宫,在拆孔子旧宅时,在孔子故居的墙壁中发现了用战国文字写成的《论语》,人们就称之为《古文论语》,这就形成了《鲁论》、《齐论》和《古文论语》三种版本并行的状况。实际上,还是以今文为主。汉代,《论语》是儒生的基础教材,所有儒生必须读完《论语》以后,才能学习其他儒家经典,因而《论语》的流传十分广泛。

西汉末年安昌侯、汉成帝的老师张禹以《鲁论》为根据,参考《齐论》,对《论语》进行系统的注释,调解二者的矛盾分歧,称为《张侯论》。因为张禹是成帝的老师,政治地位高,《张侯论》也就受到儒生们的推崇。直到东汉末年,经学大师郑玄以《张侯论》为基础,参考《齐论》、《鲁论》、《古文论语》作《论语注》。这个《论语注》就成了定本,就是现在所看到的《论语》。

郑玄所定的《论语》二十篇,名称分别是:《学而》、《为政》、《八佾》、《里仁》、《公冶长》、《雍也》、《述而》、《泰伯》、《子罕》、《乡党》、《先进》、《颜渊》、《子路》、《宪问》、《卫灵公》、《季氏》、《阳货》、《微子》、《子张》、《尧曰》。除《八佾》外，每篇的名称都是取自该篇第一节的头两个字，篇名和内容没有任何的逻辑联系。

东汉以后，注释《论语》者代不乏人，各种注释本汗牛充栋。目前流传下来仍为学者们所使用的主要有：

《论语正义》二十卷，三国时曹魏何晏注、唐陆德明音义、宋邢昺疏，这就是《十三经注疏》本《论语》。

《论语集注》，宋朱熹注。朱熹从《礼记》中抽出《大学》、《中庸》、《论语》、《孟子》合并为《四书》，同时为《四书》做详细注释，宣扬纲常名教，称为《四书集注》。由于明清科举考试试题都出自《四书》，考生对题意的阐发必须以朱熹的解释为根据，因而从明代以来，朱熹的《论语集注》成为影响最为广泛的版本。现在的许多出版社也在翻印朱熹的集注本。

《论语正义》二十四卷，清刘宝楠、刘恭冕父子共同撰写。因为刘恭冕是继续其父亲的事业，所以书面题签仍然是刘宝楠撰。这是东汉以来最好的注释本，考证精当，删除了不少以往的穿凿之论，是现代研究《论语》的重要参考书。

《论语译注》，杨伯峻撰，1958年中华书局初版，1980年第二版，此后多次印行。这是当代最为简明扼要、训诂准确的《论语》今注今译本。

当历史的车轮进入20世纪末叶以后，大陆的改革开放不断深入，人们开始重新审视传统文化，对孔子和《论语》的重视空前高涨，这体现在两个方面：一是高质量的研究论著不断问世，把对孔子的思想研究推向了深入；二是出版了众多的《论语》注译本，至于读《论语》的各种心得、感言以及各种叙述孔子生平的通俗读本更是数不胜数，如各种各样的解说、通说、别裁、行传等等。关于孔子的思想研究，见仁见智，这里不去多说。就以《论语》的注释、今译来说，坊间印行的各种本子，固然有遵循学术的思路，改正传统注释繁芜的毛病，但从文字训诂角度重新注释《论语》，帮助现代人用最少的时间尽量准确地了解《论语》之书的本子，数量是少而又少。大多数纯粹是借《论语》中的只言片语，随意发挥，根本不管《论语》的实际含义是什么。更有甚者，打着弘扬传统文化的旗号，为了说明传统文化在现代化建设中仍然具有指导意义，任意歪曲《论语》，导致人们怀疑《论语》究竟有没有真正的含义；很多出版社在经济利益的驱动下，干脆翻印古人的各种版本，致使传统的误解在社会上广泛流行。带有历史糟粕的传统解说和现代人的随意理解严重地歪曲了《论语》的原意，极大地影响了人们对孔子思想的理解。从学术性和适用性的层面看，到目前为止，杨伯峻的《论语译注》仍然是最好的版本。

杨伯峻的《论语译注》从问世到现在已有半个多世纪了，其注释内容主要是应用历史文献说明《论语》的历史基础，其今译也尽量地做到忠于原文，这是科学的、严谨的学术态度，值得我们学习和发扬。但是，在商品经济日益发展的今天，对于缺少历史基础的现代读者来说，阅读的困难越来越大；书中对孔子生平的介绍也过于简略，对孔子思想的叙述更过于简单；注释也有些艰涩。这些都不利于现代读者从总体上把握孔子的思想体系。

上文曾经提到，孔子是历史的孔子，《论语》是历史的《论语》，历史的存在是不会因为后人理解的不同而改变的。但是，人们在认识孔子、理解《论语》的时候，总是以既定的知识结构、价值观念为基础，以"我以为"如何如何为前提。这就是所谓的"一切历史都是当代史"、"一切历史都是思想史"流行的原因和存在的基础。但是，"一切历史都是当代史"、"一切历史都是思想史"是指后人的历史认识而言的，而不是存在的历史事实。后人无法回到过去，也就不能改变历史的存在。人们研究历史,就是在不断地接近历史存在,尽量了解历史真实,尽管人们无法最终复原历史的全部真相,但是人们首先要尽力地去复原,从历史的角度、按照历史的顺序去了解历史人物,而不能用后世的想象去描绘历史人物。研究孔子也是如此。要达此目的,关键是要尽量做到历史和逻辑的统一,就是要在把握历史背景的基础上,分析孔子的思想体系,把孔子的思想体系与其自身实践统一起来。只有这样,才能把孔子由"圣人"还原成为历史上的真人,才能知道孔子思想的全貌,才能把握孔子思想的历史价值和当代意义,才谈得上科学的继承和发展。切忌断章取义,抓住一点,不及其余地任意发挥。阅读《论语》尤其如此。因为《论语》成书于孔子弟子之手,属于弟子回忆录的性质,孔子的思想都是在回答学生问题时表述出来的,针对学生所问内容和接受特点,对同一个问题从不同侧面予以解答,没有专门地就某一个问题作出系统全面的阐述,如果孤立地看问题,就会把一个具体问题抽象化,孔子的思想内容就会被置换掉,把孔子一句普普通通的家常话神圣化。所以,阅读《论语》一定要从总体上把握孔子的思想体系。

存在决定意识,思想指导行为,认识一个人,不仅仅要看这个人说了些什么,还要看这个人做了些什么,后者比前者更加重要。在研究历史人物的影响和地位时,不仅仅是全面系统地分析该人物的言与行,还要将该人物的言与行和同时代的人进行比较,从社会发展的角度,看该人物的言行较同时代的人有哪些不同。研究孔子、阅读《论语》也是如此。上文主要是从思想史的角度分析了孔子的政治、伦理学说、教育思想,部分地涉及了孔子的政治和教育实践,对于孔子在其他方面的实践因为论述主题的限制,没有展开。事实上,除了上述所涉及的政治、伦理、教育实践以外,孔子一生都在躬行自己的主张。这方面的内容,除了在《史记·孔子世家》里有比较集中的记述以外，在《论语》中也有相应的记载，如孔子主张"克己复礼"，在实践中就处处依礼而行。《乡党》对孔子衣食住行、言谈举止的记述，就形象地说明了孔子对"礼"的实践。诸如此类的记述，《论语》中还有许多，这些都是了解孔子不可缺少的内容。归根结底一句话：不能断章取义，不能把孔子和《论语》现代化，更不能回到过去把孔子神化！

为了恢复历史的本来面貌，便于当代读者全面、客观地理解孔子和《论语》，本书在借鉴前贤时哲研究成果的基础上，针对以往存在的问题，没有像流行的那样今译《论语》，而仅仅对《论语》作出简要的注释，用比较大的篇幅从历史学的层面，在把握时代背景的前提下，用历史唯物主义的方法，分析孔子的思想体系，以便于读者正确地理解《论语》。本来，把文言文译成白话文是最方便读者的，读者不用逐字逐句琢磨体会《论语》的意思。但是，这样做最大的不足是会误导读者，把自己的理解强加给读者，同时不可避免地会误解孔子的思想。因为一词多义是古代汉语的常见现象，孔子又经常用比喻、典故说明自己的思想，而在师徒对话时有着特定的环境和情景，语言表述的意思和实际主张往往有距离，如果按照字面意思直译不可避免地会出现违背孔子原意的结果。如果在今译过程中，加上其他的说明以使意思完整清楚，也仅仅是译者个人的理解和判断，也未必符合历史的真貌，反而影响了读者的自我判断。与其如此，不如由读者自我行使理解、分析、判断的权力。

四　校注说明

（一）《论语》原文以中华书局影印《十三经注疏》本《论语注疏》（何晏集解、邢昺疏）为底本，以唐写本参校。

（二）《论语》注释以《十三经注疏》本《论语注疏》、朱熹《论语集注》、刘宝楠《论语正义》、程树德《论语集释》为主要依据；同时吸收今人注释和研究成果，主要有康有为《论语注》(中华书局1984年)、杨伯峻《论语译注》(中华书局1980年)、唐满先《论语今译》(江西人民出版社1982年)、程石泉《论语读训》(上海古籍出版社2004年)、匡亚明《孔子评传》(南京大学出版社1990年)、蔡尚思《孔子思想体系》(上海人民出版社1982年)等，择善而从，参以己意。

(三)《论语》每篇分章，依杨伯峻《论语译注》，每章前标注数字，以便阅读。

(四)注释力求简明扼要，通畅易懂。注释内容主要有：难解字词、历史名物、典章制度、文化常识；对生僻字、多音字加注汉语拼音；异体字均写作今体；以解释字词为主，理解困难者疏通全句；对不同解释，以"一说"标注，加按语说明何者为是。

学 而 第 一

子曰①:"学而时习之②,不亦说乎③?有朋自远方来④,不亦乐乎?人不知而不愠⑤,不亦君子乎⑥?"

[注释]①传世《论语》二十篇,没有篇名,后人摘取每篇第一章第一句的开头两个字或三个字做篇名。"子曰"二字因为经常用在开头,故除外。"学而"为第一篇篇名,其余各篇类此。子:古代对尊者、长者的尊称,《论语》中"子曰"的"子"都是指孔子。 ②时:一说按时,一说经常。此处是"按时"的意思。习:一说温习,一说实习、演习。孔子的教学内容有许多实习性很强,礼、乐、射、御、书、数中的许多内容都要演练操作,所以此处的"习"作"实习"讲比较确切。 ③说:同"悦",高兴,愉快。 ④朋:指同学。先秦时"朋"、"友"有别:同门为"朋",同志为"友"。同门,即同出一个老师门下。⑤愠(yùn 运):怒,怨恨,不高兴。 ⑥君子:《论语》中的君子指道德高尚的人或者有地位的人,有时是二者兼而有之,这里是指道德高尚的人。

有子曰①:"其为人也孝弟②,而好犯上者,鲜矣③;不好犯上,而好作乱者,未之有也④。君子务本,本立而道生⑤。孝弟也者,其为仁之本与⑥!"

[注释]①有子:姓有,名若,孔子的学生,小孔子十三岁,一说小三十三岁。 ②孝弟:子女对待父母、弟弟对待兄长的正确态度。孝:指恭敬、快乐、

幸福地赡养、顺从父母。弟:同"悌(tì替)",指尊敬、顺从兄长。　③鲜(xiǎn显):少。　④未之有也:"未有之也"的倒装。古代汉语否定句中的宾语是指示代词时,宾语一般放在动词之前。　⑤道:指准则、法则、规律。　⑥其为仁之本与:大概就是仁的基础吧。"其",大概,想必,表示推测。"仁",仁爱,爱人,是孔子提倡的一种最高道德。"与",同"欤",语气词。

子曰:"巧言令色①,鲜矣仁②!"

[注释]①令色:指满脸堆笑、阿谀逢迎。　②鲜(xiǎn显):少。

曾子曰①:"吾日三省吾身②:为人谋而不忠乎③?与朋友交而不信乎?传不习乎④?"

[注释]①曾子:名参(shēn深),字子舆,孔子的学生,小孔子四十六岁。②吾日三省吾身:每天多次反省自己。"日",每天。"三",再三,指多次,古代汉语中,三、九均指多次的意思,不能按字面理解。如果这里的三是指下文的三件事,按照当时习惯的表达方式应为"吾日省者三"。"省(xǐng醒)",反省,自我检查。　③为(wèi未):给,替。谋:谋划,指考虑事情。　④传(chuán船):传授,这里指老师传授的知识,动词作名词用。

子曰:"道千乘之国①,敬事而信②,节用而爱人③,使民以时④。"

[注释]①道:同"导",这里指治理、管理的意思。千乘(shèng剩)之国:拥有一千辆兵车的国家。一辆四匹马拉的车叫一乘。春秋时代,战争以车战为主,国家的强弱大小用战车的数量来衡量。"千乘之国"是大国的意思。②敬:工作态度严肃认真。　③爱人:春秋时代的"人"有广义和狭义之分,广义的"人"指一切人,狭义的"人"是指士大夫以上的人。这里的"人"是狭义的人。　④以时:按时,指不违农时。

子曰:"弟子①,入则孝,出则悌②,谨而信,泛爱众,而亲仁③。行有余力,则以学文④。"

[注释]①弟子:指年纪幼小的人或学生,这里指年纪幼小的人。 ②悌:敬爱兄长。"入则孝,出则悌"中的"入"是进入父亲房间的意思,"出"是离开自己房间的意思。 ③仁:有仁德的人。 ④文:指《诗》《书》等古代文献。

从这一章可以看出,孔子把做人放在第一位,把做学问放在第二位。

子夏曰①:"贤贤②、易色③;事父母,能竭其力;事君,能致其身④;与朋友交,言而有信。虽曰未学,吾必谓之学矣。"

[注释]①子夏:姓卜,名商,字子夏,孔子的学生,小孔子四十四岁。②贤贤:尊重贤人。前一个"贤"字为动词,后一个"贤"字为名词。 ③易:轻视,简慢。色:容貌,指女色。"贤贤、易色"是指尊重贤人,看轻女色。④能致其身:献出生命。"致",献出。

从这章可以看出,孔子看重人的道德品质。

子曰:"君子不重,则不威;学则不固。主忠信①。无友不如己者②。过,则勿惮改③。"

[注释]①主忠信:坚持忠信诚实的原则。"主",主张,坚持。 ②无友不如己者:不要和不如自己的人交朋友。"无",同"毋",不要。"不如己者",指不忠不信的人,是比较委婉的说法。 ③过,则勿惮改:有过错就不要怕改正。"过",过错。"惮(dàn但)",害怕。

曾子曰:"慎终①,追远②,民德归厚矣。"

[注释]①终:死,指父母逝世。 ②远:指祖先。慎终追远:意思是谨慎地对待父母的去世,追念远代祖先。这是孔子孝道的核心内容。统治者能做

到这一点,普通民众的品德自然地归于淳厚。

子禽问于子贡曰①:"夫子至于是邦也②,必闻其政,求之与③?抑与之与④?"子贡曰:"夫子温、良、恭、俭、让以得之⑤。夫子之求之也,其诸异乎人之求之与⑥?"

[**注释**]①子禽:姓陈,名亢,字子禽。一说是孔子的学生,一说不是。子贡:姓端木,名赐,字子贡,孔子的学生,卫人,小孔子三十一岁。②夫子:对人的敬称,古代凡做过大夫的人都可以取得这一敬称。这里指孔子。邦:指国家,古代"邦"、"国"通用。 ③与:同"欤",疑问语气词。④抑:还是,或是。 ⑤温、良、恭、俭、让:指五种美德,即温和、善良、恭敬、节俭、谦让。 ⑥其诸:表推测的语气词,有"或者"、"大概"的意思。

子曰:"父在,观其志①;父没②,观其行;三年无改于父之道③,可谓孝矣。"

[**注释**]①其:指儿子。古时父亲在世,儿子不得自专,所以只能观其志。②没:死。 ③三年:指时间长,并不一定是三年的实指,但是,孔子是主张行三年之丧的,这儿的三年应是实指。道:有时候是一般意义的名词,无论好坏善恶都可以称之为道,但在大多数情况下是积极意义的名词,表示善的好的东西。"无改于父之道",从字面上解释是指不改变父亲生前的行为和思想,也可以理解为长期不改变父亲生前的思想和行为的合理部分。

有子曰①:"礼之用,和为贵②。先王之道,斯为美③,小大由之④。有所不行,知和而和,不以礼节之,亦不可行也。"

[**注释**]①有子:孔子的学生,姓有,名若。 ②和:适合、适中,恰到好处。③斯:这个。 ④由:经过。之:它,指"礼之用,和为贵"。

有子认为,礼的应用以遇事都做得恰当为可贵,过去圣明的君王治理国家最为宝贵的地方就在这里:他们大小事情都做得恰当。但是,如果有行不通的地方,便为恰当而求恰当,不遵守礼的规范也是错误的。有的学者把"和为贵"的"和"理解为"和顺",怕是背离了有子的原意,因为礼的功能并不是"和顺",而在于尊卑有序、贵贱有等、亲疏有别。要使得尊卑有序、贵贱有等、亲疏有别,就要有恰当的行为。

有子曰:"信近于义①,言可复也②。恭近于礼,远耻辱也。因不失其亲③,亦可宗也④。"

[注释]①信:信约,约言。近:接近,符合。义:义理,做事适宜。 ②复:实践,履行。 ③因:依靠,凭借。 ④宗:主,可靠。有的解释为"尊敬",不符合原意。

这一章的意思是:所守的约定都符合义,说的话就能兑现。恭敬谦和合于礼,就能避免耻辱。依靠自己的亲信,也就靠得住了。

子曰:"君子食无求饱,居无求安,敏于事而慎于言①,就有道而正焉②,可谓好学也已③。"

[注释]①敏:快速,敏捷。慎:谨慎小心。"敏于事而慎于言",做事情时勤劳敏捷,说话时谨慎小心。 ②就:走向,接近。正:动词,匡正,端正。 ③已:同"矣"。

子贡曰:"贫而无谄①,富而无骄,何如?"子曰:"可也,未若贫而乐,富而好礼者也。"

子贡曰:"《诗》云:'如切如磋,如琢如磨。'②其斯之谓与③?"子曰:"赐也④,始可与言《诗》已矣,告诸往而知来者⑤。"

[注释]①谄(chǎn产):谄媚,用献媚的态度向人讨好。 ②这两句诗见《诗·卫风·淇奥》。切:用刀切断。磋(cuō撮):用锉锉平。琢:用刀雕刻。磨:用物磨光。这两句诗以治骨器、玉器来比喻君子精益求精地修养自己。 ③其:大概,想必。斯:这,指孔子说的"未若贫而乐、富而好礼者也"的话。因为"贫而乐、富而好礼"比"贫而无谄、富而无骄"要求更高,更精益求精,所以子贡说"'如切如磋,如琢如磨'就是这个意思"。 ④赐:子贡姓端木,名赐。 ⑤往:过去的事,这里指已知的事。来者:未来的事,这里指未知的事。

子曰:"不患人之不己知①,患不知人也。"

[注释]①患:忧虑,怨恨。不己知:"不知己"的倒装。

这一章的意思是:别人不了解自己,自己也不着急;急的是自己不了解别人。

为政第二

子曰:"为政以德①,譬如北辰②,居其所而众星共之③。"

[注释]①以:用。 ②北辰:北极星。 ③共:同"拱",环绕。"众星共之"比喻国君受到人民的拥戴。

子曰:"《诗》三百①,一言以蔽之②,曰:'思无邪③。'"

[注释]①《诗》:指《诗经》。《诗》的内容众多,经过孔子整理删定以后有诗三百零五首,"三百"是举其整数。 ②蔽:概括。 ③无邪:纯正,不邪恶。

子曰:"道之以政①,齐之以刑②,民免而无耻③;道之以德,齐之以礼,有耻且格④。"

[注释]①道:同"导",治理。政:制度政令,行政强制。 ②齐:整齐,制约。刑:刑罚。 ③免:避免。无耻:没有耻辱之心。 ④格:古今解释众多,有解为"归附"的,有解为"恭敬"的,有解为"恪守"的,有解为"纠正"的。从文字学和行文逻辑上分析,以"纠正"为是。

这一章的意思是:用行政命令强制百姓,用刑罚惩罚百姓,百姓虽然因为惧怕不敢犯罪,但不知道犯罪是耻辱的事情。如果用德来治理百姓,用礼来约束百姓,百姓不仅知道做坏事是可耻的行为,而且会自觉地纠正错误。

子曰:"吾十有五而志于学①,三十而立②,四十而不惑,五十而知天命③,六十而耳顺④,七十而从心所欲,不逾矩⑤。"

[注释]①有:同"又"。古代汉语中,在整数和零数之间多用"有"而不用"又"。 ②立:站立,指立身处世,站得住脚。这里指确立了人生的奋斗目标。 ③天命:上天的意志,也指受上天主宰的人们的命运,这里指个人的命运。孔子不是宿命论者,不能简单地按照字面意思把"天命"理解为天的意志或者人对上天意志的顺从。否则,孔子就不会为了理想奔波终生又抱憾而去了。 ④耳顺:指耳朵一听到别人说话,立即能分辨其是非、真假。 ⑤逾(yú余):超越,超过。矩:规矩,法度。

孟懿子问孝①。子曰:"无违②。"

樊迟御③,子告之曰:"孟孙问孝于我④,我对曰,无违。"樊迟曰:"何谓也?"子曰:"生,事之以礼;死,葬之以礼,祭之以礼。"

[注释]①孟懿子:鲁国的大夫,姓孟孙,名何忌,"懿"是谥号。 ②违:违背,这里是指违背礼的要求。 ③樊迟:姓樊,名须,字迟,孔子的学生,小孔子三十六岁。御:赶车。 ④孟孙:指孟懿子。

孟武伯问孝①。子曰:"父母唯其疾之忧②。"

[注释]①孟武伯:姓孟孙,名彘(zhì志),孟懿子的儿子,"武"是谥号。 ②其:他,指孝子。疾:病。这句话的意思是说,孝子的言行不违背礼节,可

以使父母放心,父母担忧的只是孝子患病。还有一种解释,谓"其"指父母,则意思是说,孝子要特别为父母的疾病担忧。两种说法都通。

子游问孝①。子曰:"今之孝者,是谓能养。至于犬马,皆能有养②。不敬,何以别乎?"

[注释]①子游:姓言,名偃,字子游,孔子的学生,小孔子四十五岁。②至于犬马,皆能有养:对这句话,有不同的理解。一说是犬马也能养活人。人养活人,如果没有了尊敬,和犬马养活人就没有分别。一说是人对犬马还要尽饲养的义务,如果没有恭敬之心,仅仅是供应父母衣服饮食,和饲养犬马没有什么分别。一说是犬马也能养活犬马,纯粹从"养"这个角度看,和犬马还是没有分别。一说这里的犬马是比喻小人。按文意应以第二说为是,即要求儿女对父母尽孝不仅仅是物质上的赡养那么简单,更主要的是敬,以恭敬之心赡养父母,从中得到幸福和快乐。

子夏问孝。子曰:"色难①。有事,弟子服其劳②;有酒食,先生馔③;曾是以为孝乎④?"

[注释]①色:脸色,这里指儿子侍奉父母时的脸色、态度。孝顺儿子侍奉父母,内心充满幸福,满脸是愉快的表情。一般人要自然地做到这些是不容易的,所以说"色难"。 ②弟子:年轻人,这里指儿子。 ③先生:长辈,这里指父母。馔(zhuàn 撰):吃喝。 ④曾(céng 层):竟然。是:这。"曾是以为孝乎"的意思是仅仅做到"有事,弟子服其劳;有酒食,先生馔"还算不上真正的孝道。真正的孝道是在物质上尽到赡养义务的同时,精神上要使父母愉快,把使父母幸福当做自己的幸福。

子曰:"吾与回言终日①,不违,如愚。退而省其私②,亦足以发,回也不愚。"

[注释]①回:姓颜,名回,字子渊,又叫颜渊,孔子最得意的学生,小孔子

三十岁。 ②省(xǐng醒):观察。

这一章的意思是:当面谈话时,颜回从来不提反对意见,看上去像个愚蠢的人,但颜回回去自己进行一番研究之后,也能有所发挥,说明颜回并不愚蠢。

子曰:"视其所以①,观其所由②,察其所安③。人焉廋哉④?人焉廋哉?"

[注释]①以:有三种解释:一是为,做;二是与,交往;三是用。这三种解释都能讲得通,分别指观察一个人的所作所为,所交往的人,所用的东西。②由:经历,指经过的道路,个人成长的经历。 ③安:安心,指心里安于什么。 ④焉:怎么。廋(sōu搜):隐藏,藏匿。

子曰:"温故而知新,可以为师矣。"

子曰:"君子不器①。"

[注释]①器:器皿。器皿只为某种需要而制作,其用途有限。这里比喻人的有限的才能。孔子主张人的才能要广博,君子就是有广博的知识、多样的技能的人。

子贡问君子。子曰:"先行其言而后从之①。"

[注释]①行:实践。先把自己要说的话付诸实践而后再说出来,人们自动服从,这就是君子。

子曰:"君子周而不比①,小人比而不周。"

[注释]①周:以道义团结人。比:以暂时的利益相互勾结。

子曰:"学而不思则罔①,思而不学则殆②。"

[注释]①罔(wǎng往):诬罔,迷茫。 ②殆(dài代):疑惑。

子曰:"攻乎异端①,斯害也已②。"

[注释]①攻:攻读,钻研。异端:不同的主张。 ②斯:这就。这句话的意思是说,通过研究、批判那些不正确的理论学说,祸害就可以消灭了。

子曰:"由①!诲女知之乎②!知之为知之,不知为不知,是知也③。"

[注释]①由:姓仲,名由,字子路,又字季路,孔子的学生,小孔子九岁,长期跟随孔子左右。 ②诲(huì汇):教导,诱导。女:同"汝",你。 知:知道,懂得。之:它,指孔子教给学生的学问。后面的两个"之"字同此。 ③是:这。知:同"智"。

子张学干禄①。子曰:"多闻阙疑②,慎言其余,则寡尤③;多见阙殆④,慎行其余,则寡悔。言寡尤,行寡悔,禄在其中矣。"

[注释]①子张:姓颛(zhuān专)孙,名师,字子张,孔子的学生,小孔子四十八岁。干:求。禄:官吏的俸禄,这里指官位。 ②阙:同"缺",有"保留"、"回避"的意思,"阙疑"的意思是不知道的就存疑。 ③寡:少。尤:过错。 ④殆(dài代):疑惑。

哀公问曰①:"何为则民服?"孔子对曰:"举直错诸枉②,则民服;举枉错诸直,则民不服。"

[注释]①哀公:姓姬,名蒋,鲁国的国君,在位二十八年(公元前494年—

公元前466年),"哀"是谥号。 ②举:选择,举用。直:正直。错:同"措",放置。诸:"之于"的合音。枉:邪曲。

季康子问①:"使民敬、忠以劝②,如之何?"子曰:"临之以庄③,则敬;孝慈,则忠;举善而教不能,则劝。"

[注释]①季康子:姓季孙,名肥,鲁国的大夫,是鲁哀公时最有权力的人。"康"是谥号。 ②以:连词,和。劝:勉励。 ③临:对待。之:他们,指百姓。

或谓孔子曰①:"子奚不为政②?"子曰:"《书》云③:'孝乎惟孝,友于兄弟,施于有政④。'是亦为政,奚其为为政?"

[注释]①或:有人。 ②奚(xī 希):何,为什么。 ③《书》:指《尚书》。 ④施:延及。有:名词词头,无意义。孔子这段话的意思是说:《尚书》上说,能使孝敬父母、友爱兄弟的行为影响到政治上就是从政了,从政不一定非要当官。

子曰:"人而无信①,不知其可也②。大车无輗③,小车无軏④,其何以行之哉?"

[注释]①而:语助词,无意义。 ②可:可以,行。 ③大车:指牛车。輗(ní 泥):古代牛车车辕前面横木上两端的木销子。大车上的横木叫做鬲。 ④小车:指马车。軏(yuè 月):古代马车车辕前面横木上两端的木销子。小车上的横木叫做衡。没有輗和軏,就不能驾牲口,车子就不能行走。

本章说明"信"的重要,没有"信"就不能自立于世,就像大车没有安横木的輗、小车没有安横木的軏,虽然有了车子也无法行走。

子张问:"十世可知也①?"子曰:"殷因于夏礼②,所损益,可知也;周因于殷礼③,所损益,可知也;其或继周者,虽百世,可知也。"

[**注释**]①世:指朝代。从下文分析来看,子张问的应是以后十代的礼仪制度。 ②殷:殷朝,又叫商朝。因:因袭,继承。夏:夏朝。 ③周:周朝,指西周。

子张问十代以后的礼仪制度会是什么样子,孔子没有也无法正面具体回答,而是告诉子张通过夏、商、周三代礼仪制度的变迁去推测十代以后的礼仪制度。

子曰:"非其鬼而祭之①,谄也②。见义不为,无勇也。"

[**注释**]①鬼:指已死的祖先,也泛指鬼神。 ②谄(chǎn 产):谄媚,巴结。古代祭祀祖先神灵的目的是祈求保佑、获得幸福,祭祀的步骤、祭品有一定的规定,不同等级、不同身份、不同节日各不相同,违背规定提高祭祀规格是讨好巴结鬼神。

八佾第三

孔子谓季氏①,"八佾舞于庭②,是可忍也③,孰不可忍也④?"

[注释]①季氏:季孙氏,这里指季平子,鲁国的大夫。 ②佾(yì意):古代奏乐舞蹈的行列,每佾八人。"八佾",八列,共六十四人。周礼规定,天子用八佾,诸侯用六佾,大夫用四佾,士用二佾。鲁国国君是周公的后代,因为周公帮助武王夺得天下,辅佐成王平定天下,对周室贡献极大,为了表彰和报答周公之德,周成王赐给鲁国国君用天子之礼乐祭天、祭祖的特殊待遇。当时,鲁昭公因为和季氏矛盾激烈,离开鲁国逃奔晋国,鲁国的国政由季平子把持。"八佾舞于庭",就是指季平子暂时主持祭祀上天的事情。 ③是可忍也:这样的事情都忍心做出来。"是",此,这个。"忍",忍心,狠心。孔子从尊君的思想出发,认为季平子不该狠心代替鲁国国君用天子的礼乐主持祭祀。现在一般理解为"容忍"、"忍耐",不合当时的历史背景,因为孔子没有讨伐季氏的条件和意愿,谈不上"容忍"或者"忍耐"。当时季平子专政,鲁昭公被迫出走齐国,又到晋国,最后死在晋国的乾侯,很是令人同情。在这种情况下,季平子居然"八佾舞于庭",所以说是太狠心了。 ④孰(shú赎):什么。

三家者以《雍》彻①。子曰:"'相维辟公,天子穆穆②',奚取于三家之堂③?"

[注释]①三家:指孟孙氏、叔孙氏、季孙氏,鲁国的三个大夫,他们当时掌握了鲁国的政权。《雍》:《诗·周颂》的篇名,这是周天子祭祀宗庙结束、撤去祭品祭器时所唱的乐歌。这三家也用周天子撤除祭品时的乐歌。"彻",同"撤",撤除。　②相维辟公,天子穆穆:这是《雍》诗中的两句。"相(xiàng向)",助祭的人。"维",语助词,无意义。"辟公",指诸侯。"天子",指主祭的周天子。"穆穆",态度庄严肃穆。　③奚(xī西):何。堂:祭祖的庙堂。孔子这句话的意思是:《雍》的内容很明白,助祭的是诸侯,主祭的是周天子。你这三家不过是大夫,列祖列宗也是大夫,怎么能在自己大堂上演奏《雍》呢?

子曰:"人而不仁,如礼何①?人而不仁,如乐何?"

[注释]①如礼何:即"奈礼何",拿礼怎么办,这里指谈不上讲礼。下句结构同。

林放问礼之本①。子曰:"大哉问!礼,与其奢也,宁俭;丧,与其易也②,宁戚③。"

[注释]①林放:鲁国人,懂礼节。　②易:办理,把事情办理得很妥善。　③戚:内心悲痛。"丧,与其易也,宁戚"是说对于丧礼来讲,与其仪文周到,不如发自内心的哀戚。

子曰:"夷狄之有君①,不如诸夏之亡也②。"

[注释]①夷狄:中原华夏族对少数民族的称呼。"夷"指住在东方的少数民族。"狄"指住在北方的少数民族。　②不如:不及。诸夏:指中国,即华夏族居住的中原一带各诸侯国。亡:同"无"。

季氏旅于泰山①。子谓冉有曰②:"女弗能救与③?"

对曰:"不能。"子曰:"呜呼!曾谓泰山不如林放乎④?"

[注释]①季氏:即季孙氏。旅:祭名,祭祀山川为旅。泰山:山名,在鲁国。当时按规定只有天子和诸侯才有祭祀泰山的资格,季氏是大夫,也去祭泰山,孔子认为这是一种越礼的行为。 ②冉有:姓冉,名求,字子有,孔子的学生,小孔子二十九岁,当时为季氏的家臣。 ③女:同"汝",你。弗:不。救:挽救,这里指劝阻。与:同"欤",语气词。 ④曾:乃,竟。这句的意思是:难道说泰山之神还不如林放知礼吗?竟会接受季氏越礼的祭祀!

子曰:"君子无所争,必也射乎①!揖让而升②,下而饮,其争也君子。"

[注释]①射:射箭,是一种礼仪性质的比赛活动。 ②揖(yī医)让:作揖和谦让,是古代宾主相见的礼节。

这一章是说君子之间没有什么可争的事,如果有的话,就是射箭。但那是一件很有礼让的事,射箭之前,大家先作揖行礼而后登堂比赛,射完以后走下堂来,再作揖行礼互相饮酒,这样的"争"和一般的争是不相同的。

子夏问曰:"'巧笑倩兮,美目盼兮,素以为绚兮①。'何谓也?"子曰:"绘事后素②。"

曰:"礼后乎③?"子曰:"起予者商也④!始可与言《诗》已矣。"

[注释]①这三句诗,前两句见《诗·卫风·硕人》,后一句大概是逸诗。"倩(qiàn欠)",美丽。"兮(xī西)",语气助词,相当于"啊"。"盼",眼睛黑白分明。"绚(xuàn眩)",色彩华丽。这是赞美女子容貌美丽的诗句。 ②绘:绘画。素:白底。 ③礼后乎:礼在后面吗?在什么后面,原文没有说出,这里应当是指礼在仁义之后。 ④起:启发。予:我。商:子夏姓卜,名商。

子曰:"夏礼,吾能言之,杞不足征也①;殷礼,吾能言之,宋不足征也②。文献不足故也③。足,则吾能征之矣。"

[注释]①杞(qǐ 起):国名,在今河南杞县一带,相传杞国国君是夏禹的后代。征:证明。 ②宋:国名,在今河南商丘一带,宋国国君是商汤的后代。 ③文献:《论语》中的"文献"和现在的"文献"含义不同,《论语》中的"文献"的"文"指文字资料,"献"指熟悉历史的贤人。现在的"文献"指有历史价值或参考价值的图书资料。

子曰:"禘自既灌而往者①,吾不欲观之矣。"

[注释]①禘(dì 帝):古代一种极为隆重的祭祀祖先的典礼,只有天子才能举行。灌:祭祀开始,首次向受祭者献酒。"灌"本作"祼",是祭祀过程中的一个仪式。当时祭祀,用活人代替受祭者,这个活人叫做"尸"。"尸"一般由幼小的男女充当。第一次献酒给尸,使他(她)闻到酒香(祭祀用酒是专门制作的加了香草的酒,叫做"郁鬯"),这个仪式叫做"祼",后作"灌"。据《礼记》记载,周公死后,周成王为了追念他在建立周朝中的重大功勋,特许对他用禘礼祭祀,而鲁国一直沿用禘祭,有越礼之嫌,所以孔子说:"吾不欲观之矣。"

或问禘之说①。子曰:"不知也②。知其说者之于天下也,其如示诸斯乎③!"指其掌。

[注释]①或:有人。 ②不知也:禘是天子之礼,鲁国长期举行,在孔子看来是完全不应该的。但孔子又不想明确批评历代鲁君的不对,只是说"不知也",又进一步说"如果有懂得的人,他治理天下就像把东西放在手掌上一样容易"。 ③示:同"置",摆、放的意思。诸:"之于"的合音。斯:这里,指孔子一边说话一边指着自己的手掌。

祭如在，祭神如神在。子曰："吾不与祭①，如不祭。"

[注释]①与(yù 预)：参与。

这一章的意思是：祭祀祖先的时候就像祖先真的在那里一样恭敬，祭神的时候也要像神在那里一样虔诚。如果不能亲自参加祭祀，和不祭祀是一样的，不能请人代替自己祭祀。在这里，孔子强调的是祭祀的目的是表达祭祀者的恭敬和虔诚，而不是当做一个仪式来完成，受祭者需要的是祭祀者的内心真情而不是一个仪式。

王孙贾问曰①："与其媚于奥②，宁媚于灶③，何谓也？"子曰："不然。获罪于天，无所祷也④。"

[注释]①王孙贾：卫国的大夫。　②媚：谄媚，讨好。奥：屋内的西南角，古人认为那里有神，这里指奥神。　③灶：炉灶，这里指灶神。古人认为奥神比灶神更尊贵，但灶神地位虽低，却能"上天言善事"，能通天。"与其媚于奥，宁媚于灶"是当时的俗语，意思是说，与其巴结地位高的人，不如巴结地位低而有实权的人。　④"不然。获罪于天，无所祷也"是说，如果做了坏事，得罪了上天，那就没有地方去祈祷。也就是说，如果做了坏事，巴结谁都没有用；如果不做坏事，谁都不用巴结。

子曰："周监于二代①，郁郁乎文哉②！吾从周③。"

[注释]①监(jiàn 见)：同"鉴"，借鉴。二代：指夏、商二代。　②郁郁：丰富，繁盛。文：道艺，指礼乐制度。　③从：顺从，跟从。

子入太庙①，每事问。或曰："孰谓鄹人之子知礼乎②？入太庙，每事问。"子闻之，曰："是礼也③。"

[注释]①太庙：祭祀开国君主(太祖)的庙。这里指周公庙，周公旦是鲁国的开国君主。　②鄹(zōu 邹)：鲁国地名，在今山东曲阜东南。孔子的父

亲叔梁纥(hé河)曾经做过鄹大夫。"鄹人之子",指孔子。 ③是:这个,指"每事问",不懂就问本身就是礼的行为。

子曰:"射不主皮①,为力不同科②,古之道也。"

[注释]①射:射箭,这里指演习礼乐的射,不是军中的射。皮:用兽皮做成的箭靶子。孔子认为演习礼乐的射不以射透箭靶子为主,而以射中目的为主。 ②为(wèi未):因为。科:等级,类别。"为力不同科",指各人力气大小有别。

子贡欲去告朔之饩羊①。子曰:"赐也②!尔爱其羊③,我爱其礼。"

[注释]①去:去掉,除去。告朔:古代的一种祭庙仪式。"朔",农历每月初一。饩(xì戏)羊:祭祀用的活羊。 ②赐:子贡姓端木,名赐。 ③尔:你。爱:爱惜,可惜。

每年秋冬之交,周天子把第二年的历书颁发给诸侯,诸侯把历书藏在祖庙。按照历书的规定,每月初一,诸侯来到祖庙,杀一只活羊祭庙,然后回到朝廷听政,这就叫做"告朔"。到子贡的时候,每月初一,鲁国国君不但不亲临祖庙,而且也不听政,只是杀一只活羊做个样子。所以子贡认为不必走这个过场,主张不杀活羊。但孔子却认为保留这一形式比什么都不保留总要好一些,所以说:"尔爱其羊,我爱其礼。"

子曰:"事君尽礼,人以为谄也①。"

[注释]①谄(chǎn产):谄媚,奉承。

严格按照礼的要求侍奉君主,别人却以为是谄媚,说明当时礼崩乐坏的程度。这是孔子就某种情况有感而发。

定公问①:"君使臣,臣事君,如之何?"孔子对曰:"君使臣以礼,臣事君以忠②。"

[注释]①定公:即鲁定公,姓姬,名宋,"定"是谥号,公元前509年—公元前495年在位。 ②"君使臣以礼,臣事君以忠",这是孔子关于君臣关系的经典叙述:君主按照礼使用臣下,臣下忠心耿耿地侍奉君主。反之,君主不按照礼使用臣下,臣下也就不存在忠心事君的问题。

子曰:"《关雎》①,乐而不淫,哀而不伤。"

[注释]①《关雎(jū居)》:《诗经》中的第一篇。这是一首爱情诗。

哀公问社于宰我①。宰我对曰:"夏后氏以松,殷人以柏,周人以栗,曰:使民战栗②。"子闻之,曰:"成事不说,遂事不谏③,既往不咎④。"

[注释]①哀公:名蒋,鲁国的国君,"哀"是谥号,公元前494年—公元前468年在位。社:土地神,这里指土地神的神主,即木制的牌位,古人认为神灵依托在神主上。如果对外有战争,还要抬着这个牌位行军作战。宰我:名予,字子我,孔子的学生。 ②夏、殷、周三代制作神主的木头不同:夏朝用松木,商朝用柏木,西周用栗木。栗木的意思是使人战战栗栗,表示对神的恭敬。
③遂:已经完成。谏(jiàn剑):规劝君主、尊长或朋友,使之改正错误。
④咎(jiù救):责备。

子曰:"管仲之器小哉①!"

或曰:"管仲俭乎?"曰:"管氏有三归②,官事不摄③,焉得俭?"

"然则管仲知礼乎?"曰:"邦君树塞门④,管氏亦树塞门。邦君为两君之好,有反坫⑤,管氏亦有反坫。管氏而知礼,孰不知礼?"

[注释]①管仲:姓管,名夷吾,齐国人,齐桓公的宰相,辅佐齐桓公成为春秋时有名的霸主。 ②三归:古今有不同的解释:一是国君一次娶了三个女的,管仲也娶了三个。二是三处家庭。三是地名,管仲的采邑。四是藏钱币的府库。五是市租,当时上交国库的市租即市场交易税和管理费。齐桓公成为霸主以后,把这部分租赏给管仲。现在一般把这里的"三归"理解为三处藏钱币的府库。 ③摄:兼任。 ④邦君:诸侯国的国君。树:立,动词。塞门:在大门口筑的一道短墙,使外面看不见里面,相当于后来的照壁、屏风之类。 ⑤反坫(diàn店):台名,用土筑成。古代君主招待别国国君,献过酒之后,把空酒杯放在反坫上。

子语鲁大师乐①,曰:"乐其可知也:始作,翕如也②;从之③,纯如也④,皦如也⑤,绎如也⑥,以成。"

[注释]①语(yù玉):告诉。大师:主管音乐的官。"大"同"太"。 ②翕(xī西):合。如:形容词词尾,表状态。 ③从(zòng纵):放纵,展开。 ④纯:和谐。 ⑤皦(jiǎo绞):分明,清晰。 ⑥绎(yì义):连续不断。

本章是关于音乐的演奏过程和审美效果的描述:开始演奏翕翕然给人以热烈的感受;继续下去,纯纯然给人以和谐的感受;皦皦然给人以清晰的感受;绎绎然使人回味无穷。"翕如、纯如、皦如、绎如"是音乐演奏的四个阶次。

仪封人请见①,曰:"君子之至于斯也②,吾未尝不得见也。"从者见之。出曰:"二三子何患于丧乎③?天下之无道也久矣,天将以夫子为木铎④。"

[注释]①仪:卫国的地名。封人:镇守边界的官吏。 ②斯:这里。 ③二三子:诸位,几个人。丧:丧失,这里指没有官职。 ④木铎:以木为舌的铜铃。古代宣布政教法令时摇它来召集听众。这里用来比喻孔子是宣扬政教的圣人。

子谓《韶》①:"尽美矣②,又尽善也③。"谓《武》④:"尽美矣,未尽善也。"

[注释]①《韶》:传说是舜时的乐曲名。 ②美:指乐舞的艺术形式优美。 ③善:指乐舞的思想内容完善。《韶》是歌颂舜的乐曲,舜的帝位是由尧"禅让"来的,所以孔子说"尽善"。 ④《武》:传说是周武王时的乐曲名。《武》是歌颂周武王的乐曲,周武王的帝位是用武力讨伐商纣夺来的,所以孔子说"未尽善"。

子曰:"居上不宽①,为礼不敬②,临丧不哀③,吾何以观之哉?"

[注释]①宽:宽宏大量。 ②敬:严肃认真。 ③哀:哀戚。

这一章的意思是说做任何事情都要认真严肃,发自内心地按照要求去做,而不是摆摆样子。

里仁第四

子曰:"里仁为美①。择不处仁②,焉得知③?"

[注释]①里:住所,这里作动词用,有"居住"的意思。这句的意思是:居住的地方要有仁德才好。 ②处:居住。 ③焉:怎么,哪里。知:同"智"。"择不处仁,焉得知"的意思是:选择居住地没有仁德怎么能算是聪明呢?

子曰:"不仁者不可以久处约①,不可以长处乐。仁者安仁,知者利仁②。"

[注释]①约:穷困。 ②知:同"智"。

这一章是说不仁的人不可以长期地居于穷困中,也不可以长久地居于安乐中。有仁德的人则安于仁(实行仁德便心安,不实行仁德便不安);聪明的人则利用仁。孔子在这里讲的是不同的人对仁的态度。

子曰:"唯仁者能好人①,能恶人②。"

[注释]①好(hǎo号):喜爱。 ②恶(wù误):讨厌,憎恨。

子曰:"苟志于仁矣①,无恶也。"

[注释]①苟:如果。

这一章的意思是:立志行仁德,就不会做坏事。

子曰:"富与贵,是人之所欲也,不以其道得之,不处也。贫与贱,是人之所恶也,不以其道得之①,不去也。君子去仁,恶乎成名②?君子无终食之间违仁③,造次必于是,颠沛必于是④。"

[注释]①"贫与贱……不以其道得之":"贫与贱"并不是人人想得到的。所以,这句话的"得"字应当是"去"字之误。意思是贫穷下贱虽然是人人所厌恶的,但是,不用正当的方法摆脱它就不摆脱。 ②恶(wū乌)乎:哪里。"恶"同"乌",何。 ③终食:吃完一顿饭。违:离开。 ④造次:匆忙,仓促。于:即"为",这里指实行。是:这,指仁德。颠沛:流离奔波。"君子无终食之间违仁……颠沛必于是"的意思是:君子在任何情况下都不会违背仁的要求,即使是吃顿饭的工夫也没有离开过仁,无论是如何地匆忙仓促或者是颠沛流离都按照仁的要求去做。

子曰:"我未见好仁者①,恶不仁者②。好仁者,无以尚之③;恶不仁者,其为仁矣,不使不仁者加乎其身。有能一日用其力于仁矣乎?我未见力不足者。盖有之矣④,我未之见也⑤。"

[注释]①好(hào号):喜爱。 ②恶(wù误):讨厌,憎恶。 ③尚:超过。 ④盖:发语词,有"大概"的意思。 ⑤未之见:"未见之"的倒装。

子曰:"人之过也,各于其党①。观过,斯知仁矣②。"

[注释]①于:同"与"。党:类别,集团。 ②斯:就。仁:同"人"。

这一章的意思是:什么样的人犯什么样的错误;考察一个人所犯的错误,就能知道他是一个什么样的人,反之亦然。

子曰:"朝闻道①,夕死可矣②。"

[注释]①朝(zhāo招):早晨。道:道理,指真理。 ②夕:晚上。

子曰:"士志于道①,而耻恶衣恶食者,未足与议也。

[注释]①士:这里指知识分子、读书人。

子曰:"君子之于天下也,无适也①,无莫也②,义之与比③。"

[注释]①适(dí迪):专主,依从。 ②莫:不肯。"无适无莫",指做事不固执。 ③义:宜,适宜。比(bì必):挨近,靠拢。

在这一章中,对"适、莫"二字有不同的解释,有的解释为"厚薄亲疏","无适无莫"就是无厚薄亲疏的意思;有的解释为"敌对与羡慕","无适无莫"就是无所谓仇敌、无所谓羡慕向往的意思。从逻辑上分析,既然"义之与比"是君子的行为准则,将"无适无莫"理解为做事不固执比较恰当。

子曰:"君子怀德,小人怀土①;君子怀刑②,小人怀惠。"

[注释]①土:土地、乡土均通。 ②刑:一般解释为刑罚法度,这个解释不恰当。这儿的"刑"是模范、榜样的意思,"君子怀刑,小人怀惠"的意思是,君子关心的是自己如何作天下的表率,小人关心的是如何获得私利。这样理解才和孔子的君子观相一致。

子曰:"放于利而行①,多怨。"

[注释]①放(fǎng仿):依照。

这一章的意思是:依据个人利益行动,会经常招致怨恨。

子曰:"能以礼让为国乎①?何有②?不能以礼让为国,如礼何③?"

[注释]①礼让:按照礼的原则实行谦让。 ②何有:有何困难,当时的常用语。 ③如礼何:奈礼何,拿礼怎么办?意思是不能实行礼。孔子认为谦让是礼的实质,没有谦让的精神就不能实行礼,更不要说治理国家了。

子曰:"不患无位,患所以立①。不患莫己知,求为可知也②。"

[注释]①立:"位"的通假。"不患无位,患所以立"的意思是:不担心没有位子,而是担心没有任职的本领。 ②求:追求。

子曰:"参乎①!吾道一以贯之②。"曾子曰:"唯③。"

子出,门人问曰:"何谓也?"曾子曰:"夫子之道,忠恕而已矣④。"

[注释]①参(shēn 深):即曾参。 ②贯:贯穿,贯通。 ③唯:是的,答应的话。 ④忠:忠心耿耿。恕:宽厚仁慈。

子曰:"君子喻于义①,小人喻于利。"

[注释]①喻:懂得,明白。

子曰:"见贤思齐焉,见不贤而内自省也①。"

[注释]①省(xǐng 醒):反省,检查。

这一章的意思是:看见贤人就向他学习看齐,看到不贤的人就反省自己,有没有同他相似的缺点。

子曰:"事父母几谏①,见志不从,又敬不违②,劳而不怨③。"

[注释]①几(jī基):轻微,婉转。 ②违:冒犯。 ③劳:忧虑。

这一章的意思是:侍奉父母时,如果发现父母有什么不对的地方,要婉转地劝说,父母不接受自己的意见,仍然要恭恭敬敬地顺从他们,虽然内心充满忧愁也不能怨恨他们。

子曰:"父母在,不远游,游必有方①。"

[注释]①方:地方、处所。

这一章的意思是:父母在堂,不出远门,如果要出远门,就要有确切的去处,保证安全,让父母放心。

子曰:"三年无改于父之道,可谓孝矣。"

子曰:"父母之年,不可不知也。一则以喜,一则以惧①。"

[注释]①一则以喜,一则以惧:意思是因为父母高寿而感到高兴,又因为父母年高而恐惧。

子曰:"古者言之不出,耻躬之不逮也①。"

[注释]①耻:以为耻辱。躬:自身。逮:赶上。

这一章的意思是:古时候言语不轻易出口,就是怕自己的行动赶不上,即担心说到做不到。

子曰:"以约失之者鲜矣①。"

[注释]①约:约束,拘谨。

这一章的意思是:约束自己而犯错误的人是很少的,反之,放纵自己则可能犯大错误。

子曰:"君子欲讷于言而敏于行①。"

[注释]①讷(nè):说话迟钝,这里指说话谨慎。敏:反应迅速,敏捷。

子曰:"德不孤,必有邻。"

子游曰:"事君数①,斯辱矣②;朋友数,斯疏矣③。"

[注释]①数(shuò 朔):屡次,频繁。 ②斯:就。"事君数,斯辱矣"的意思是说,事奉君主,如果进谏不听,就应该停止,如果三番五次地进谏不已,就要遭受耻辱了。 ③"朋友数,斯疏矣"的意思是说,劝告朋友,如果朋友不听,就应该停止,如果三番五次地劝告不已,就会被疏远。

公冶长第五

子谓公冶长①:"可妻也②。虽在缧绁之中③,非其罪也。"以其子妻之④。

[注释]①公冶长:姓公冶,名长,齐人,孔子的学生。 ②妻(qì汽):把女子嫁给某人,这里当动词用。 ③缧绁(léi xiè雷谢):捆绑犯人的绳子,这里指代监狱。 ④子:这里指女儿,先秦时期,成年男女均称子。

子谓南容①:"邦有道,不废②;邦无道,免于刑戮。"以其兄之子妻之③。

[注释]①南容:姓南宫,名适(kuò扩),字子容,孔子的学生。 ②废:弃置不用。 ③兄之子:孔子之兄的女儿。

子谓子贱①:"君子哉若人②!鲁无君子者,斯焉取斯③?"

[注释]①子贱:姓宓(fú服),名不齐,字子贱,孔子的学生,小孔子四十九岁。 ②若:此,这个。 ③斯:此,这个。焉:哪里。

这一章的意思是说:这个人是个君子啊,如果鲁国没有君子,这个人又是从哪里学来的这种好品德呢?

子贡问曰:"赐也何如①?"子曰:"女,器也。"曰:"何器也?"曰:"瑚琏也②。"

[注释]①赐:即子贡,姓端木,名赐。 ②瑚琏(hú liǎn 胡脸):古代祭祀时盛粮食的器具,很尊贵。孔子把子贡比喻为瑚琏,是肯定他具有某一方面的才能,是很可贵的,但又认为他不是全才,没有达到"君子不器"的高度。

或曰:"雍也仁而不佞①。"子曰:"焉用佞?御人以口给②,屡憎于人。不知其仁③,焉用佞?"

[注释]①雍:姓冉,名雍,字仲弓,孔子的学生。佞(nìng 泞):有口才,能言善辩。 ②御:防御,这里指争辩、顶嘴。口给(jǐ 挤):言辞敏捷,快嘴利舌。"给",足。 ③不知其仁:孔子不是真的不知道冉雍是否有仁德,只是说得很委婉,不明确地肯定,也不在这个方面进行评论。

子使漆彫开仕①。对曰:"吾斯之未能信②。"子说③。

[注释]①漆彫开:姓漆彫,名开,字子开,孔子的学生。 ②斯:这,指出仕。 ③说:同"悦"。

子曰:"道不行,乘桴浮于海①,从我者②,其由与③!"子路闻之喜。子曰:"由也好勇过我,无所取材④。"

[注释]①桴(fú 扶):渡河用的小筏子。 ②从:跟随。 ③由:仲由,即子路。 ④材:同"哉",语气词。"由也好勇过我,无所取材"的意思是:子路太勇敢了,好勇的精神大大超过了我,这就没有什么可取的了。有的把"材"解为"木材",还有的解为"剪裁"的"裁",这和上下文的意思都不合。

孟武伯问①:"子路仁乎?"子曰:"不知也。"又问。子曰:"由也,千乘之国,可使治其赋也②,不知其仁也③。"

"求也何如?"子曰:"求也,千室之邑④,百乘之家⑤,可使为之宰也⑥,不知其仁也。"

"赤也何如?"子曰:"赤也,束带立于朝⑦,可使与宾客言也⑧,不知其仁也。"

[注释]①孟武伯:姓孟孙,名彘(zhì 志),"武"是谥号。孟孙氏是鲁国执政的三家(孟孙氏、叔孙氏、季孙氏)之一。 ②赋:兵赋,古代的兵役、军事装备征集制度,这里也包括军政工作。 ③不知其仁也:孔子不是真的不知道,只是说得很委婉,语气不肯定,也不想在这个方面进行评论,下同。 ④邑:古代居民聚居的地方,包括它周围的土地。分公邑、采邑两种,公邑直接由诸侯管辖,采邑则是诸侯分封给卿、大夫的领地。"千室之邑",形容邑的面积大,人口多。 ⑤家:先秦时,诸侯划分一块土地和部分人口封给卿、大夫,由卿、大夫派人管理、收取租税的地方叫做采地或者采邑。这里的家就是指采邑而言。 ⑥宰:采邑总管、大夫家的总管,均称"宰"。 ⑦束带:束紧衣带,指整理好礼服。 ⑧宾客:先秦时,宾客有差别。西周时,天子、诸侯的客人叫做宾;一般人的客人叫做客,即贵客为宾,一般客人为客,后合为一词。

子谓子贡曰:"女与回也孰愈①?"对曰:"赐也何敢望回②?回也闻一以知十,赐也闻一以知二。"子曰:"弗如也③,吾与女弗如也④。"

[注释]①女:同"汝",你。回:颜回。孰:谁。愈:更好,更强。 ②赐:子贡自称其名。 ③弗:不。 ④与:赞同。"吾与女弗如也",我赞同你的话,是不如他。

宰予昼寝。子曰:"朽木不可雕也,粪土之墙不可杇也①。于予与何诛②?"子曰:"始吾于人也,听其言而信其行;今吾于人也,听其言而观其行。于予与改是③。"

[注释]①朽(wū屋):同"圬",涂墙的工具叫做圬,粉刷墙壁也叫圬,这里指粉刷。 ②与:语气词。诛:谴责。"于予与何诛",对于宰予这个人还有什么值得责备的呢? ③是:此,这个。"于予与改是",对于我来说,因为宰予这个人而改变了原来的看法。

子曰:"吾未见刚者。"或对曰:"申枨①。"子曰:"枨也欲,焉得刚②?"

[注释]①申枨(chéng橙):姓申,名枨,字周,孔子的学生。 ②枨也欲,焉得刚:枨的欲望太多,怎么能够刚毅?孔子认为一个人私欲太多就谈不上刚毅;没有私欲,一心为了道义才能刚毅。

子贡曰:"我不欲人之加诸我也①,吾亦欲无加诸人。"子曰:"赐也,非尔所及也②。"

[注释]①诸:"之于"的合音。"加诸我"即强加于我。 ②尔:你。

子贡曰:"夫子之文章①,可得而闻也;夫子之言性与天道②,不可得而闻也。"

[注释]①文章:指孔子传授的诗、书、礼、乐等文化知识。 ②性:人的本性。天道:天命,先秦时代的天道一般是指自然和人类社会吉凶祸福的关系,当时大多数人认为人类命运由上天的意志主宰,这里指的是主宰人的命运的天的意志。

子路有闻,未之能行,唯恐有闻①。

[注释]①有:同"又"。

这一章的意思是:子路好勇,听到道理就要实行,如果前面听到的道理还没有实行,后面又听到新的道理,便唯恐不能同时实行。

子贡问曰:"孔文子何以谓之'文'也①?"子曰:"敏而好学,不耻下问,是以谓之'文'也。"

[注释]①孔文子:孔圉(yǔ宇),卫国的大夫。"子"是尊称,"文"是谥号。"文"有"美"和"善"的意思。

子谓子产①:"有君子之道四焉:其行己也恭,其事上也敬,其养民也惠,其使民也义。"

[注释]①子产:姓公孙,名侨,字子产,郑国的贤相,是春秋时期杰出的政治家。

子曰:"晏平仲善与人交①,久而敬之②。"

[注释]①晏平仲:姓晏,名婴,字仲,"平"是谥号,齐国的大夫,曾任齐景公的宰相。 ②久而敬之:交往时间越久,人们越敬重他。

子曰:"臧文仲居蔡①,山节藻棁②,何如其知也③?"

[注释]①臧文仲:姓臧孙,名辰,鲁国的大夫。居蔡:指收藏大乌龟壳。"居",居住,这里作及物动词用,使之居住的意思。"蔡",蔡国出产的一种大乌龟,这里以产地代称,指大乌龟壳。古人用乌龟壳进行占卜,认为乌龟壳越大就越灵验,臧文仲收藏大乌龟壳就是为了占卜用。 ②山节藻棁(zhuō桌):雕刻成山形的斗栱和画有花草图形的短柱。"节",柱子上的斗栱。"藻",水草名。"棁",大梁上的短柱。"山节藻棁"即雕梁画栋,形容建筑很豪华。 ③知:同"智"。当时只有天子才能把大乌龟壳藏在豪华的庙堂之中,臧文仲也建筑一个豪华的家庙私藏大乌龟壳,想在占卜时求福。孔子认

为这样做违背礼法,不会得到神灵的保佑的,所以说他不智。

子张问曰:"令尹子文三仕为令尹①,无喜色;三已之②,无愠色③。旧令尹之政,必以告新令尹。何如?"子曰:"忠矣。"曰:"仁矣乎?"曰:"未知,焉得仁?"

"崔子弑齐君④,陈子文有马十乘⑤,弃而违之⑥。至于他邦,则曰:'犹吾大夫崔子也。'违之。之一邦,则又曰:'犹吾大夫崔子也。'违之。何如?"子曰:"清矣。"曰:"仁矣乎?"曰:"未知,焉得仁?"

[注释]①令尹:楚国的官名,相当于宰相。子文:姓斗(dòu豆),名穀於菟(gòu wū tú 构乌徒),字子文,楚国著名的贤相。 ②三:三次。已:免职。"三已之",三次被罢免。 ③愠(yùn 运):怒,怨恨。 ④崔子:崔杼,齐国的大夫,曾杀死齐庄公。弑(shì 示):臣杀君或子女杀父母曰弑。 ⑤陈文子:名须无,齐国的大夫。有马十乘:有四十匹马。 ⑥弃:舍弃。违:离开。

季文子三思而后行①。子闻之,曰:"再②,斯可矣③。"

[注释]①季文子:鲁国的大夫季孙行父,"文"是谥号,历仕鲁文公、宣公、成公、襄公诸代。三:指多次。据说季文子办事过于谨慎,"三思"指他考虑得太多。 ②再:再次,指思考两次。 ③斯:就。想两次也就可以了,想的太多反而不利。

子曰:"宁武子①,邦有道,则知②;邦无道,则愚③。其知可及也,其愚不可及也④。"

[注释]①宁武子:姓宁,名俞,卫国的大夫,"武"是谥号。 ②知:同"智"。 ③愚:这里是装傻。 ④"其知可及也,其愚不可及也":意思是他

的聪明别人可以赶得上,他的装傻别人就赶不上了。

子在陈①,曰:"归与②!归与!吾党之小子狂简③,斐然成章④,不知所以裁之⑤。"

[注释]①陈:国名,约在今河南东部和安徽北部一带,故都在宛丘,今河南淮阳。 ②与:同"欤",语气词。 ③吾党:我的故乡,指鲁国。狂简:志向远大而行为粗率。 ④斐(fěi匪)然:有文采的样子。 ⑤裁:裁制,节制。布要剪裁才能成衣,人要教育才能成才。"不知所以裁之"的意思是:我不知道怎样指导他们。

子曰:"伯夷、叔齐不念旧恶①,怨是用希②。"

[注释]①伯夷、叔齐:商朝末年孤竹君的两个儿子。父亲死后,他们二人因互让君位而出逃。周武王起兵讨伐商纣王,他们曾拦车马而谏;周灭商后,他们耻食周粟,隐居在首阳山,采薇而食,饿死在首阳山。旧恶:宿怨,旧仇。 ②是用:因此。希:同"稀",少。

子曰:"孰谓微生高直①?或乞醯焉②,乞诸其邻而与之。"

[注释]①微生高:"微"通"尾",微生高即尾生高,鲁国人,以直爽著称。《庄子》、《战国策》等先秦文献中曾记载他守信的故事,说他和一个女子相约在桥梁下见面,该女子没能按时赴约,他一直在原地等待,结果被上涨的河水淹死。 ②醯(xī西):醋。

子曰:"巧言、令色、足恭①,左丘明耻之②,丘亦耻之。匿怨而友其人③,左丘明耻之,丘亦耻之。"

[注释]①足:十足。十足的恭顺和"巧言、令色"一样都是装出来的,故

以为耻。　②左丘明：鲁国的史官，相传是《左传》和《国语》的作者。　③匿(nì逆)：隐藏。"匿怨而友其人"，把怨恨藏在心底，表面上同他友好。

颜渊、季路侍①。子曰："盍各言尔志②？"
子路曰："愿车马衣裘与朋友共③，敝之而无憾④。"
颜渊曰："愿无伐善⑤，无施劳⑥。"
子路曰："愿闻子之志。"
子曰："老者安之，朋友信之，少者怀之⑦。"

[**注释**]①季路：即子路。侍：侍立，地位低的人陪伴在长者的身旁。②盍(hé何)：何不。尔：你们。　③裘：皮衣。　④敝：破旧。　⑤伐：夸耀。⑥施：表白。"愿无伐善，无施劳"，不夸耀自己的好处，不表白自己的功劳。
⑦安之、信之、怀之：既可做动词的使动用法，也可做其他用法。做动词的使动用法的意思是使老者安逸，使朋友信任，使年轻人感怀。做名词使用时，则是老人得到安逸，朋友得到信任，年轻人得到关怀。

子曰："已矣乎①！吾未见能见其过而内自讼者也②。"

[**注释**]①已：止。　②过：错误。自讼：自责。"见其过而内自讼"，看到自己的错误就在内心自责。

子曰："十室之邑①，必有忠信如丘者焉，不如丘之好学也。"

[**注释**]①邑：指居民点、城邑，人数不等。"十室之邑"是指人数最少的居民点而言，并非确数。

雍也 第六

子曰:"雍也可使南面①。"

[**注释**]①雍:姓冉,名雍,字仲弓,孔子的学生。南面:面向南。古代以面向南的座位为尊位,天子、诸侯、卿大夫坐堂听政都是面向南。"使南面",这里指可以做卿大夫之类的大官。

仲弓问子桑伯子①。子曰:"可也简②。"

仲弓曰:"居敬而行简③,以临其民④,不亦可乎?居简而行简,无乃大简乎⑤?"子曰:"雍之言然。"

[**注释**]①子桑伯子:人名,事迹不详。 ②简:简约,不烦琐。 ③居:平时。 ④临:面临,这里有治理的意思。 ⑤无乃:岂不是。大:同"太"。

哀公问:"弟子孰为好学?"孔子对曰:"有颜回者好学①,不迁怒②,不贰过③。不幸短命死矣,今也则亡④,未闻好学者也。"

[**注释**]①颜回:即颜渊,三十一岁逝世。 ②迁:转移。"不迁怒"指不迁怒于人。 ③贰:重复。"不贰过"指不犯同样的错误。 ④亡:同"无"。

子华使于齐①,冉子为其母请粟②。子曰:"与之釜③。"

请益。曰:"与之庾④。"

冉子与之粟五秉⑤。

子曰:"赤之适齐也⑥,乘肥马,衣轻裘。吾闻之也:君子周急不继富⑦。"

[注释]①子华:姓公西,名赤,孔子的学生,小孔子四十二岁。使:出使,这里指为孔子出使。 ②冉子:即冉有。粟(sù诉):谷子,小米。 ③釜(fǔ府):古代容量名,六斗四升为一釜。 ④庾(yǔ羽):古代容量名,二斗四升为一庾。 ⑤秉(bǐng丙):古代容量名,十六斛(hú胡)为一秉,十斗为一斛。 ⑥赤:公西赤,即子华。适:往,去。 ⑦周:周济,救济。继:接济。

原思为之宰①,与之粟九百②,辞。子曰:"毋③!以与尔邻里乡党乎④!"

[注释]①原思:姓原,名宪,字子思,孔子的学生。孔子在鲁国当司寇(司法官)时,原思在孔子家当总管。宰:大夫家的总管。 ②粟:谷子,小米。九百:九百斗(一说九百斛)。 ③毋(wú无):表示禁止或劝阻的词,相当于"不要"。 ④邻里乡党:这里指原思家乡的穷人。按照战国学者设计,基层行政组织是五家为邻,二十五家为里,一万二千五百家为乡,五百家为党。

子谓仲弓①,曰:"犁牛之子骍且角②,虽欲勿用,山川其舍诸③?"

[注释]①仲弓:即冉雍。 ②犁牛:耕牛。骍(xīng星):牛马等毛皮红色。角:这里指两角长得端正。古代祭祀用的牛必须毛皮红色和两角端正,要单独饲养,不能用耕牛。据说仲弓的父亲是贱人,这里"犁牛"比喻仲弓的

父亲。"犁牛之子"比喻仲弓。"犁牛之子骍且角"比喻仲弓有做官的才能。这里指仲弓虽然出身贫贱,但仍可做官。　③山川:山川神,这里比喻上层统治者。其:岂。舍:舍弃。诸:"之乎"的合音。

子曰:"回也,其心三月不违仁①,其余则日月至焉而已矣②。"

[注释]①三月:指长时间,指颜回之心长久地不离开仁德。　②日月:指短时间,指别的学生只是偶尔地想起一下罢了。

季康子问①:"仲由可使从政也与②?"子曰:"由也果③,于从政乎何有?"

曰:"赐也可使从政也与?"曰:"赐也达④,于从政乎何有?"

曰:"求也可使从政也与?"曰:"求也艺⑤,于从政乎何有⑥?"

[注释]①季康子:鲁国的大夫季肥,"康"是谥号,哀公时主政。　②与:同"欤",疑问语气词。　③果:果断。　④达:通达事理。　⑤艺:多才多艺。　⑥于从政乎何有:让他们从政有什么困难?

季氏使闵子骞为费宰①。闵子骞曰:"善为我辞焉!如有复我者②,则吾必在汶上矣③。"

[注释]①季氏:季孙氏。闵子骞(qiān 牵):姓闵,名损,字子骞,孔子的学生,小孔子十五岁。费:季氏的封邑,在今山东费县西北。宰:行政长官。　②复我:再来召我。　③汶:汶水,在山东,当时流经齐国和鲁国之间。"在汶上",指从鲁国逃往齐国。因为季氏不忠于鲁国国君而有叛逆之心,所以闵子骞坚决不仕季氏。

伯牛有疾①,子问之,自牖执其手②,曰:"亡之,命矣夫! 斯人也而有斯疾也③! 斯人也而有斯疾也!"

[注释]①伯牛:姓冉,名耕,字伯牛,孔子的学生,孔子认为他有德行。②牖(yǒu 友):窗户。因为伯牛患了恶疾,不愿见人,所以孔子从窗户伸手进去拉他的手。　③斯:这。

子曰:"贤哉,回也! 一箪食①,一瓢饮,在陋巷,人不堪其忧,回也不改其乐。贤哉,回也!"

[注释]①箪(dān 丹):古代盛饭的圆形竹器。

冉求曰:"非不说子之道①,力不足也。"子曰:"力不足者,中道而废。今女画②。"

[注释]①说:同"悦"。　②女:同"汝",你。画:划定一个界限,停止前进。"力不足者,中道而废。今女画"的意思是:走到半道就走不动了,那是力量不够;现在你根本没有开始走,不是什么力不足的问题。

子谓子夏曰:"女为君子儒①,无为小人儒。"

[注释]①女:同"汝",你。儒:儒生,学者。

子游为武城宰①。子曰:"女得人焉耳乎②?"曰:"有澹台灭明者③,行不由径④,非公事,未尝至于偃之室也⑤。"

[注释]①武城:鲁国的小城邑,在今山东费县境内。　②女:同"汝",你。焉、耳、乎:都是语气词。　③澹(dàn 但)台灭明:姓澹台,名灭明,字子

羽,武城人,为人公正,后来成为孔子的学生。　④径:小路,这里指邪路。
⑤偃:言偃,即子游。

子曰:"孟之反不伐①,奔而殿②,将入门,策其马③,曰:'非敢后也,马不进也④。'"

[注释]①孟之反:人名,鲁国的大夫。伐:夸耀。　②奔:逃奔,败走。殿:在最后,这里指在最后掩护全军撤退。鲁哀公十一年(公元前484年)鲁国跟齐国打仗,鲁军大败而退,孟之反留在后面作掩护。　③策:鞭打。④"非敢后也,马不进也":孟之反回城时,大家在城门口迎接他,赞扬他的勇气和自我牺牲精神。他却说不是自己敢于殿后,是马不肯快走才落到后面的。表现了他的谦让。

子曰:"不有祝鮀之佞①,而有宋朝之美②,难乎免于今之世矣。"

[注释]①祝鮀(tuó 驼):字子鱼,卫国的大夫,能言善辩。佞(nìng 泞):有口才。　②朝:宋国的公子,容貌很美,曾因貌美而引起内乱。

子曰:"谁能出不由户①?何莫由斯道也②?"

[注释]①户:门。　②何莫:为什么没有。斯道:这条路,这里以行走的路比喻仁义之路。

子曰:"质胜文则野①,文胜质则史②。文质彬彬③,然后君子。"

[注释]①质:质朴。文:文采、夸饰。　②史:虚夸。　③彬彬:指文和质配合恰当。

这一章的"质"、"文"语意模糊,理解分歧很大,有的将"质"、"文"理解为内容和形式,似有不妥。因为孔子用"质"、"文"、"野"、"史"来形容什么是君子,若用形式和内容表述什么是君子显然不符合逻辑。故应解"质"为质朴,"文"为文采、夸饰。孔子的意思是:朴实多于文采则显得粗野,文采多于朴实则显得虚浮。文采和朴实配合恰当才是个君子。

子曰:"人之生也直,罔之生也幸而免①。"

[注释]①罔(wǎng 往):欺骗,不直,指诬枉的人、不直的人。

这一章的意思是:人的生存由于正直,不正直的人也可以生存,那是他侥幸地免于祸害。

子曰:"知之者不如好之者,好之者不如乐之者。"

子曰:"中人以上,可以语上也;中人以下,不可以语上也。"

樊迟问知①。子曰:"务民之义②,敬鬼神而远之,可谓知矣。"问仁。曰:"仁者先难而后获③,可谓仁矣。"

[注释]①樊迟:姓樊,名须,字迟,孔子的学生。知:同"智"。 ②务:致力,专心从事。"务民之义",专心致志地从事百姓认为合理的工作。 ③难:艰苦。"先难而后获",艰难的工作抢着去做,获功行赏的事退居人后。

子曰:"知者乐水①,仁者乐山。知者动,仁者静。知者乐,仁者寿。"

[注释]①知:同"智",聪明。

子曰:"齐一变,至于鲁;鲁一变,至于道。"

[注释]这一章主要指政治而言。当时齐国比鲁国强大,但在孔子眼里,齐国的政治制度不如鲁国,所以主张变革齐国的政治达到鲁国的水平,变革鲁国的政治达到先王之道的要求。

子曰:"觚不觚①,觚哉!觚哉!"

[注释]①觚(gū 姑):古代盛酒的器具,上圆下方,有四条棱角,后来改成圆形而没有棱角了,所以孔子叹息它不像觚的样子,间接表达了对礼崩乐坏局面的不满和无奈。

宰我问曰①:"仁者,虽告之曰:'井有仁焉。'其从之也?"子曰:"何为其然也?君子可逝也②,不可陷也③;可欺也,不可罔也④。"

[注释]①宰我,姓宰,名予,字子我,孔子的学生。 ②逝:往,这里指前往井边、设法营救掉下井去的仁人。 ③陷:陷入井中。救人者自己陷入井中,不但不能救人,而且自己有生命危险,所以说"不可陷也"。 ④罔:诬罔,愚弄。

子曰:"君子博学于文,约之以礼①,亦可以弗畔矣夫②!"

[注释]①"博学于文,约之以礼"指广泛地学习文献知识,用礼节加以约束。 ②畔:同"叛"。矣夫:语气词。

子见南子①,子路不说②。夫子矢之曰③:"予所否者④,天厌之⑤!天厌之!"

[注释]①南子:卫灵公的夫人,当时把持朝政,作风淫乱。 ②说:同"悦"。 ③矢:同"誓",发誓。 ④所……者:相当于"假如……的话",只用

于誓词中。"否",不是,不对,指做事不合于礼。　⑤厌:弃绝,厌弃。

子曰:"中庸之为德也①,其至矣乎!民鲜久矣②。"

[注释]①中:折中,无过,也无不及。庸:常,守常不变。"中庸"是孔子提倡的一种最高道德标准,主张一切言行要不偏不倚、守常不变。　②鲜:少。

子贡曰:"如有博施于民而能济众,何如?可谓仁乎?"子曰:"何事于仁!必也圣乎!尧舜其犹病诸①!夫仁者,己欲立而立人,己欲达而达人。能近取譬②,可谓仁之方也已。"

[注释]①尧舜:传说中的两位上古圣君。病:忧愁,指尧舜面对"博施于民而能济众"这样的人时,内心都感到担忧,怕自己做不到那样。诸:"之乎"的合音。　②近取譬:以自身作比方,即推己及人的意思。

述而第七

子曰:"述而不作①,信而好古,窃比于我老彭②。"

[注释]①作:创作,创新。 ②窃:私下,私自。老彭:人名,究竟何人,有不同说法。有人认为是老子和彭祖两个人,有人认为是殷商时代的彭祖一个人,又有人认为孔子既然说"我的老彭",那么这个老彭是个和孔子相当亲密的人。

子曰:"默而识之①,学而不厌,诲人不倦②,何有于我哉?"

[注释]①默而识之:默默地记在心里,而不说出来。识(zhì志):记住。 ②诲(huì汇):教导,诱导。

子曰:"德之不修,学之不讲,闻义不能徙①,不善不能改,是吾忧也。"

[注释]①徙(xǐ喜):迁移,这里指见善则迁,向义靠拢接近。

子之燕居①,申申如也②,夭夭如也③。

[注释]①燕居:安居,闲居。 ②申申:衣冠整齐。如:形容词词尾。③夭夭:表情端庄,温和舒畅。

子曰:"甚矣,吾衰也!久矣,吾不复梦见周公①!"

[注释]①周公:姓姬,名旦,周文王的儿子,武王的弟弟,成王的叔叔,鲁国国君的始祖。传说西周的礼乐制度是由他制定的,孔子认为他是自己最崇拜的圣人之一。

子曰:"志于道,据于德,依于仁,游于艺①。"

[注释]①艺:指六艺(礼、乐、射、御、书、数),孔子教育学生的六门知识。

子曰:"自行束脩以上①,吾未尝无诲焉。"

[注释]①束脩:一束干肉。脩是干肉,又叫脯,每条脯叫一脡,十脡为一束。束脩,就是十条干肉,是古代用来初次拜会时的礼物。这里通常被看做是学生交给老师的学费。另一种解释为束发修饰,认为"脩"同"修","自行束修"是自己可以束发修饰,指成童。"自行束修"即成童以上都"未尝无诲"。此解与文意亦通。

子曰:"不愤不启①,不悱不发②。举一隅不以三隅反③,则不复也。"

[注释]①愤:心里苦苦思索而尚未想通的样子。 ②悱(fěi匪):心里想说而不能明确地说出来的样子。不启、不发:这是孔子自述其教学方法,必须是学生先有困难,有求知的欲望,然后再去启发教导,这样教学效果要好得多。 ③隅(yú余):角落。

子食于有丧者之侧,未尝饱也。

子于是日哭,则不歌。

子谓颜渊曰:"用之则行,舍之则藏①,惟我与尔有是夫②!"
子路曰:"子行三军③,则谁与④?"
子曰:"暴虎冯河⑤,死而无悔者,吾不与也。必也临事而惧,好谋而成者也。"

[注释]①舍:舍弃,指不用。 ②是:这。夫:语气词,相当于"吧"。③三军:古代大国有三军,每军一万二千五百人,这里指全军。 ④与:在一起,指共事。 ⑤暴虎:赤手空拳和老虎搏斗。冯河:徒步涉水过河。"冯"同"凭"。

子曰:"富而可求也①,虽执鞭之士②,吾亦为之。如不可求,从吾所好。"

[注释]①而:如果。 ②执鞭之士:拿着鞭子为大官开路的下等差役。

子之所慎:齐①,战②,疾③。

[注释]①齐:同"斋",斋戒。"齐"字繁体作"齊",与"斋"形近通假。古代在祭祀之前,不饮酒,不吃荤,穿整洁衣服,以表示虔诚,叫做斋戒。②战:战争。 ③疾:疾病。斋戒是对亡灵、神明的尊重,战争、疾病也都事涉生死,故而孔子十分慎重地对待。

子在齐闻《韶》①,三月不知肉味②,曰:"不图为乐之至于斯也。"

[注释]①《韶》:传说是舜时的乐曲名。 ②三月:泛指长时间。

冉有曰:"夫子为卫君乎①?"子贡曰:"诺②,吾将问之。"

入,曰:"伯夷、叔齐何人也?"曰:"古之贤人也。"曰:"怨乎?"曰:"求仁而得仁③,又何怨?"

出,曰:"夫子不为也。"

[注释]①为:帮助。卫君:指卫出公蒯辄。蒯辄是卫灵公的孙子,太子蒯聩的儿子。蒯聩因得罪卫灵公的夫人南子而逃奔晋国。灵公死,蒯辄被立为国君。晋国为了侵略卫国,故意把蒯聩送回卫国和蒯辄争夺君位以使卫国内乱。蒯聩、蒯辄父子争夺君位,与伯夷、叔齐兄弟互让君位的情况正好相反。所以子贡从孔子对伯夷、叔齐兄弟互让君位的评价中,就知道他对蒯聩、蒯辄的态度。 ②诺:答应的声音,表示同意。 ③伯夷、叔齐因互让君位而逃,终于饿死,所以子贡问他们是否有怨悔之情。孔子认为,他们以互让君位为仁,求仁而得到了仁,不会有怨悔之情的。

子曰:"饭疏食饮水①,曲肱而枕之②,乐亦在其中矣。不义而富且贵,于我如浮云。"

[注释]①饭:吃,名词用作动词。疏食:粗粮。 ②曲:弯曲。肱(gōng公):胳膊从肩到肘的部分,也泛指胳膊。枕:枕着,动词。

子曰:"加我数年,五十以学《易》①,可以无大过矣。"

[注释]①《易》:书名,古代占筮用的一部书。

子所雅言,《诗》、《书》、执礼,皆雅言也①。

[注释]①雅言:以周王朝京都地区的语音为标准的官话,相当于现在的普通话。孔子平时说话用鲁国的方言,读《诗》、《书》和赞礼时则用雅言。

叶公问孔子于子路①,子路不对。子曰:"女奚不曰②:其为人也,发愤忘食,乐以忘忧,不知老之将至云尔③。"

[注释]①叶(shè 社)公:姓沈,名诸梁,字子高,楚国的大夫,封地在叶城(今河南叶县南),故称叶公。 ②女:同"汝",你。奚(xī 西):何。 ③云:如此。 尔:同"耳",而已、罢了。

子曰:"我非生而知之者,好古,敏以求之者也。"

子不语怪,力,乱,神。

子曰:"三人行①,必有我师焉。择其善者而从之,其不善而改之。"

[注释]①三人:这里的三不是实数,而是泛指。

这一章的意思是:几个人一起走路,其中一定有值得自己学习的人,不仅学习他的长处,也看出他的短处加以改正。从正面学习别人的长处;从反面避免别人的错误在自己身上发生。做到这一点,则老师无处不在。

子曰:"天生德于予,桓魋其如予何①?"

[注释]①桓魋(tuí 颓):宋国的司马(主管军事行政的官)。据《史记·孔子世家》记载:孔子离开卫国去曹国时经过宋国,与弟子在大树下演习礼仪。桓魋想杀死孔子,于是就砍大树。孔子离去时,弟子们催他快走以免被倒下的大树压到,孔子便说:"天生德于予,桓魋其如予何?"

子曰:"二三子以我为隐乎①?吾无隐乎尔。吾无行而不与二三子者,是丘也。"

[注释]①二三子:诸位,几个人,孔子在这里是指他的学生。

这一章的意思是:你们以为我有什么隐瞒吗?我对你们没有任何隐瞒。我没有任何东西不向你们公开的,这就是我孔丘的为人。

子以四教:文,行,忠,信。

子曰:"圣人,吾不得而见之矣;得见君子者,斯可矣①。"

子曰:"善人,吾不得而见之矣;得见有恒者②,斯可矣。亡而为有③,虚而为盈,约而为泰④,难乎有恒矣。"

[注释]①斯:就。 ②恒:恒心,这里指保持好操守。 ③亡:同"无"。 ④约:穷困。泰:安宁,这里指富足。

子钓而不纲①,弋不射宿②。

[注释]①纲:网上的大绳。用一根大绳系着网横断水流,再在网上用生丝系许多铁钩来钓鱼,这也叫纲。 ②弋(yì亦):用带生丝的箭来射。宿:指归巢歇宿的鸟。

子曰:"盖有不知而作之者,我无是也。多闻,择其善者而从之;多见而识之①,知之次也②。"

[注释]①识(zhì志):记住。 ②次:次一等,差一等。这里指"学而知之"比"生而知之"次一等。《季氏》第九章说:"孔子曰:'生而知之者,上也;

学而知之者,次也。'"孔子自认为是学而知之者。

互乡难与言①,童子见,门人惑。子曰:"与其进也②,不与其退也,唯何甚③?人洁己以进,与其洁也,不保其往也④。"

[注释]①互乡:地名,今已不详其所在。据说这个地方的人惯于做坏事,不大讲道理。 ②与:赞许,肯定。"与其进也",要赞扬他的进步。 ③唯:语首助词,无意义。"唯何甚",何必做得太过? ④保:守,这里有抓住不放的意思。"不保其往",不要抓住人家的过去不放。

子曰:"仁远乎哉?我欲仁,斯仁至矣①。"

[注释]①斯:就。孔子认为"为仁由己",只要自己愿意实行仁,仁就可以达到。

陈司败问①:"昭公知礼乎②?"孔子曰:"知礼。"

孔子退,揖巫马期而进之③,曰:"吾闻君子不党④,君子亦党乎?君取于吴⑤,为同姓⑥,谓之吴孟子⑦。君而知礼,孰不知礼?"

巫马期以告。子曰:"丘也幸,苟有过,人必知之。"

[注释]①陈:陈国。司败:即司寇,主管司法的官,也有人说陈司败是一个姓陈名司败的人,事迹不详。 ②昭公:鲁国的国君,公元前541年—公元前510年在位,"昭"是谥号。 ③巫马期:姓巫马,名施,字期,孔子的学生,小孔子三十岁。 ④党:这里有包庇、偏袒的意思。 ⑤取:同"娶"。 ⑥为同姓:鲁国的国君是周公的后代,姬姓;吴国的国君是太伯的后代,也是姬姓。按照当时的礼法,同姓不能结婚。 ⑦吴孟子:鲁昭公的夫人。春秋时代,国君夫人的称号一般是以她出生的国名加上她的本姓,这位夫人是吴

国人,姓姬,本应称为吴姬。但称吴姬就表明她和鲁昭公是同姓,明显地违犯了"同姓不婚"的礼法。为了掩盖真相,便不称吴姬而称吴孟子。

子与人歌而善,必使反之①,而后和之②。

[注释]①反:反复,重复。 ②和(hè 贺):跟着唱。

子曰:"文,莫吾犹人也①。躬行君子②,则吾未之有得。"

[注释]①莫:大约,大概。 ②躬行:亲自实践,身体力行。

子曰:"若圣与仁,则吾岂敢?抑为之不厌①,诲人不倦,则可谓云尔已矣②。"公西华曰:"正唯弟子不能学也。"

[注释]①抑:只是,可是。 ②云尔:如此。

子疾病①,子路请祷②。子曰:"有诸③?"子路对曰:"有之。《诔》曰④:'祷尔于上下神祇⑤。'"子曰:"丘之祷久矣⑥。"

[注释]①疾:病。病:形容词,形容病情加重。 ②祷(dǎo 岛):祷告,祈祷,祈祷鬼神使孔子康复。 ③诸:"之乎"的合音。"之"指鬼神。 ④诔(lěi 垒):哀悼死者的悼文,这里指向鬼神祈祷的文章。 ⑤尔:你。祇(qí 奇):地神。这句话是子路引自当时流行的一篇祈祷文章。 ⑥孔子认为自己的言行一贯合于神明,所以说"丘之祷久矣",意思是说不必再祈祷了。这是委婉地劝阻子路为他祈祷。

子曰:"奢则不孙①,俭则固②。与其不孙也,宁固③。"

[注释]①孙:同"逊",顺。"不孙",不顺,这里指超越礼的规定,有"越礼"的意思。 ②固:陋,简陋,这里指没有达到礼的要求。 ③孔子认为不顺和简陋都不好,但越礼就会犯上,所以两者相比,宁可简陋。

子曰:"君子坦荡荡①,小人长戚戚②。"

[注释]①坦:平坦。荡荡:宽广的样子。"坦荡荡"指心胸宽广。②长:常。戚戚:忧愁的样子。

子温而厉,威而不猛,恭而安。

[注释]这一章的几句话是对孔子仪态风范的刻画,孔子温和而严肃,威严而不令人畏惧,谦恭而安详。

泰伯第八

子曰:"泰伯①,其可谓至德也已矣②。三以天下让③,民无得而称焉。"

[注释]①泰伯:又名太伯,周朝的祖先古公亶父的长子。古公亶父有太伯、仲雍、季历三个儿子。季历生子姬昌(后来的周文王)。据说古公亶父预见姬昌有圣德,就想把君位传给三子季历而不传给长子太伯,以便季历把君位传给姬昌。太伯为了顺从父亲的意愿,便同二弟仲雍避居于勾吴,改从当地风俗,断发纹身,成为当地的君长,建立吴国,太伯就是吴国的始祖。后来,姬昌继位后国势强大,他的儿子姬发(即周武王)灭了殷商,统一天下。
②"其可谓至德也已矣"指泰伯既孝父,又礼让,所以得到孔子的高度赞扬。
③三:泛指多次。

子曰:"恭而无礼则劳,慎而无礼则葸①,勇而无礼则乱,直而无礼则绞②。君子笃于亲③,则民兴于仁;故旧不遗,则民不偷④。"

[注释]①葸(xǐ喜):畏惧。 ②绞:说话尖刻、刺人。 ③笃(dǔ睹):忠实,一心一意。 ④偷:薄,指感情淡薄。

曾子有疾①,召门弟子曰:"启予足②!启予手!《诗》云③:'战战兢兢,如临深渊,如履薄冰。'而今而后,吾知免夫!小子④!"

[注释]①曾子:姓曾,名参,字子舆,孔子的学生。 ②启:同"啓",看。 ③《诗》:《诗经》。后面引的三句诗见《诗·小雅·小旻》,意思是做人要小心谨慎才能避免祸害。 ④小子:对弟子的称呼。

曾子有疾,孟敬子问之①。曾子言曰:"鸟之将死,其鸣也哀;人之将死,其言也善。君子所贵乎道者三:动容貌,斯远暴慢矣②;正颜色,斯近信矣;出辞气,斯远鄙倍矣③。笾豆之事④,则有司存⑤。"

[注释]①孟敬子:即仲孙捷,鲁国的大夫。问:探问,看望。 ②斯:就。远:远离,避免。暴慢:粗暴无礼,懈怠不敬。 ③鄙:鄙陋,粗野。倍:同"背",背离。 ④笾(biān 边):祭祀和典礼时用来盛果品的竹器。豆:盛肉的木器,祭祀和典礼时也用它。"笾豆之事"指祭祀等礼仪方面的具体事情。 ⑤有司:主管某方面事务的官吏。

曾子曰:"以能问于不能,以多问于寡;有若无,实若虚,犯而不校①,昔者吾友尝从事于斯矣②。

[注释]①犯而不校:即使被人家欺负也不计较。"校(jiào 叫)",同"较",计较,较量。 ②吾友:有人说指颜渊。

曾子曰:"可以托六尺之孤①,可以寄百里之命②,临大节而不可夺也。君子人与③?君子人也。"

[注释]①六尺之孤:丧父的未成年人称孤。古代六尺约合今天的一百三

十八厘米,四市尺一寸四分。身高六尺还是小孩,一般指十五岁以下的少年人。这里的六尺之孤特指年幼的国君。　②百里之命:国家命运。"百里"指一个诸侯国。"命",命运,指国家的前途。　③与:同"欤",语气词。

曾子曰:"士不可以不弘毅①,任重而道远。仁以为己任②,不亦重乎?死而后已③,不亦远乎?"

[注释]①弘(hóng 宏):广大,这里指心胸宽广。毅:坚毅,刚强。　②仁以为己任:即"以仁为己任"。　③已:停止。

子曰:"兴于诗①,立于礼,成于乐②。"

[注释]①兴:起,这里有"激发"、"振奋"的意思。　②成于乐:指教学的最后一个阶段而言。孔子教育以礼乐为核心,乐的本质和内涵都离不开礼,所以礼乐连说。孔子对乐研究有素,懂得了乐也就在更高的层面上把握了礼,所以把乐作为教学的最后一个阶段,也是更高的阶段。

子曰:"民可使由之①,不可使知之。"

[注释]①由:从,遵从。

这一章的意思是:可以使百姓按照我们指定的路子走,不可以使他们知道为什么要那样走。有的学者采用另一种读法:"民可,使由之;不可,使知之。"则意思变为百姓认可的,就执行;不认可的就要让百姓知道原因,取得百姓的认可。这种读法不合孔子的思想体系,不可取。

子曰:"好勇疾贫①,乱也。人而不仁,疾之已甚②,乱也。"

[注释]①疾:恨。　②之:指"人而不仁"即不仁的人。已:太。甚:过分,严重。

这一章的意思是说:崇尚勇敢却厌恶贫穷是一种祸害,对于不仁的人厌恶太甚也是一种祸害。这体现了孔子的恕道。

子曰:"如有周公之才之美,使骄且吝①,其余不足观也已。"

[注释]①吝(lìn 蔺):吝啬,小气。

子曰:"三年学,不至于谷①,不易得也。"

[注释]①至:同"志",想到。谷:小米,这里指做官的俸禄。春秋后期开始用谷作为官吏的俸禄。

子曰:"笃信好学①,守死善道。危邦不入,乱邦不居②。天下有道则见③,无道则隐④。邦有道,贫且贱焉,耻也;邦无道,富且贵焉,耻也。"

[注释]①笃信:即坚守信念。 ②危邦、乱邦:"邦"指国家。国家发生臣弑君、子弑父的事情称"乱",有乱的征兆称"危"。这里"危邦"指政局不稳的国家;"乱邦"指有叛乱的国家。 ③见:同"现",指出来做官。 ④隐:隐而不仕。

子曰:"不在其位,不谋其政。"

子曰:"师挚之始①,《关雎》之乱②,洋洋乎盈耳哉!"

[注释]①师挚(zhì 志):鲁国的乐师,名挚。始:乐曲的开始,即序曲。古代奏乐,开始叫做"升歌",一般由太师演奏。 ②《关雎》之乱:以《关雎》结尾。"《关雎(jū 居)》"是《诗经·国风》的第一篇,也是全书的首篇。

"乱",乐曲的结尾一段,即尾声。

本章指合奏《关雎》以结尾。孔子亲耳聆听太师挚开始演奏,最后合奏《关雎》作为结尾,美妙的旋律盈耳,不禁陶醉于其中。

子曰:"狂而不直,侗而不愿①,悾悾而不信②,吾不知之矣。"

[注释]①侗(tóng 铜):幼稚,无知。愿:谨慎,朴实。 ②悾悾(kōng kōng 空空):诚恳的样子,这里指假装诚恳的样子。

子曰:"学如不及,犹恐失之。"

子曰:"巍巍乎①!舜禹之有天下也②,而不与焉③。"

[注释]①巍巍:高大的样子。 ②舜:夏朝以前的圣君,传说曾禅位于禹。禹:接受舜的禅让,成为夏朝的开国之君,又是中国主持水利工程最早最有功勋的人物。 ③与:参与,这里指夺取。

子曰:"大哉尧之为君也!巍巍乎!唯天为大,唯尧则之①。荡荡乎②!民无能名焉③。巍巍乎!其有成功也;焕乎④,其有文章⑤!"

[注释]①则:效法。 ②荡荡:广大的样子,这里指尧的恩德广大。③名:形容,称赞。"无能名焉",无法用语言形容。 ④焕:光辉。 ⑤文章:指礼仪典章制度。

舜有臣五人而天下治①。武王曰②:"予有乱臣十人③。"孔子曰:"才难,不其然乎?唐虞之际④,于斯为盛⑤。有妇人焉,九人而已⑥。三分天下有其二⑦,以服事殷。周之德,其可谓至德也已矣。"

[注释]①五人:传说是禹、稷、契、皋陶、伯益。 ②武王:即周武王,西周的开国君主。 ③乱臣:治国之臣,"乱"本作"亂",古"治"字。十人:根据唐写本《论语郑注》指文母、周公、召公、太公、毕公、荣公、太颠、宏夭、散宜生、南宫适(与孔子弟子南宫适不是一个人)。 ④唐虞之际:指唐尧、虞舜之时。传说尧在位的时代叫唐,舜在位的时代叫虞。 ⑤斯:这,指周武王时代。 ⑥孔子认为,武王说的"乱臣十人"只能算做九个,因为"有妇人焉"。妇人是不能算做"乱臣"之列的。 ⑦殷朝末年,纣王无道,周文王的势力很大,天下归顺他的诸侯有三分之二,号称"三分天下有其二"。

子曰:"禹①,吾无间然矣②。菲饮食而致孝乎鬼神③,恶衣服而致美乎黻冕④,卑宫室而尽力乎沟洫⑤。禹,吾无间然矣。"

[注释]①禹:夏朝的开国君主。 ②间(jiàn见)然:挑剔、找毛病的意思。 ③菲(fěi匪):菲薄,不厚。 ④黻冕(fú miǎn扶免):古代祭祀时穿的衣服叫黻,戴的帽子叫冕。 ⑤卑:低矮。沟洫(xù序):沟渠,指农田水利。

子罕第九

子罕言利与命与仁①。

[注释]①罕:稀少。《论语》中记载孔子谈"利"、谈"命"不多,但谈"仁"最多。可这里为什么都说"罕言"?古今学者有多种解释。从逻辑上分析,可能是因为"仁"是孔子主张的最高道德,他不敢以仁自居,也不轻易以仁许人。正因为谈得少,孔子偶一谈到,弟子便有记载。还有一种可能,就是记录这句话的人并不了解孔子思想的全部,接触时间不长,在他的心目中,孔子谈仁有限。后人把这句话和孔子其他言论行为整理在一起,就出现了矛盾。

达巷党人曰①:"大哉孔子!博学而无所成名。"子闻之,谓门弟子曰:"吾何执?执御乎?执射乎?吾执御矣②。"

[注释]①达巷:地名。党:基层行政单位。"达巷党人",达巷的某个人。有的文献记载五百家一党,在实践上并不一定。 ②孔子听到达巷党人说他"博学而无所成名"的话后,丢开"博学"的赞美之词,只在"无所成名"的弱点上寻求克服的办法。"御"在六艺(礼、乐、射、御、书、数)之中是微不足道的技艺,所以想"执御"以"成名",意思是要想成名的话就从小事做起。

子曰:"麻冕①,礼也;今也纯②,俭③,吾从众。拜下④,礼也;今拜乎上⑤,泰也⑥。虽违众,吾从下。"

[注释]①麻冕(miǎn 免):麻料制的礼帽。 ②纯:黑丝。 ③俭:省俭。按照规定,麻冕必须用二千四百缕经线织成,很费工,不如用丝省俭。④拜下:指臣见君的礼节,先在堂下磕头,后升堂再磕头。 ⑤拜乎上:指臣见君时直接到堂上拜,在堂下不拜。 ⑥泰:傲慢。

子绝四:毋意①,毋必②,毋固③,毋我④。

[注释]①毋:同"无"。意:同"臆",猜想。 ②必:必定,绝对。 ③固:固执,拘泥。 ④我:动词,自以为是,唯我是从,以自我为中心。

子畏于匡①,曰:"文王既没②,文不在兹乎?天之将丧斯文也,后死者不得与于斯文也③;天之未丧斯文也,匡人其如予何④?"

[注释]①畏:这里指拘囚。匡:地名,在今河南省长垣县西南。孔子离开卫国去陈国时,经过匡地。匡地的群众曾经遭受过鲁国阳虎的掠夺和残杀,孔子的相貌和阳虎相似,因而匡地的百姓误认孔子为阳虎,于是把孔子拘禁了五天。 ②文王:周文王,西周开国君主周武王的父亲。③后死者:孔子自称。与(yù 预):这里有"了解、掌握"的意思。 ④如予何:奈我何,把我怎么样。

太宰问于子贡曰①:"夫子圣者与?何其多能也?"子贡曰:"固天纵之将圣②,又多能也。"

子闻之,曰:"太宰知我乎!吾少也贱,故多能鄙事。君子多乎哉?不多也。"

[注释]①太宰:官名,掌管王、诸侯内外事务的最高官员,辅佐君主治理国家。卿大夫的家臣也称为太宰。这里的太宰不知是哪一个国家的太宰。②纵:使,让。

牢曰①:"子云:'吾不试②,故艺③。'"

[注释]①牢:人名,可能是孔子的学生。 ②试:用,指做官。 ③艺:技能,这里指学识,是孔子的谦辞。

子曰:"吾有知乎哉?无知也。有鄙夫问于我①,空空如也。我叩其两端而竭焉②。"

[注释]①鄙夫:指地位低下、没有文化的人,庄稼汉。 ②叩:叩问,盘问。两端:两头,指始终、本末、上下、正反两方面。竭:尽。

子曰:"凤鸟不至①,河不出图②,吾已矣夫③!"

[注释]①凤鸟,传说中的一种神鸟,凤鸟出现便预示天下太平。 ②河:黄河。图:指八卦图。传说伏羲时代,黄河中有龙马背负八卦图出现,预示"圣王"将要出世。 ③已矣夫:算了吧。这是孔子感到看不到太平盛世而发出的嗟叹之词,表示这一生不能有所作为了。

子见齐衰者①、冕衣裳者与瞽者②,见之,虽少,必作③;过之,必趋④。

[注释]①齐衰(zīchī 咨崔):古代用麻布做的丧服。齐衰者:穿丧服的人。 ②冕(miǎn 免):古代天子、诸侯、大夫、卿所戴的礼帽。衣:上衣。裳:下衣,相当于现在的裙。先秦时男子上穿衣,下着裙。"冕衣裳者"指衣冠整齐的贵族。瞽(gǔ 古):盲人。 ③作:站起来。表示敬意。 ④趋:快步走。表示敬意。

颜渊喟然叹曰①:"仰之弥高②,钻之弥坚;瞻之在前,忽焉在后。夫子循循然善诱人③,博我以文,约我以礼,欲罢不能。既竭吾才,如有所立卓尔④。虽欲从之,末由也已⑤。"

[注释]①喟(kuì 愧)然:叹气的样子。 ②弥(mí 迷):更加,越发。③循循然:一步一步有次序地。 ④卓尔:高高直立的样子。"尔"同"然",形容词词尾。 ⑤末:无,没有。由:途径。

子疾病①,子路使门人为臣②。病间③,曰:"久矣哉,由之行诈也④!无臣而为有臣。吾谁欺?欺天乎?且予与其死于臣之手也,无宁死于二三子之手乎⑤!且予纵不得大葬⑥,予死于道路乎?"

[注释]①疾:病,名词。病:病情严重,形容词。 ②臣:家臣。大夫家才有家臣。孔子虽然做过大夫,但当时已经退位,没有家臣,子路叫人充当家臣,是准备孔子死时按大夫级别举行丧礼。按照规定,孔子退位之后只能用士的礼节进行安葬,所以孔子批评子路的做法。 ③间(jiàn 见):间隙,指病情减轻。 ④由:仲由,即子路。 ⑤无:发语词,无意义。宁:宁可。二三子:诸位。 ⑥大葬:指大夫的隆重葬礼。

子贡曰:"有美玉于斯①,韫椟而藏诸②?求善贾而沽诸③?"子曰:"沽之哉!沽之哉!我待贾者也。"

[注释]①斯:这,这里。 ②韫椟(yùndú 运独):藏在匣子里。"韫",收藏。"椟",匣子。诸:"之乎"的合音。 ③求善贾而沽诸:找一个识货的商人卖掉呢?"贾(gǔ 古)",商人,又有价钱的意思,两者都通。如果取后一个意思,"善贾"就是好价钱,"待贾"就是等待好价钱。沽:卖出。子贡以藏在

匣子里的美玉待价而沽为比喻,劝孔子尽快适应现实,出来做官。孔子回答"沽之哉!沽之哉!我待贾者也",表明自己在等待识货者,也就是好的商人,识货的人自然出高价。

子欲居九夷①。或曰:"陋,如之何?"子曰:"君子居之,何陋之有?"

[注释]①九夷:泛指东方地区的各少数民族。"夷",古代华夏族对东方少数民族的称呼。

子曰:"吾自卫反鲁①,然后乐正,《雅》、《颂》各得其所②。"

[注释]①反:同"返"。孔子在鲁哀公十一年(公元前484年)冬,从卫国回到鲁国,结束了周游列国的生活。　②《雅》、《颂》:《诗经》中的两类诗。《诗经》中的诗都配上乐曲,可以演唱。这里的《雅》、《颂》包括诗篇和乐曲。原来搞乱了,孔子进行整理,分别归类。

子曰:"出则事公卿,入则事父兄,丧事不敢不勉,不为酒困,何有于我哉?"

子在川上,曰:"逝者如斯夫①!不舍昼夜②。"

[注释]①斯:这,指河水。夫(fú扶):语气词。　②舍:停留,止息。

子曰:"吾未见好德如好色者也。"

子曰:"譬如为山,未成一篑①,止,吾止也。譬如平地,虽覆一篑,进,吾往也。"

[注释]①篑(kuì 溃):盛土的筐子。

孔子用堆山和平地作比喻,勉励学生自强不息,坚持不懈,不要中途停止,并说明是停止还是前进,都取决于自己而不是别人。

子曰:"语之而不惰者,其回也与!"

子谓颜渊,曰:"惜乎!吾见其进也,未见其止也。"

子曰:"苗而不秀者有矣夫①!秀而不实者有矣夫②!"

[注释]①苗而不秀:庄稼生长了并不吐穗扬花。秀:稻、麦等庄稼吐穗扬花。 ②秀而不实:吐穗扬花而不结果。

这两句话是对那些虽然品德优秀、才干过人但或过早去世或没有得到国家重用的人的感叹。

子曰:"后生可畏,焉知来者之不如今也?四十、五十而无闻焉,斯亦不足畏也已。"

子曰:"法语之言①,能无从乎?改之为贵。巽与之言②,能无说乎③?绎之为贵④。说而不绎,从而不改,吾末如之何也已矣⑤。"

[注释]①法:指原则。"法语",符合原则的话。 ②巽(xùn 训):谦逊,恭敬。与:称许。"巽与之言",顺从自己的话。 ③说:同"悦"。 ④绎(yì 亦):抽出或理出事物的头绪来,指分析鉴别。 ⑤末:没有。

子曰:"主忠信,毋友不如己者,过则勿惮改。"

子曰:"三军可夺帅也①,匹夫不可夺志也②。"

[注释]①三军:古代大国有三军,每军一万二千五百人,这里指全军。②匹夫:个人,泛指平常人。

子曰:"衣敝缊袍①,与衣狐貉者立②,而不耻者,其由也与③?'不忮不求④,何用不臧⑤?'"子路终身诵之。子曰:"是道也,何足以臧?"

[注释]①衣:穿。敝:破烂。缊(yùn 运):新旧混合的丝绵絮。 ②狐貉(hé 河):这里指狐皮貉皮制的皮袍。 ③由:仲由,即子路。与:同"欤",语气词。 ④忮(zhì 志):嫉妒。求:贪求。 ⑤臧(zāng 脏):善,好。这两句诗引自《诗·邶风·雄雉》。

子曰:"岁寒,然后知松柏之后彫也①。"

[注释]①彫:同"凋",凋零。这里以松柏耐寒比喻经得住严峻考验的人。

子曰:"知者不惑①,仁者不忧,勇者不惧。"

[注释]①知:同"智"。

子曰:"可与共学,未可与适道①;可与适道,未可与立②;可与立,未可与权③。"

[注释]①适:往,到,适宜。 ②立:坚守。 ③权:本意是秤锤,这里指权衡轻重,随机应变。

这一章的意思是:可以在一起学习,未必都能把握住道;能够把握住道,未必能够自觉地推行道;能够自觉地推行道,未必能够因事而异地变通行道。也就是说:把学习知道、确立理想、自觉执行、灵活运用有机地统一起来,才称得上是学习的最高境界。在孔子眼里,这样的人是很少的。

"唐棣之华①,偏其反而②。岂不尔思?室是远而③。"子曰:"未之思也,夫何远之有?"

[注释]①唐棣:又作棠棣,或常棣,一种树木的名称。华:同"花"。　②偏:同"翩",随风摆动。反:违反常规,指唐棣开花先开后合,与一般的树木开花先合后开相反。而:语助词,无意义。　③室:住室。这四句诗是逸诗,不知出处。诗的原意大概是作者借唐棣开花先开后合来表达他与情人或朋友先离后合的心情。

乡党第十

孔子于乡党①,恂恂如也②,似不能言者。

其在宗庙朝廷,便便言③,唯谨尔。

[注释]①乡党:指家乡。 ②恂恂(xún 循):温和恭顺。如:形容词词尾。 ③便便(pián 骈):说话流畅,健谈。

朝,与下大夫言①,侃侃如也②;与上大夫言,訚訚如也③。君在,踧踖如也④,与与如也⑤。

[注释]①下大夫:大夫分上大夫(又称卿)和下大夫,孔子的地位相当于下大夫。 ②侃侃(kǎn 砍):温和快乐的样子。 ③訚訚(yín 银):正直而恭敬的样子。 ④踧踖(cù jí 促吉):恭敬不安的样子。 ⑤与与:行步安详的样子。

君召使摈①,色勃如也②,足躩如也③。揖所与立,左右手,衣前后,襜如也④。趋进,翼如也。宾退,必复命曰:"宾不顾矣⑤。"

[注释]①摈(bīn 鬓):同"傧",负责接待宾客的官员。这里作动词用,指接待宾客。 ②色勃如:脸色变得庄重起来。 ③躩(jué 决):快走。 ④襜

(chān 掺):整齐的样子。 ⑤顾:回头。

入公门,鞠躬如也①,如不容。
立不中门,行不履阈②。
过位③,色勃如也,足躩如也,其言似不足者。
摄齐升堂④,鞠躬如也,屏气似不息者⑤。
出,降一等,逞颜色⑥,怡怡如也⑦。
没阶,趋进,翼如也。
复其位,踧踖如也。

[注释]①鞠躬如也:此指谨慎小心的样子,并非曲身鞠躬。 ②阈(yù 玉):门槛。 ③位:指国君的座位。"过位",国君不在的时候,经过国君坐的位子。 ④摄(shè 社):提起。齐(zī 咨):衣裳缝了边的下摆。 ⑤屏(bǐng 丙)气:屏息,憋住气。 ⑥逞:舒展,放松。 ⑦怡怡:和顺的样子。

执圭①,鞠躬如也,如不胜②。上如揖,下如授。勃如战色③,足蹜蹜④,如有循⑤。
享礼⑥,有容色。
私觌⑦,愉愉如也。

[注释]①圭(归 guī):一种玉器,上圆下方,举行典礼时君臣都拿着。 ②如不胜:好像负担不了的样子。 ③勃如:庄重的样子。 ④蹜蹜(sù 宿):小步行走。 ⑤循:沿,好像沿着一条线走。形容走路步态端正的样子。 ⑥享礼:享献礼。古代出使外国,到聘问的国家先行聘问礼,随后行享献礼,即把所带的礼物陈列在庭中。本章描写的就是享献礼时孔子的情况。 ⑦觌(dí 笛):相见。

君子不以绀緅饰①,红紫不以为亵服②。

当暑,袗绤绤③,必表而出之。

缁衣④,羔裘⑤;素衣,麑裘⑥;黄衣,狐裘。

亵裘长,短右袂⑦。

必有寝衣⑧,长一身有半。

狐貉之厚以居⑨。

去丧,无所不佩。

非帷裳⑩,必杀之⑪。

羔裘玄冠不以吊⑫。

吉月⑬,必朝服而朝。

[注释]①绀(gàn 赣):深青透红,这是礼服的颜色。緅:黑中透红,这是丧服的颜色。饰:镶边。 ②红紫:红色紫色,这是贵重的颜色。亵(xiè 谢):平时在家穿的便服。 ③袗(zhěn 枕):单衣,这里作动词,指穿单衣。绤(chī 痴):细麻布。绤(xì 细):粗麻布。 ④缁(zī 兹):黑色。 ⑤羔裘:羔羊皮袍。古人穿皮袍,毛向外,因此外面要套上罩衣,罩衣的颜色和皮袍的颜色应该相称。古代的"羔裘"都是黑色的羊毛,所以要配上黑色的罩衣(缁衣)。 ⑥素衣,麑裘:白色鹿皮套上白色罩衣。"麑(ní 尼)",小鹿。 ⑦袂(mèi 妹):袖子。 ⑧寝衣:睡觉盖的被子。 ⑨狐貉之厚:厚毛的狐皮貉皮。居:坐垫。 ⑩帷裳:上朝和祭祀时穿的礼服,用整幅布做,多余的布折叠起来缝上,不裁掉。"裳",下衣,相当于裙子。古代男人上衣下裳。 ⑪杀:剪裁。 ⑫玄冠:黑色的礼帽。羔裘玄冠都是黑色的,古人用做吉服,所以不穿着去吊丧。丧服是白色的。 ⑬吉月:每月初一。

齐①,必有明衣②,布。

齐必变食③,居必迁坐④。

[注释]①齐:同"斋",斋戒。"齐"字繁体作"齊",与"斋"形近通假。②明衣:沐浴之后穿的浴衣。 ③变食:改变平时的饮食,指不饮酒、不吃荤。

对于荤菜的内容有的认为是指飞禽走兽的肉,有的认为还包括葱、蒜、姜、韭等辛辣之物。 ④居:居住。迁坐:指从内室迁移到外室,不与妻妾同房。

食不厌精①,脍不厌细②。

食饐而餲③,鱼馁而肉败④,不食。色恶,不食。臭恶⑤,不食。失饪⑥,不食。不时,不食。割不正,不食。不得其酱,不食。

肉虽多,不使胜食气⑦。

唯酒无量,不及乱⑧。

沽酒市脯不食⑨。

不撤姜食,不多食。

[注释]①厌:讨厌,不喜欢。 ②脍(kuài 快):切细的肉。 ③饐(yì 懿)、餲(ài 爱):都是指食物因存放时间长而霉烂变质。 ④馁(něi):鱼腐烂。败:肉腐烂。 ⑤臭:气味。 ⑥饪(rèn 任):烹调。 ⑦食:动词,食用。气:同"饩",粮食。"肉虽多,不使胜食气",席上肉虽然很多,但是吃的数量少于主食。 ⑧乱:神志昏乱,指醉酒。 ⑨脯(fǔ 府):肉干。

祭于公,不宿肉①。祭肉不出三日。出三日,不食之矣。

[注释]①不宿肉:不把肉留着过夜。古代的大夫、士参加国君的祭祀之后,可以领到一份祭肉拿回家去,但这些肉祭祀时用了一两天,已经不新鲜了,所以拿回家不能再留着过夜。

食不语,寝不言。

虽疏食菜羹①,必祭②,必齐如也③。

[注释]①疏食:粗糙的米饭。菜羹(gēng 庚):用蔬菜做的汤。 ②祭:指饭前的祭祀。古人在饮食之前,把席上每种食物拿出来一点,祭最初发明饮食的人,表示不忘本。 ③齐:同"斋",斋戒。"齐"字繁体作"齊",与"斋"形近通假。

席不正①,不坐。

[注释]①席:坐席。古人没有椅子和凳子,都是坐在铺在地面的席子上。

乡人饮酒,杖者出①,斯出矣。

[注释]①杖者:拄拐杖的人,即老年人。

乡人傩①,朝服而立于阼阶②。

[注释]①傩(nuó 挪):古代的一种迎神驱鬼的仪式。 ②阼(zuò 做)阶:东边的台阶,主人站在那里迎送宾客。

问人于他邦①,再拜而送之②。

[注释]①问:问候。古代问好,一般都送礼物表示情谊。 ②拜:拱手并弯腰。"再拜",拜两次,一般用于平辈之间。

康子馈药①,拜而受之。曰:"丘未达②,不敢尝。"

[注释]①康子:即季康子,鲁哀公时的正卿。馈:赠送。 ②达:通达,了解。"丘未达,不敢尝",对药性不了解,不敢服用。

厩焚①。子退朝,曰:"伤人乎?"不问马。

[注释]①厩(jiù 救):马棚。

君赐食,必正席先尝之。君赐腥①,必熟而荐之②。君赐生,必畜之。

侍食于君,君祭,先饭③。

[注释]①腥:指生肉。 ②荐:进献祭品。这里指供奉祖先。 ③先饭:指先尝一尝。"饭"在此作动词用。

疾,君视之,东首,加朝服①,拖绅②。

[注释]①加朝服:指卧病在床不能穿朝服,也要把朝服盖在身上。②绅:束在腰间的大带子。束带以后仍有一截垂下来,即"拖绅",表示对国君的尊敬与迎接。

君命召,不俟驾行矣①。

[注释]①俟(sì 似):等待。"不俟驾行矣",不等车马备好,步行前往。

入太庙,每事问。

朋友死,无所归,曰:"于我殡①。"

[注释]①殡(bìn 摈):停放灵柩叫殡,把灵柩送到埋葬的地方去也叫殡。这里指办理丧事。

这一章的意思是:朋友去世,没有人收殓,孔子说:"丧葬由我负责。"

朋友之馈①,虽车马,非祭肉,不拜。

[注释]①馈(kuì 愧):赠送。这里作名词用,指赠品。

这一章的意思是:朋友之间只有赠送的礼品是祭肉时才拜,其余的一律不拜谢,即使是车马这样贵重的礼物也不拜谢。

寝不尸,居不容①。

[注释]①寝不尸,居不容:睡觉不平躺着像死尸那样,平日也不像接待客人或者在别人家做客时那样正襟危坐。"居",家居。"容",容仪。一说"容"作"客",指宾客。"居不客"之"客"作动词用,指接待客人或者在别人家做客。

见齐衰者①,虽狎②,必变。见冕者与瞽者③,虽亵④,必以貌。

凶服者式之⑤。式负版者⑥。

有盛馔⑦,必变色而作⑧。

迅雷风烈必变。

[注释]①齐衰(zīcuī 咨崔):用粗麻布做的缝边的丧服,这里泛指孝服。 ②狎(xiá 峡):亲近而随便,这里指十分亲近的人。 ③冕(miǎn 免):古代天子、诸侯、卿、大夫所戴的礼帽。瞽(gǔ 古):盲人。 ④亵(xiè 谢):常见,熟悉。 ⑤凶服:送死人的衣服。这里指拿着葬衣的人。式:同"轼",车前扶手用的横木。这里作动词用,指伏轼,即身子前倾伏在横木上,表示尊敬或同情。 ⑥版:古代用木板写的国家图籍,如户籍册、疆域图等,称为版籍。"负版者"背着国家图籍的人。"式负版者"即向负版的人敬礼。 ⑦盛馔(zhuàn 篆):盛大的筵席。 ⑧作:站起来。

升车,必正立,执绥①。

车中,不内顾②,不疾言,不亲指③。

[注释]①绥(suí 随):上车时手拉的索带。 ②内顾:在车上回头向车内看。 ③亲指:用自己的手指指画画。

色斯举矣①，翔而后集②。曰："山梁雌雉③，时哉时哉！"子路共之④，三嗅而作⑤。

[注释]①色：当是"危"字，因形近而误。斯：即，就。举：鸟向上飞。"色斯举矣，翔而后集"的意思是：野鸡知道处境危险，高高飞起以后再聚集。有人把"色"解为脸色，那么这句的意思是：孔子脸色一动，野鸡高高飞起盘旋而后聚集。好像野鸡的飞起是因为孔子脸色的变动所致，这显然不合实际。故应以前者为是。　②翔：飞翔，回翔。集：鸟儿群集在树上。　③雉（zhì 至）：野鸡。　④共：同"拱"。　⑤嗅：唐代石经《论语》中作"戛（jiá 夹）"，鸟的长叫声。有的认为是"臭（jù 巨）"，翅膀张开的样子。作：飞起。

这一章历来费解，自古以来没有一个满意的解释，当是文字脱误所至。

先进第十一

子曰:"先进于礼乐①,野人也②;后进于礼乐③,君子也④。如用之,则吾从先进。"

[注释]①先进于礼乐:指先学习礼乐而后做官的人。 ②野人:在野的人,指没有世袭特权的一般人。 ③后进于礼乐:指先做官而后学习礼乐的人。 ④君子:指卿、大夫等当权的贵族。他们享有世袭的特权,可以先做官,做官之后为了统治的需要再去学习礼乐。

子曰:"从我于陈、蔡者①,皆不及门也②。"

[注释]①陈、蔡:国名。孔子周游列国时,从陈国去蔡国的途中,因故被陈国包围而断粮七天,跟随他的学生饿得走不动。当时颜渊、子路、子贡等就跟在他的左右。后来,孔子回到鲁国,子路、子贡等先后离开,颜渊病死。 ②皆不及门也:都不在我这里了。古今注家对"皆不及门"之"门"有不同理解:或理解为"不及仕进之门";或理解为"不及卿大夫之门";或理解为"孔子弟子无仕陈、蔡者",等等,和事实与逻辑都有不合。本注从朱熹之说,古代家塾设在门堂之左,进入家塾读书受业者谓之"及门",所以这儿的"门"是指教育弟子的地方。孔子所说的"从我于陈、蔡者,皆不及门也",是对昔日弟子们不在身边表示怀念。

德行：颜渊，闵子骞，冉伯牛，仲弓。言语：宰我，子贡。政事：冉有，季路。文学①：子游，子夏。

[注释]①文学：指文章博学，有的理解为熟悉古代文献，如《诗》、《书》、《易》等。

子曰："回也非助我者也，于吾言无所不说①。"

[注释]①说：同"悦"。

子曰："孝哉闵子骞！人不间于其父母昆弟之言①。"

[注释]①间（jiàn见）：间隙，这里指钻空子，有挑剔、批评的意思。昆：兄。一般来说，父母兄弟对自己的子弟都是爱之过甚、夸奖过实的，闵子骞的真正孝顺使别人对这些夸奖之词挑不出毛病。

南容三复白圭①，孔子以其兄之子妻之。

[注释]①三复：经常重复。白圭（guī归）：这里指《诗·大雅·抑》中关于白圭的四句诗："白圭之玷（diàn店），尚可磨也；斯言之玷，不可为也。"意思是说：白圭上的污点，还可以磨掉，我们言语中的错误，一说出口就不能收回了。南容经常念这几句诗，表明他做事、说话小心谨慎。

季康子问："弟子孰为好学？"孔子对曰："有颜回者好学，不幸短命死矣，今也则亡①。"

[注释]①亡：同"无"。

颜渊死，颜路请子之车以为之椁①。子曰："才不才②，亦各言其子也。鲤也死③，有棺而无椁。吾不徒行以为之椁。以吾从大夫之后④,不可徒行也。"

[注释]①颜路:姓颜,名无繇(yóu由),字路,颜渊的父亲,也是孔子的学生。椁(guǒ果):古代贵族高官的棺材一般有两层,里面的一层叫"棺",外面的一层叫"椁",即内棺外椁。 ②才不才:无论是有才还是没有才。这里的"才不才"是特指:"才"指颜渊,"不才"指孔鲤。 ③鲤:孔鲤,字伯鱼,孔子的儿子。孔鲤五十岁死,当时孔子七十岁。 ④从大夫之后:跟随在大夫行列的后面。孔子曾经当过鲁国的司寇,属于大夫一级。但当时已经离位多年。孔子不说自己曾当过大夫,而说"从大夫之后",这是自谦的说法。

颜渊死。子曰:"噫!天丧予!天丧予!"

颜渊死,子哭之恸①。从者曰:"子恸矣!"曰:"有恸乎?非夫人之为恸而谁为②?"

[注释]①恸(tòng痛):极度悲哀。 ②夫(fú扶)人:这个人,指颜渊。"非夫人之为恸"是"非为夫人恸"的倒装,"之"是帮助起倒装作用的助词。"谁为"是"为谁"的倒装。这句的意思是:不为这样的人悲痛还为什么样的人悲痛呢?

颜渊死,门人欲厚葬之①,子曰:"不可。"

门人厚葬之。子曰:"回也视予犹父也,予不得视犹子也。非我也,夫二三子也。"

[注释]①葬礼的厚薄,应该视死者的身份、地位和家里的经济条件而定。按照颜渊的身份、地位和经济条件,孔子认为不应该厚葬。但是门人还是厚葬了他。当年孔子的儿子孔鲤死时,孔子按照礼的要求安葬孔鲤。颜渊视孔子如父,孔子自以为也应像对待亲儿子那样对待颜渊,也应采用和孔鲤相同的葬礼。但是,门人没有按照自己的意思做。孔子对此持批评态度,同时

表白这不是自己的过错,而是那些学生们办的。

季路问事鬼神①。子曰:"未能事人,焉能事鬼②?"曰:"敢问死③。"曰:"未知生,焉知死?"

[注释]①季路:即子路,因为做过季氏的家臣,故又名季路。 ②焉:怎么。 ③敢:冒昧的意思。

闵子侍侧①,訚訚如也②;子路,行行如也③;冉有、子贡,侃侃如也④。子乐。"若由也⑤,不得其死然⑥。"

[注释]①闵子:即闵子骞。 ②訚訚(yín银):正直而恭敬的样子。如:形容词词尾。 ③行行(hàng沆):刚强的样子。 ④侃侃(kǎn砍):温和、快乐、放松的样子。 ⑤由:仲由,即子路。 ⑥然:语气词,用法同"焉"。"不得其死然",不能善始善终,不得好死。这句话是孔子批评子路有勇无谋,怕他不得好死。

鲁人为长府①。闵子骞曰:"仍旧贯②,如之何?何必改作?"子曰:"夫人不言,言必有中③。"

[注释]①鲁人:指鲁国的执政大臣。 为:动词,做,治理。这里指改建。长府:贮藏财货的国库名。 ②仍:因袭,沿袭。贯:习惯。"仍旧贯",沿袭老样子。指不必花费人力物力改建。 ③中:击中目标。这里指说话抓住要害。

子曰:"由之瑟奚为于丘之门①?"门人不敬子路。子曰:"由也升堂矣②,未入于室也③。"

[注释]①由:仲由,即子路。瑟(sè色):一种和琴相似的乐器。奚:何,为什么。为:指弹奏。子路弹奏的乐调不合孔子之意,所以孔子表示不满。

②堂:正厅。　③室:内室。先入门,次升堂,最后入室,比喻做学问由浅入深的几个阶段。

子路的音乐水平有限,孔子不满意,批评说这样的水平为什么还来这里弹奏?结果孔子的学生们误以为孔子看不起子路,因而不敬子路。孔子为纠正众人的偏见,重新评价子路,说子路"升堂矣,未入于室也",意思是子路弹奏的已经不错了,只是不够精妙而已。

子贡问:"师与商也孰贤①?"子曰:"师也过,商也不及。"

曰:"然则师愈与②?"子曰:"过犹不及③。"

[注释]①师:颛孙师,即子张。商:卜商,即子夏。他们都是孔子的学生。　②愈:胜过,较好。与:同"欤",语尾助词。　③过犹不及:孔子主张"中庸"之道,因此认为过分和不足都不好。

季氏富于周公①,而求也为之聚敛而附益之②。子曰:"非吾徒也。小子鸣鼓而攻之,可也③。"

[注释]①季氏:季孙氏。周公:指鲁国公室。一说指周公旦,鲁国是周公旦的封国,故以周公指鲁国。　②求:冉求,即子有,当时是季氏的家臣。聚敛(liǎn脸):积聚和收集钱财。附益:增加。　③小子:指学生。鸣鼓:即鸣钟鼓。古代以鸣钟鼓号令整治军旅,讨伐敌人,后世就以鸣钟鼓为声讨罪行的代称。

柴也愚①,参也鲁②,师也辟③,由也喭④。

[注释]①柴:姓高,名柴,字子羔,孔子的学生,小孔子三十岁。　②鲁:愚笨,迟钝。　③辟:偏激。　④喭(yàn燕):鲁莽,莽撞。

子曰:"回也其庶乎①,屡空②。赐不受命③,而货殖焉④,亿则屡中⑤。"

[注释]①回:颜回。庶:庶几,差不多。 ②屡:经常。空:指贫困。"回也其庶乎,屡空"的意思是:颜回的道德文章差不多了吧,可经常穷得一无所有。 ③赐:端木赐,即子贡。 ④货殖:经商,做买卖。 ⑤亿:繁体字为"億","臆"的通假,臆测、猜测的意思。中:符合,适合。"亿则屡中"指经商从不亏损,都能料到商品价格的变化。

子张问善人之道。子曰:"不践迹①,亦不入于室②。"

[注释]①不践迹:不踩着前人的脚印走。 ②入于室:相当于现在说的"到了家",比喻学问和道德修养达到了最高境界。"不践迹,亦不入于室",指不跟在别人后面亦步亦趋,但是道德修养也难以达到最高境界。

子曰:"论笃是与①,君子者乎?色庄者乎?"

[注释]①论笃(dǔ 堵):即论笃者,指说话诚实的人。"笃",诚实。与:赞许。"论笃是与"是"与论笃"的倒装,"是"字起宾语前置的作用,和"唯你是问"的"是"字用法相同。

子路问:"闻斯行诸①?"子曰:"有父兄在,如之何其闻斯行之②?"

冉有问:"闻斯行诸?"子曰:"闻斯行之。"

公西华曰:"由也问闻斯行诸③,子曰'有父兄在';求也问闻斯行诸④,子曰'闻斯行之'。赤也惑⑤,敢问。"子曰:"求也退⑥,故进之;由也兼人⑦,故退之。"

[注释]①斯:就。诸:"之乎"的合音。"闻斯行诸",听见了马上做吗?

②如之何：等于为何、为什么。　③由：仲由，即子路。　④求：冉求，即冉有。　⑤赤：公西赤，即公西华。　⑥退：指遇事犹豫不前。　⑦兼人：好勇过人，指子路争强好胜。

子畏于匡①，颜渊后②。子曰："吾以女为死矣③。"曰："子在，回何敢死④？"

[注释]①畏：指拘囚。匡：地名，在今河南省长垣县西南。孔子离开卫国去陈国时，经过匡地。匡地的群众曾经遭受鲁国阳虎（一作阳货）的掠夺与残杀，孔子的相貌和阳虎相似，因而匡地的群众误认孔子为阳虎，把孔子拘禁五天。　②后：指最后逃出来。　③女：同"汝"，你。　④回：颜回，即颜渊。

季子然问①："仲由、冉求可谓大臣与？"子曰："吾以子为异之问②，曾由与求之问③。所谓大臣者，以道事君，不可则止。今由与求也，可谓具臣矣④。"

曰："然则从之者与⑤？"子曰："弑父与君⑥，亦不从也。"

[注释]①季子然：可能是大夫季氏的同族人。　②吾以子为异之问：我还以为你问的是别人呢。"异"，这里是别人的意思。　③曾：竟，竟然。"由与求之问"是"问由与求"的倒装。　④具臣：相当于备员，指仅备臣数而不能有所作为的臣僚。时仲由、冉求都是季氏的家臣，对于季氏的越礼行为，他们没有劝止，所以孔子指责他们。　⑤之：他，这里指上级。与：同"欤"。"从之者与"，顺从他吗？　⑥弑（shì试）：臣杀君主或子女杀父母。

子路使子羔为费宰①。子曰："贼夫人之子②。"

子路曰："有民人焉，有社稷焉③，何必读书，然后为学？"

子曰:"是故恶夫佞者④。"

[注释]①子路当时是季氏的家臣,所以能够推荐子羔去季氏的封邑费县(在今山东费县西北)为宰。 ②贼:害。子羔没有经过学习而突然去做官,孔子认为这样做会害人子弟。 ③社:土地神。稷(jì记):谷神。古代国都和各地设立祭祀土地神和谷神的社稷坛,分别由国君和各地长官主祭,故社稷代表国家政权。 ④恶(wù务):憎恶。佞(nìng泞)者:善于花言巧语的人。

子路、曾皙、冉有、公西华侍坐①。

子曰:"以吾一日长乎尔②,毋吾以也③。居则曰④:'不吾知也!'如或知尔,则何以哉?"

子路率尔而对曰⑤:"千乘之国,摄乎大国之间,加之以师旅⑥,因之以饥馑⑦;由也为之,比及三年⑧,可使有勇,且知方也⑨。"

夫子哂之⑩。

"求!尔何如?"

对曰:"方六七十,如五六十⑪,求也为之,比及三年,可使足民。如其礼乐,以俟君子⑫。"

"赤!尔何如?"

对曰:"非曰能之,愿学焉。宗庙之事⑬,如会同⑭,端章甫⑮,愿为小相焉⑯。"

"点!尔何如?"

鼓瑟希⑰,铿尔⑱,舍瑟而作⑲,对曰:"异乎三子者之撰⑳。"

子曰:"何伤乎?亦各言其志也。"

曰:"莫春者㉑,春服既成㉒,冠者五六人㉓,童子六七人,浴乎沂㉔,风乎舞雩㉕,咏而归。"

夫子喟然叹曰㉖:"吾与点也㉗!"

三子者出,曾皙后。曾皙曰:"夫三子者之言何如㉘?"

子曰:"亦各言其志也已矣。"

曰:"夫子何哂由也?"

曰:"为国以礼,其言不让,是故哂之。"

"唯求则非邦也与㉙?"

"安见方六七十如五六十而非邦也者?"

"唯赤则非邦也与?"

"宗庙会同,非诸侯而何?赤也为之小,孰能为之大?"

[注释]①子路:即仲由。曾皙(xī息):姓曾,名点,字子皙,曾参的父亲。冉有:即冉求。公西华:即公西赤。他们都是孔子的学生。 ②尔:你们。 ③毋:同"无"。以:同"已",止。一说,"以"作"用"解,"毋吾以"即"没有人用我"。 ④居:平时。 ⑤率尔:不假思索,轻率而急忙的样子。 ⑥师旅:军队。"摄乎大国之间,加之以师旅",夹在大国之间,遭受大国军队的侵略。 ⑦因:继。饥馑(jǐn仅):饥荒。 ⑧比及:等到。 ⑨方:方向。"且知方也",这里指懂得道理。 ⑩哂(shěn审):讥讽地微笑。 ⑪如:或者。 ⑫俟(sì似):等待。 ⑬宗庙之事:指祭礼的事。 ⑭会同:诸侯会盟的事。"同",诸侯共同朝见天子,此处指两国国君相见。 ⑮端:玄端,古代用整幅布做的礼服。章甫:古代礼帽的名称。"端"和"章甫"都作动词用,指穿着礼服、戴着礼帽。 ⑯相(xiàng向):傧相,祭祀和会盟时主持赞礼和司仪的官。"小相"是公西华的谦辞。 ⑰希:同"稀",稀疏。这里指瑟的声音已近尾声。 ⑱铿(kēng坑)尔:铿的一声,指弹瑟完毕时的最后一声高音。 ⑲舍瑟而作:放下瑟,站起身。"舍",放弃、舍弃,这里指放下。"作",起身。

⑳撰:同"譔",表述。　㉑莫春:夏历三月。"莫"同"暮"。　㉒春服:夹衣。　㉓冠者:指成年人。古代男子二十岁举行冠礼,即为成年人,和下文的童子相对。　㉔沂:水名,在今山东曲阜南。　㉕风:迎风乘凉。舞雩(yú于):鲁国祭天求雨的地方,在今曲阜市内。　㉖喟(kuì愧)然:深深地叹息的样子。　㉗与:赞许,同意。曾点谈的是太平盛世的景象,所以得到孔子的赞许。　㉘夫:这。　㉙唯:句首语气词,无意义。邦:国家。与:同"欤"。

颜渊第十二

颜渊问仁。子曰:"克己复礼为仁①。一日克己复礼,天下归仁焉②。为仁由己,而由人乎哉?"

颜渊曰:"请问其目。"子曰:"非礼勿视,非礼勿听,非礼勿言,非礼勿动。"

颜渊曰:"回虽不敏,请事斯语矣③。"

[注释]①克己复礼:这句话并非孔子首创。《左传》昭公十二年记载:"仲尼曰:'古也有志:克己复礼,仁也。'""古也有志"之"志"是记载的意思,"古也有志"相当于古人云。克:能够,一说为克制。复:有两解,一为重复、恢复,引申为符合;另一为实践。 ②归仁:称仁。这里的"归"是称许的意思。 ③事:从事,实行。斯:这。"请事斯语",按照这个话去做。

仲弓问仁。子曰:"出门如见大宾①,使民如承大祭②。己所不欲,勿施于人③。在邦无怨,在家无怨④。"

仲弓曰:"雍虽不敏⑤,请事斯语矣。"

[注释]①大宾:贵宾。 ②使民如承大祭:役使百姓就像承办大祭礼一样严肃。"使",役使。"承",接受,承受。 ③施:加,施加。 ④邦、家:诸侯统治的地方称为邦,卿大夫统治的地方称为家。 ⑤雍:冉雍,即仲弓。这

里是自称。不敏:不才,自谦之词。

司马牛问仁①。子曰:"仁者,其言也讱②。"

曰:"其言也讱,斯谓之仁已乎?"子曰:"为之难,言之得无讱乎?"

[注释]①司马牛:姓司马,名耕,字子牛,孔子的学生。 ②讱(rèn 刃):难,指话难说出口,引申为说话谨慎。《史记·仲尼弟子列传》中说司马牛"多言而躁",可见,孔子的话是针对他的这个缺点而说的。

司马牛问君子。子曰:"君子不忧不惧。"

曰:"不忧不惧,斯谓之君子已乎?"子曰:"内省不疚①,夫何忧何惧?"

[注释]①省(xǐng 醒):反省,自我检查。疚(jiù 就):内心痛苦,惭愧。"内省不疚,夫何忧何惧"的意思是:自我反省,问心无愧,自然没有什么可以忧虑和惭愧的。

司马牛忧曰:"人皆有兄弟,我独亡①。"子夏曰:"商闻之矣②:死生有命,富贵在天。君子敬而无失③,与人恭而有礼。四海之内④,皆兄弟也。君子何患乎无兄弟也?"

[注释]①亡:同"无",没有。 ②商:子夏的字。 ③敬:严肃,慎重。失:差错。 ④四海:指天下,古人以为当时的天下四周环海,所以用四海之内或者海内称呼天下。

子张问明。子曰:"浸润之谮①,肤受之愬②,不行焉,可谓明也已矣。浸润之谮,肤受之愬,不行焉,可谓远也已矣。"

[注释]①浸润之谮:像水一样一点一滴地渗透进来的谗言,即连续不断在暗中诬陷人的坏话。"谮",诬陷、中伤的谗言。"浸润",把东西泡在水里。 ②肤受之愬:好像皮肤感受到疼痛那样的诬告,即直接的诽谤。"愬",诉说,这里是指诬告。

子贡问政。子曰:"足食,足兵①,民信之矣②。"

子贡曰:"必不得已而去,于斯三者何先?"曰:"去兵。"

子贡曰:"必不得已而去,于斯二者何先?"曰:"去食。自古皆有死,民无信不立。"

[注释]①兵:武器,指军备,这里指军事。 ②民信之:人民对国家有信心。

棘子成曰①:"君子质而已矣②,何以文为③?"子贡曰:"惜乎,夫子之说君子也④!驷不及舌⑤。文犹质也,质犹文也。虎豹之鞟犹犬羊之鞟⑥。"

[注释]①棘子成:卫国大夫。 ②质:质地,质朴无华,指思想品质。③文:文采,指礼节仪式。 ④夫子:指棘子成,古代大夫都可以尊称为"夫子",所以子贡这样称呼他。 ⑤驷(sì四):四匹马拉的车。这句话的意思是:四匹马拉的车子也追不上说出去的话。"驷不及舌"即"一言既出,驷马难追"的意思。 ⑥鞟(kuò阔):去掉毛的兽皮,即革。"虎豹之鞟犹犬羊之鞟"的意思是:脱毛以后的虎豹皮和犬羊皮是看不出多少差别的,用来说明本质和文采的同等重要。

哀公问于有若曰①:"年饥,用不足②,如之何?"

有若对曰:"盍彻乎③?"

曰:"二④,吾犹不足,如之何其彻也?"

对曰:"百姓足,君孰与不足⑤?百姓不足,君孰与足?"

[注释]①哀公:鲁哀公。有若:姓有,名若,孔子的学生。 ②用不足:国家用度不够。 ③盍彻乎:何不用彻法?"彻",周朝的田赋制度,十分抽一叫做彻。 ④二:十分抽二的税率。 ⑤百姓足,君孰与不足:百姓富足了,您怎么会不够用呢?

子张问崇德辨惑①。子曰:"主忠信,徙义②,崇德也。爱之欲其生,恶之欲其死。既欲其生,又欲其死,是惑也。'诚不以富,亦祇以异③。'"

[注释]①崇德:提高道德。辨惑:辨别是非。"惑",迷惑。 ②徙(xǐ洗)义:向义靠拢。"徙",迁移,这里有唯义是从的意思。 ③诚不以富,亦祇以异:引自《诗·小雅·我行其野》,意思是说,你遗弃我另觅新欢,即使不是嫌贫爱富,也是喜新厌旧。孔子引这两句诗,令人费解。古今都有不同的解释,有人认为是错简,但无确切的证据。

齐景公问政于孔子①。孔子对曰:"君君,臣臣,父父,子子。"公曰:"善哉!信如君不君,臣不臣,父不父,子不子,虽有粟,吾得而食诸?"

[注释]①齐景公:齐国的国君,名杵臼(chǔ jiù 础旧),公元前547年—公元前490年在位。

子曰:"片言可以折狱者,其由也与①?"

子路无宿诺②。

[注释]①片言可以折狱者,其由也与:根据一方的言辞就可以判案的人,大该只有仲由吧。"片",偏。"片言",诉讼双方中一方的言辞。"折",判断。"狱",案件。打官司原告和被告都要到场,古代叫做两造对庭,很少有根据一方的言辞判案的。孔子认为子路为人坦诚直率,人们不愿欺骗他,实话实说,所以说只有子路可以根据单方面的言辞定案。 ②宿诺:拖延很久没有实现的诺言。"宿",久留。

子曰:"听讼①,吾犹人也。必也使无讼乎!"

[注释]①听讼:断案,审理诉讼案件。"听",处理判决。"讼",诉讼。

子张问政。子曰:"居之无倦①,行之以忠②。"

[注释]①居:在工作岗位上。 ②行:执行政令。

这一章是指对待工作的态度:在位上不要懒散懈怠,执行政令要尽心尽力。

子曰:"博学于文,约之以礼,亦可以弗畔矣夫!"

子曰:"君子成人之美,不成人之恶①。小人反是②。"

[注释]①恶:坏事。 ②反是:与此相反。"是",这。

季康子问政于孔子。孔子对曰:"政者,正也。子帅以正①,孰敢不正?"

[注释]①帅:率领,带头。

季康子患盗,问于孔子。孔子对曰:"苟子之不欲①,

虽赏之不窃。"

[注释]①苟:如果。子:您,季康子。欲:贪欲,此指贪财。

季康子问政于孔子曰:"如杀无道,以就有道①,何如?"孔子对曰:"子为政,焉用杀?子欲善而民善矣。君子之德风,小人之德草。草上之风②,必偃③。"

[注释]①就:靠近,接受。 ②上:一作"尚",加。 ③偃(yǎn眼):倒伏。用风往哪边吹草往哪边倒比喻"君子"对"小人"的影响力。

子张问:"士何如斯可谓之达矣①?"子曰:"何哉,尔所谓达者?"子张对曰:"在邦必闻②,在家必闻③。"子曰:"是闻也,非达也。夫达也者,质直而好义,察言而观色,虑以下人④。在邦必达,在家必达。夫闻也者,色取仁而行违,居之不疑⑤。在邦必闻,在家必闻⑥。"

[注释]①达:通达,指见识高超,不同流俗。 ②闻:有名望,有声誉。 ③家:卿大夫所统治的封地。 ④下人:甘居人下,指对人谦恭有礼。"下",动词。 ⑤色取仁而行违,居之不疑:表面上爱好仁德,行动上和仁德相反,而自己则以仁德自居,丝毫不怀疑自己的行为。 ⑥在邦必闻,在家必闻:这种人做官的时候一定会骗取声望,在家的时候也一定会骗取声望。"闻",动词,骗取名望。

樊迟从游于舞雩之下,曰:"敢问崇德①,修慝②,辨惑③。"子曰:"善哉问!先事后得④,非崇德与?攻其恶,无攻人之恶⑤,非修慝与?一朝之忿⑥,忘其身,以及其亲,非惑与?"

[注释]①崇德:提高品德。 ②修慝(tè 特):指改恶从善。"修",治。这里指改正。"慝",邪恶。 ③辨惑:指辨别是非。"惑",迷惑,糊涂。 ④先事后得:先付出劳动,然后获得。 ⑤攻其恶,无攻人之恶:批判自己的坏处,不批判别人的坏处。"其",自己。 ⑥忿(fèn 奋):愤怒,气愤。

樊迟问仁。子曰:"爱人。"问知。子曰:"知人。"

樊迟未达①。子曰:"举直错诸枉②,能使枉者直。"

樊迟退,见子夏,曰:"乡也吾见于夫子而问知③,子曰:'举直错诸枉,能使枉者直。'何谓也?"

子夏曰:"富哉言乎!舜有天下④,选于众,举皋陶⑤,不仁者远矣⑥。汤有天下⑦,选于众,举伊尹⑧,不仁者远矣。"

[注释]①达:通达,明白。 ②举直错诸枉:把正直的人提拔起来,放在邪恶的人之上,即选用贤人,罢黜小人。"直"和"枉"相对。"直",正直。"错"同"措",放置。"诸","之于"的合音。"枉",不正直,邪恶。 ③乡(xiàng 向):同"向",从前,这里指刚才。 ④舜:传说中的远古圣君。 ⑤皋陶(gāo yáo 高摇):传说是舜时的贤臣。 ⑥远:远离。 ⑦汤:商代的开国君主。 ⑧伊尹:商汤的宰相,曾辅佐汤灭夏兴商。

子贡问友。子曰:"忠告而善道之①,不可则止,毋自辱焉。"

[注释]①道:同"导",善意地引导。

曾子曰:"君子以文会友,以友辅仁。"

子路第十三

子路问政。子曰:"先之劳之①。"请益②。曰:"无倦③。"

[注释]①先之劳之:以身作则,而后再役使百姓。"先",引导,教导。"之",指百姓。"劳",役使。 ②益:增加,进一步解释。 ③倦:厌倦,懈怠。"无倦"指为政者要持之以恒地做百姓的表率,不要倦怠。

仲弓为季氏宰①,问政。子曰:"先有司②,赦小过,举贤才。"

曰:"焉知贤才而举之?"子曰:"举尔所知,尔所不知,人其舍诸③?"

[注释]①宰:家臣,总管。 ②先有司:官吏先做到然后再让百姓做到。"有司",负责某项具体事务的官吏。 ③人其舍诸:人们难道会舍弃他们吗?"舍",舍弃。"诸","之乎"的合音,"之"为代词,指他们。

子路曰:"卫君待子而为政①,子将奚先②?"

子曰:"必也正名乎③!"

子路曰:"有是哉,子之迂也④!奚其正?"

子曰:"野哉,由也! 君子于其所不知,盖阙如也⑤。名不正,则言不顺;言不顺,则事不成;事不成,则礼乐不兴;礼乐不兴,则刑罚不中⑥;刑罚不中,则民无所错手足⑦。故君子名之必可言也,言之必可行也。君子于其言,无所苟而已矣⑧。"

[注释]①卫君:指卫出公蒯辄。蒯辄是卫灵公的孙子,他的父亲蒯聩因得罪南子(卫灵公的夫人)而被驱逐出国。卫灵公死,蒯辄继位,蒯聩要回国争夺君位,遭到蒯辄的拒绝。蒯聩、蒯辄父子争夺君位,搞乱了"君君、臣臣、父父、子子"的名分,所以孔子提出要先正名。 ②奚:什么。 ③正名:纠正名分和事实错位的现象。"正"为使动用法,即按照周礼标准,使社会各阶层各守其位,各司其职,名实一致。 ④有是哉,子之迂也:您竟迂腐到了这个地步。"子之迂也"是主语。"迂",不切实际,不合时宜。 ⑤盖:大概,应该,句首语气词。阙:同"缺",存疑的意思,在这里表示肯定。 ⑥中(zhòng众):得当。 ⑦无所错手足:没有放手脚的地方,意思是百姓不知如何是好。"错"同"措",安置。 ⑧苟:随便,马虎。

樊迟请学稼①。子曰:"吾不如老农。"请学为圃②。曰:"吾不如老圃。"

樊迟出。子曰:"小人哉,樊须也③! 上好礼,则民莫敢不敬;上好义,则民莫敢不服;上好信,则民莫敢不用情。夫如是,则四方之民襁负其子而至矣④,焉用稼?"

[注释]①稼(jià 架):耕地种田。 ②为圃:指种菜。"圃(pǔ普)",种蔬菜、瓜果、花草的园地。 ③樊须:即樊迟,名须。 ④襁负其子:抱着在襁褓中的婴儿。"襁(qiǎng抢)",婴儿的被子。

子曰:"诵《诗》三百①,授之以政,不达②;使于四方,不能专对③;虽多,亦奚以为④?"

[注释]①《诗》:指《诗经》。在西周和春秋时代,《诗》的许多篇章用于政治和外交活动,用做表情达意的工具。孔子以前,诗的数量庞大,杂乱重复,有一些不够雅驯,孔子删定为三百零五篇,简称为诗三百。 ②达:通达。 ③专对:春秋时代,出使他国,使节只接受使命,至于如何谈判交涉,能否完成使命,全靠使节独立行事,随机应变,就是"专对"。所以,必须是有独立应对能力的人才能担任使节。 ④虽多,亦奚以为:纵使读书多,又有什么用处呢?"以",用。"为",表示疑问的语气词,只和"奚、何"诸字连用,如"何以为文"等。

子曰:"其身正,不令而行;其身不正,虽令不从。"

子曰:"鲁卫之政,兄弟也①。"

[注释]①鲁卫之政,兄弟也:鲁国是周公旦的封地,卫国是康叔的封地,周公旦和康叔是兄弟。当时的鲁、卫相处和睦,如同兄弟。所以说鲁、卫之政,如同兄弟。

子谓卫公子荆①,"善居室②。始有,曰:'苟合矣③。'少有,曰:'苟完矣④。'富有,曰:'苟美矣⑤。'"

[注释]①公子荆:卫国大夫,字南楚,卫献公的儿子。 ②善居室:善于管理家业,指不奢侈浪费,不贪得无厌。 ③始有,曰:"苟合矣":刚刚有一些,便说:"差不多够了。""苟",差不多,下文同此。"合",足。 ④少有,曰:"苟完矣":稍稍增加一些,便说:"差不多完备了。" ⑤富有,曰:"苟美矣":多有一点,便说:"差不多富丽堂皇了。"

子适卫①,冉有仆②。子曰:"庶矣哉③!"

冉有曰:"既庶矣,又何加焉④?"曰:"富之。"
曰:"既富矣,又何加焉?"曰:"教之。"

[注释]①适:到……去,前往。 ②仆:动词,驾车。其人称为仆夫。③庶:众多,这里指人口多。 ④何加:增添些什么?意思是下一步怎样做。

子曰:"苟有用我者①,期月而已可也②,三年有成。"

[注释]①苟:如果,假若。 ②期(jī姬)月:一周年。"期月、周月",均为一年十二个月。

子曰:"'善人为邦百年①,亦可以胜残去杀矣②。'诚哉是言也!"

[注释]①为邦:治理国家。 ②胜残去杀:战胜残暴,免除杀戮。这两句是孔子引用古人的话。

子曰:"如有王者①,必世而后仁②。"

[注释]①王者:帝王,这里指圣君明主。 ②世:古代以三十年为一世。

子曰:"苟正其身矣,于从政乎何有?不能正其身,如正人何?"

冉子退朝①。子曰:"何晏也②?"对曰:"有政。"子曰:"其事也。如有政,虽不吾以③,吾其与闻之④。"

[注释]①冉子:冉有,当时任鲁国大夫季氏的家臣。朝:指季氏的办公处。 ②晏:晚,迟。 ③吾以:"以吾"的倒装,即用我。"以",用。"虽不吾以"的意思是:虽然不用我了。 ④与:参与。

定公问①:"一言而可以兴邦,有诸②?"

孔子对曰:"言不可以若是其几也③。人之言曰:'为君难,为臣不易。'如知为君之难也,不几乎一言而兴邦乎④?"

曰:"一言而丧邦,有诸?"

孔子对曰:"言不可以若是其几也。人之言曰:'予无乐乎为君,唯其言而莫予违也。'如其善而莫之违也,不亦善乎? 如不善而莫之违也,不几乎一言而丧邦乎?"

[注释]①定公:名宋,鲁国的国君,公元前509年—公元前495年在位。 ②诸:"之乎"的合音。 ③言不可以若是其几也:说话虽然不能这样简单机械,但是相近的话还是有的。 ④"人之言曰"这几句话的意思是:常说做君主很难,做臣子不易。大家都知道做君主的难处,都努力做事,国家就会兴旺。不就相当于一言兴邦吗?下文表述的也是这个意思。

叶公问政①。子曰:"近者说,远者来②。"

[注释]①叶(shè社)公:姓沈,名诸梁,楚国的大夫。 ②近者说,远者来:境内的人高兴,远处的人来投奔。"近者"指境内的人。"说"同"悦",高兴。

子夏为莒父宰①,问政。子曰:"无欲速,无见小利。欲速,则不达;见小利,则大事不成。"

[注释]①莒(jǔ举)父:鲁国的一个城邑,在今山东莒县境内。

叶公语孔子曰:"吾党有直躬者①,其父攘羊,而子证之②。"孔子曰:"吾党之直者异于是:父为子隐,子为父隐,直在其中矣③。"

[注释]①党:古代基层组织,这里指家乡,老家。直躬者:行为正直的人。 ②攘(rǎng嚷):盗窃。证:告发。 ③孔子主张父慈、子孝,所以说父子相隐,"直在其中"。

樊迟问仁。子曰:"居处恭,执事敬,与人忠。虽之夷狄①,不可弃也。"

[注释]①虽之夷狄:虽然到夷狄之邦。"之",往,到。"夷狄",古代对东方和北方各少数民族的称谓,这里泛指各少数民族。

子贡问曰:"何如斯可谓之士矣?"子曰:"行己有耻,使于四方,不辱君命①,可谓士矣。"

曰:"敢问其次。"曰:"宗族称孝焉,乡党称弟焉②。"

曰:"敢问其次。"曰:"言必信,行必果,硁硁然小人哉③!抑亦可以为次矣④。"

曰:"今之从政者何如?"子曰:"噫!斗筲之人⑤,何足算也?"

[注释]①不辱君命:不使君命受到玷污,指能够不折不扣地完成使命。 ②乡党:古代基层组织,这里指家乡。"弟"同"悌",尊敬兄长。 ③硁硁(kēng坑)然:浅薄固执的样子。孔子说的"言必信,行必果"的人,是指不分是非黑白而坚决贯彻执行的人。这样的人是非不分,属于小人,但是能够言出必行、行必有果,表里如一,还是属于士的行列,只是属于再次一等的士。 ④抑:可以,大体上。 ⑤斗筲(shāo梢)之人:指气量狭小的人。"斗",古代容量名。"筲",竹器。斗、筲的容量都很小。十升一斗,五升一筲。一说,斗筲之人指聚敛财货的人。

子曰:"不得中行而与之①,必也狂狷乎②!狂者进取,狷者有所不为也。"

[注释]①中行而与之:和言行符合中庸的人相交。"中行",行为合乎中庸。"与",相与,交往。 ②狂:狂放激进,志向远大而未必能够实行。狷(juàn倦):狷介,性情正直,不肯同流合污,融入世俗。

子曰:"南人有言曰:'人而无恒,不可以作巫医①。'善夫!"

"不恒其德,或承之羞②。"子曰:"不占而已矣③。"

[注释]①巫医:用卜筮替人治病的人。在先秦时代,因为医学水平低下,巫医很流行。 ②这两句引自《易经·恒卦·九三》的爻辞。意思是三心二意,翻云覆雨,总会招致羞辱。 ③占:占卦。

子曰:"君子和而不同①,小人同而不和。"

[注释]①和:和谐,协调。指在承认差别、分歧的前提下和谐共处。同:指人云亦云,盲目附和。

子贡问曰:"乡人皆好之①,何如?"子曰:"未可也。"

"乡人皆恶之②,何如?"子曰:"未可也。不如乡人之善者好之,其不善者恶之。"

[注释]①好(hào号):喜爱,称道,赞扬。 ②恶(wù务):憎恨,讨厌。在孔子心目中,受到全乡人的称赞和厌恶的人都不好,最好的是全乡的好人都称赞他,全乡的坏人都厌恶他。

子曰:"君子易事而难说也①。说之不以道,不说也;及其使人也,器之②。小人难事而易说也。说之虽不以道,说也;及其使人也,求备焉。"

[注释]①君子易事而难说:在君子手下工作容易,要讨得君子欢心很难。"易事",容易办事。"说",同"悦"。本章中的"说"字都同"悦"。
②器之:按各人的才能而加以合理的使用。"器",动词,认为有才气、才干。

子曰:"君子泰而不骄①,小人骄而不泰。"

[注释]①泰而不骄:内心安定而不傲慢。"泰",安宁,心情安定。"骄",傲慢。

子曰:"刚、毅、木、讷①,近仁。"

[注释]①木:质朴。讷(nè):说话迟钝,引申为言语谨慎,不肯轻易说话。

这一章的意思是:刚强、坚韧、质朴、说话谨慎,有这四种品德就近于仁了。

子路问曰:"何如斯可谓之士矣?"子曰:"切切偲偲①,怡怡如也②,可谓士矣。朋友切切偲偲,兄弟怡怡。"

[注释]①切切偲偲(sī思):互相恳切地提出善意的批评。 ②怡怡:和顺的样子。

子曰:"善人教民七年,亦可以即戎矣①。"

[注释]①即戎:参军作战。"即",就,前往。"戎",兵戎,指打仗。

子曰:"以不教民战①,是谓弃之。"

[**注释**]①不教民战:有两种理解,一是不对百姓进行军事教育,二是将"不教民"看做一个名词,意思是"不教之民",即没有经过军事教育的百姓。两种理解都通。

这一章的意思是:让根本不懂军事知识、不会打仗的人上战场,等于抛弃这些人的生命。

宪问第十四

宪问耻①。子曰:"邦有道,谷②;邦无道,谷,耻也。"

"克、伐、怨、欲不行焉③,可以为仁矣?"子曰:"可以为难矣,仁则吾不知也。"

[注释]①宪:即原宪。 ②谷:指俸禄,古代以谷物为俸禄。 ③克:好胜。伐:自夸其功。

子曰:"士而怀居①,不足以为士矣。"

[注释]①怀居:留恋安逸的生活。"怀",留恋。"居",安居。

子曰:"邦有道,危言危行①;邦无道,危行言孙②。"

[注释]①危言危行:言语正直,行为正直。"危",正、端正。 ②危行言孙:行为正直,语言谦逊。"孙"同"逊",顺。

子曰:"有德者必有言,有言者不必有德。仁者必有勇,勇者不必有仁。"

南宫适问于孔子曰①:"羿善射②,奡荡舟③,俱不得其死然。禹稷躬稼而有天下④。"夫子不答。

南宫适出。子曰:"君子哉若人⑤!尚德哉若人!"

[注释]①南宫适(kuò 括):姓南宫,名适,字子容,孔子的学生。 ②羿(yì 诣):传说中的人物。在古代传说中有三个羿,都是射箭能手。一是夏代有穷国的君主,善于射箭,曾夺夏太康的王位,后被其臣寒浞(zhuó 浊)所杀。二是帝喾的射师。三是唐尧时的射箭能手,传说当时十个太阳同时出现,大地灼热不堪,羿射落了九个,大地上的万物才得以生长。 ③奡(ào 傲):人名,传说是寒浞的儿子,是一个大力士,能够在陆地上行舟,善于水战,后被夏王少康所杀。荡舟:指水战。 ④禹:传说是夏朝的开国之君,善于治水,重视农业生产。稷(jì 计):传说是周朝国君的祖先,教民种植庄稼,被尊为谷神。 ⑤若人:这个人。南宫适认为羿、奡以勇武著称而不得好死,禹、稷亲自劳作耕种而取得了天下,可见他主张德治而反对暴力,所以孔子称赞他。

子曰:"君子而不仁者有矣夫,未有小人而仁者也①。"

[注释]①这里的"君子"、"小人"的含义不大清楚,如果是指有德者无德者而言,那么第二句没有必要,从道德层面看,"小人"不存在有"仁"的问题。所以,这里的"君子"应当是政治意义上的,指在位者;"小人"指民众。

子曰:"爱之,能勿劳乎?忠焉,能勿诲乎?"

子曰:"为命①,裨谌草创之②,世叔讨论之③,行人子羽修饰之④,东里子产润色之⑤。"

[注释]①为命:从字面上理解,指制定国家的政策法令。但是《左传》襄公三十年曾记载子产、裨谌、太叔(即世叔)、子羽等人"为辞令"的事。所为

辞令是外交上的应对之词,在保证国家利益的基础上要得体、文雅,要求较高,所以要有专人起草、审阅、润饰,从文字到内容都要经过严格把关,所说的程度和人物与孔子所述大体一致。所以,这儿的"为命"应以拟定外交辞令比较适当。 ②裨谌(bì chén 庇臣):人名,郑国的大夫。 ③世叔:即子太叔,名游吉,郑国的大夫。讨论:指一个人研究之后提出意见,与今天常用的"讨论"意义不同。"讨",治。 ④行人:外交官名。子羽:公孙挥,字子羽,郑国的大夫。 ⑤东里:地名,在今郑州市,郑国大夫子产居住的地方。润色:指修辞方面的加工。

  或问子产①。子曰:"惠人也。"
  问子西②。曰"彼哉!彼哉③!"
  问管仲④。曰:"人也。夺伯氏骈邑三百⑤,饭疏食⑥,没齿无怨言⑦。"

  [**注释**]①子产:郑国大夫,曾主持郑国的政治,进行改革,使郑国富强。 ②子西:名申,字子西,楚国的令尹(宰相)。他辅佐楚昭王,政绩不佳。 ③彼哉,彼哉:他呀!他呀!这是当时的人表示轻视的习惯语。 ④管仲:名夷吾,齐桓公的宰相,曾辅佐桓公称霸诸侯。 ⑤伯氏:齐国的大夫。骈邑:齐国的地名。 ⑥饭疏食:吃粗劣的饭食。"饭",动词,指吃饭。"疏食",粗劣的饭食,这里指饮食质量差。 ⑦没齿:死。因为管仲夺骈邑有理,所以伯氏虽然生活贫困,但至死没有怨言。

  子曰:"贫而无怨难,富而无骄易。"

  子曰:"孟公绰为赵、魏老则优①,不可以为滕、薛大夫②。"

  [**注释**]①孟公绰:鲁国的大夫,性寡欲,为孔子所尊敬。赵、魏:晋国最有权势的大夫赵氏、魏氏。老:大夫的家臣。优:优裕。 ②滕、薛:鲁国附近的

小国。"滕"在今山东滕州,"薛"在今山东滕州西南。赵氏、魏氏贪权,家臣清闲,故孟公绰去做,才力有余;滕、薛国小政繁,大夫责任重大,故孟公绰不能胜任。

子路问成人①。子曰:"若臧武仲之知②,公绰之不欲③,卞庄子之勇④,冉求之艺⑤,文之以礼乐,亦可以为成人矣。"曰:"今之成人者何必然?见利思义,见危授命,久要不忘平生之言⑥,亦可以为成人矣。"

[注释]①成人:全人,完美无缺的人。 ②臧武仲:即臧孙纥,鲁国的大夫。他在齐国时,齐庄公给他封地,他预料齐庄公将被杀而设法拒绝了齐庄公给的封地,因而后来没有受到牵连,人们认为他很聪明。知:同"智"。 ③公绰:即孟公绰,鲁国的大夫。 ④卞庄子:鲁国的大夫,封地在卞邑,相传曾徒手搏虎,以勇气著称。 ⑤冉求:孔子的学生,多才多艺。 ⑥要(yāo腰):"约"的通假,穷困的意思。

子问公叔文子于公明贾曰①:"信乎,夫子不言②,不笑,不取乎?"

公明贾对曰:"以告者过也③。夫子时然后言,人不厌其言;乐然后笑,人不厌其笑;义然后取,人不厌其取。"

子曰:"其然?岂其然乎?"

[注释]①公叔文子:名拔,卫国大夫,卫献公之孙。公明贾:姓公明,名贾,卫国人,公叔文子的使臣。 ②夫子:指公叔文子。 ③以告者过也:这是传话的人说错了。"以",这里作"此"解。"告者",传话的人。

子曰:"臧武仲以防求为后于鲁①,虽曰不要君②,吾不信也。"

[注释]①臧武仲以防求为后于鲁:臧武仲因为帮助季氏废长立少而得罪了孟孙氏,逃到邻国,不久又从邻国回到他的封地防城,并凭借防城这块根据地,向鲁国国君请求立臧氏的子弟为大夫,得到允许后才流亡到齐国。"防",地名,在今山东费县东北,臧武仲的封地。"后",后代,指臧氏子弟。 ②要(yāo腰):要挟。

子曰:"晋文公谲而不正①,齐桓公正而不谲②。"

[注释]①晋文公:姓姬,名重耳,晋国的国君,春秋时著名的霸主之一,公元前636年—公元前628年在位。谲(jué决):欺诈,狡诈,玩弄权术。晋文公曾召周天子而使诸侯朝之,故孔子认为他"谲而不正"。 ②齐桓公:姓姜,名小白,齐国的国君,春秋时著名的霸主之一,公元前685年—公元前643年在位。他讨伐楚国,用的是周天子的名义,责问楚国包茅之贡不入,问昭王南征不还的原因,故孔子认为他"正而不谲"。

子路曰:"桓公杀公子纠①,召忽死之②,管仲不死③。"曰:"未仁乎?"子曰:"桓公九合诸侯④,不以兵车⑤,管仲之力也。如其仁⑥!如其仁!"

[注释]①桓公:即齐桓公。公子纠:桓公之兄。因为争夺君位,桓公杀死了公子纠。 ②召忽:公子纠的谋士。他曾和管仲一起辅佐公子纠同桓公争夺君位,公子纠被杀之后,他自杀而死。 ③管仲:本来是公子纠的谋士。公子纠被杀之后,他投到桓公门下,当了齐相,辅佐桓公成就了霸业。 ④九合诸侯:齐桓公曾经十一次召集诸侯盟会。这里的"九",泛指多数,指齐桓公曾多次召集诸侯盟会。 ⑤不以兵车:不凭借武力。"兵车",战车,这里指武力。 ⑥如其仁:这就是他的仁!

子贡曰:"管仲非仁者与?桓公杀公子纠,不能死,又相之①。"子曰:"管仲相桓公,霸诸侯,一匡天下②,民到于今受其赐③。微管仲④,吾其被发左衽矣⑤。岂若匹夫匹妇之为谅也⑥,自经于沟渎而莫之知也⑦?"

[注释]①相:辅佐。 ②一匡天下:使天下走上正轨。"匡",匡正。③赐:恩赐,好处。 ④微:如果没有。 ⑤被发左衽:披散着头发,衣襟向左边开。这是当时少数民族的打扮,这里指沦为落后民族。"被"同"披"。"左衽(rèn 认)",衣襟向左边开。"衽",衣襟。 ⑥谅:诚信,遵守信用。这里指拘泥于小节。 ⑦自经于沟渎:在小沟渠中自杀而死。"自经",自缢,上吊自杀。"渎(dú 读)",小沟渠。"岂若匹夫匹妇之为谅也,自经于沟渎而莫之知也":难道要管仲像个普通老百姓那样拘泥于世俗的小节小信,在小山沟中自杀而不让人知道吗?

公叔文子之臣大夫僎与文子同升诸公①。子闻之,曰:"可以为'文'矣②。"

[注释]①公叔文子:名拔,卫国大夫。谥号"文",故称公叔文子。僎(xún 寻):人名,原是公叔文子的家臣,由于公叔文子的推荐,升为卫国大夫,成为卫国的大臣。 同升诸公:僎由家臣升为大夫,和公叔文子同位参政。"诸","之于"的合音。"公",指公室。 ②周朝的谥法规定"锡(赐)民爵位"为"文"。"文"又有顺理成章的意思。所以孔子认为公叔文子可以谥为"文"。

子言卫灵公之无道也①,康子曰②:"夫如是,奚而不丧③?"孔子曰:"仲叔圉治宾客④,祝鲍治宗庙,王孙贾治军旅。夫如是,奚其丧?"

[注释]①卫灵公:卫国国君。 ②康子:季康子,鲁国大夫。 ③奚而:奚为,为什么。 ④仲叔圉(yǔ 雨):即孔文子。他和祝鲍(tuó 驼)、王孙贾都是卫国大夫。

子曰:"其言之不怍①,则为之也难。"

[注释]①怍(zuò 坐):惭愧。说话大言不惭,那么实际去做就不容易了。

陈成子弑简公①。孔子沐浴而朝②,告于哀公曰:"陈恒弑其君,请讨之。"公曰:"告夫三子③!"

孔子曰:"以吾从大夫之后④,不敢不告也。君曰:'告夫三子'者!"

之三子告⑤,不可。孔子曰:"以吾从大夫之后,不敢不告也。"

[注释]①陈成子:即陈恒,齐国大夫。 简公:姓姜,名壬,齐国国君,公元前484年—公元前481年在位。 ②沐浴而朝:斋戒而后上朝。"沐浴",这里指斋戒。"朝",上朝。孔子这时已经告老还家,特为这事去朝见鲁哀公,因为他认为臣杀君是大逆不道的事,非讨伐不可。孔子认为,自己曾经是大夫,应该明确提出自己的主张;同时,在孔子看来,齐国国内站在陈恒一边的最多一半人,另一半人是反对陈恒的,以齐国一半的力量加上鲁国全国之力,讨伐陈恒是有胜利把握的。所以建议鲁哀公出兵讨伐。 ③三子:分掌鲁国权势的季孙、孟孙、叔孙,当时的鲁哀公名为国君,并无实权。 ④从大夫之后:孔子曾经做过大夫,"从大夫之后"是对做过大夫的谦虚说法,意为曾经忝列为大夫。 ⑤之:往,到。

子路问事君。子曰:"勿欺也,而犯之①。"

[注释]①犯:触犯,指谏诤、规劝,犯颜直谏。"勿欺也,而犯之"的意思是,为臣子的不要阳奉阴违地欺瞒君主,应该当面指出君主的错误。

子曰:"君子上达,小人下达①。"

[注释]①上达、下达的具体内容因为过于抽象,孔子说这句话的具体场

景又不明晰,所以后人理解分歧很大。从孔子的"君子喻于义、小人喻于利"以及其他关于君子、小人差异的论述来看,这里"上达"应该是指上达于仁义,"下达"应该是下达于财利。

子曰:"古之学者为己,今之学者为人①。"

[注释]①因为不了解孔子说这句话的具体场景和对象,古今都很难明确地把握这句话的含义。"古之学者"是古代的某一阶层还是某一类人、某几个人?"为己"、"为人"的具体内容是什么?都难以把握。《荀子·劝学》有一段话可以作为理解孔子这句话的参考:"君子之学也,入乎耳,著乎心,布乎四体,形乎动静;端而言,蠕而动,一可以为法则。小人之学也,入乎耳,出乎口;口耳之间则四寸耳,曷足以美七尺之躯哉!古之学者为己,今之学者为人。君子之学也以美其身,小人之学也以为禽犊。"以荀子的论述理解孔子的"为己"和"为人",可以将"古之学者为己,今之学者为人"理解为古人学习的目的在于充实提高自己,现在人学习是为了装饰给别人看。当然,孔子这是针对那些以学问装饰门面、欺世盗名之徒而言的,而不是指当时所有学习的人。

蘧伯玉使人于孔子①。孔子与之坐而问焉,曰:"夫子何为②?"对曰:"夫子欲寡其过而未能也。"
使者出。子曰:"使乎!使乎!"

[注释]①蘧(qú 渠)伯玉:名瑗,卫国大夫。孔子到卫国时,曾住在他家。孔子回鲁国后,蘧伯玉派人来拜访孔子。 ②夫子:指蘧伯玉,古代称大夫为夫子。

子曰:"不在其位,不谋其政①。"
曾子曰:"君子思不出其位②。"

[注释]①这两句重出,见《泰伯》第十四章。 ②曾子的意思和孔子一致,强调人们思考问题不要超越自己的地位、职责范围,更不要背离自己的身

份。

子曰:"君子耻其言而过其行①。"

[**注释**]①而:用法同"之"字,有的本子作"之"。这句话的意思是:君子以所说的话超出自己的行为为耻。

子曰:"君子道者三①,我无能焉:仁者不忧,知者不惑,勇者不惧。"子贡曰:"夫子自道也②。"

[**注释**]①君子道:君子之道。　②自道:自我叙述。

子贡方人①。子曰:"赐也贤乎哉②?夫我则不暇③。"

[**注释**]①方:同"谤",讥评别人,说别人的不是。　②赐:端木赐,即子贡。　③暇:空闲。

这一章的意思是:子贡评论别人长短,孔子批评他:"你自己就够好吗?我可没有这个闲工夫。"意思是说,与其花时间说别人的是非长短,不如反省自己,提高自己的学识修养。

子曰:"不患人之不己知①,患其不能也②。"

[**注释**]①患:忧患,担心。　不己知:"不知己"的倒装,不知道、不了解自己。　②其:自己。

子曰:"不逆诈①,不亿不信②,抑亦先觉者③,是贤乎!"

[**注释**]①不逆诈:不预先怀疑别人欺诈自己。"逆",事先预料。"诈",

欺诈。　②不亿不信:不无端地猜测别人不诚实。亿:繁体字为"億","臆"的通假,推测、猜想的意思。　③抑:可以。"抑亦先觉者",能及早觉察出来。

微生亩谓孔子曰①:"丘何为是栖栖者与②？无乃为佞乎③？"孔子曰:"非敢为佞也,疾固也④。"

[注释]①微生亩:姓微生,名亩,可能是个隐士。　②是:如此。栖栖(xī西):不安定的样子。　③无乃为佞乎:用反问的语气说孔子整天忙忙碌碌是为了表现自己口才过人。"佞(nìng泞)",花言巧语,能说会道。　④疾:恨。固:此处指固执的人。"非敢为佞也,疾固也",我不敢逞口才,而是讨厌那些顽固不通的人(隐指微生亩)。

子曰:"骥不称其力①,称其德也。"

[注释]①骥(jì计):骏马、好马。古代称善跑的马为骥。　称:赞扬。
本章直译为:骏马之所以被赞扬,不是因为它跑得快,气力大,而是因为它的品质。实际上,孔子这是以马喻人,强调品德的重要。

或曰:"以德报怨,何如？"子曰:"何以报德？以直报怨①,以德报德。"

[注释]①直:正直,不隐瞒。"以直报怨",以公平正直来报答怨恨,指心里不隐藏怨恨。

子曰:"莫我知也夫!"子贡曰:"何为其莫知子也？"子曰:"不怨天,不尤人①,下学而上达②。知我者其天乎!"

[注释]①尤:怨恨、责备。　②下学而上达:下学学什么？上达达于何处？古今学者理解差异很大。比较通行的理解是采纳皇侃的解说:"下学"指学人事,"上达"指达天命。人事有否有泰,所以不尤人;天命有穷有通,所以

不怨天。

公伯寮愬子路于季孙①。子服景伯以告②,曰:"夫子固有惑志于公伯寮③,吾力犹能肆诸市朝④。"

子曰:"道之将行也与,命也;道之将废也与,命也。公伯寮其如命何!"

[注释]①公伯寮(liáo 辽):字子周,孔子的学生。愬(sù 诉):同"诉",毁谤。季孙:鲁国的大夫。 ②子服景伯:名何,鲁国的大夫。 ③夫子:指季孙。 ④肆诸市朝:把尸体陈列于街头示众。"肆",动词,陈列尸体。"诸","之于"的合音,其中的"之"指公伯寮。"市朝",古人把罪犯尸体示众,或者在朝廷,或者在市集,笼统地称为市朝。

子曰:"贤者辟世①,其次辟地,其次辟色,其次辟言。"

子曰:"作者七人矣②。"

[注释]①辟:同"避",逃避。 ②作者:为之者。"作",为。七人:有的说是伯夷、叔齐、虞仲、夷逸、朱张、柳下惠、少连。有的说是长沮、桀溺、荷蓧丈人、石门、荷蒉、仪封人、楚狂接舆。人们避世有各种情况:有的是逃避恶浊的社会,有的是逃避不好的地方,有的是逃避难堪的脸色,有的是逃避难听的言论。这四者没有高下之分。

子路宿于石门①。晨门曰②:"奚自③?"子路曰:"自孔氏。"曰:"是知其不可而为之者与?"

[注释]①石门:鲁国都城的外门。 ②晨门:早晨看守城门的人。此人大概是一个隐士。 ③奚自:从何而来。

子击磬于卫①,有荷蒉而过孔氏之门者②,曰:"有心哉,击磬乎!"既而曰:"鄙哉,硁硁乎③!莫己知也,斯己而已矣④。深则厉,浅则揭⑤。"

子曰:"果哉!末之难矣⑥。"

[注释]①磬(qìng庆):一种打击乐器,用玉或石制成。 ②荷蒉:挑着草筐。"荷",担,扛。"蒉(kuì愧)",草筐。 ③硁硁(kēng坑):击磬发出来的抑而不扬的声音。 ④莫己知也,斯己而已矣:没有人了解自己,自己知道就够了。"斯己",就为自己。 ⑤深则厉,浅则揭:水深了,穿着衣服走过去;水浅了,提起衣服走过去。"厉",连衣服涉水。"揭",把衣裳提起。这两句引自《诗·邶风·匏有苦叶》,这里用来比喻人的进退应该审时度势。水深比喻社会非常黑暗,个人无能为力,只能听之任之。水浅比喻社会黑暗程度还不太深,还可以使自己不受沾染,不妨撩起衣裳,免得濡湿。 ⑥果哉!末之难矣:说得好干脆啊,如果这样就没有什么难的了。"果",果断,干脆。"末",无。

子张曰:"《书》云:'高宗谅阴,三年不言①。'何谓也?"子曰:"何必高宗,古之人皆然。君薨②,百官总己以听于冢宰三年③。"

[注释]①高宗谅阴,三年不言:高宗守孝,住在凶庐,三年不言语。"高宗",殷王武丁,古人称他是商朝中兴的贤王。"谅阴",居丧时所住的房子,又叫凶庐,这里指守孝。 ②薨(hōng轰):君主时代王、侯之死为薨。 ③百官总己以听于冢宰三年:国君死了,新继位的国君三年不过问政事,文武百官各司其职,听命于冢宰。"总",理,统领。"冢(zhǒng肿)宰",官名,又称太宰,相当于后世的宰相。"三年",守孝三年期满。

子曰:"上好礼,则民易使也。"

子路问君子。子曰:"修己以敬。"

曰:"如斯而已乎?"曰:"修己以安人①。"

曰:"如斯而已乎?"曰:"修己以安百姓。修己以安百姓,尧舜其犹病诸②!"

[注释]①人:这里指亲族和朋友。 ②尧舜其犹病诸:尧舜大概还没有做到而有些担忧哩!"病",这里有"难"的意思。"诸","之乎"的合音。

原壤夷俟①。子曰:"幼而不孙弟②,长而无述焉③,老而不死,是为贼④。"以杖叩其胫⑤。

[注释]①原壤夷俟:原壤伸开两腿像八字一样坐在地上等待。原壤,鲁国人,孔子的老朋友。据说他母亲死了,孔子去帮他治丧,他却站在棺材上唱歌,孔子也只好装做没听见。"夷",箕踞,坐着时叉开两腿。古人认为这样坐是傲慢无礼的表现。"俟(sì 似)",等待。 ②孙弟:同"逊悌",孝悌。 ③无述:没有建立什么功德被人称述。 ④贼:害人的人。 ⑤胫:小腿。

阙党童子将命①。或问之曰:"益者与②?"子曰:"吾见其居于位也③,见其与先生并行也④。非求益者也,欲速成者也。"

[注释]①阙党童子将命:阙党的一个童子来向孔子传话。"阙党",地名,在今山东曲阜市内,孔子家乡。"童子",未成年人。"将命",传达宾主的话。 ②益者:求上进的人。 ③居于位:当时的礼节规定,童子只能站在主人的北面,面向南,不应有位,成人才有位。文中童子居于成人之位,是一种无礼行为。 ④与先生并行:当时的礼节规定,年轻人同长辈在一起走路,应该跟在长辈的后面,"与先生并行"是无礼行为。

卫灵公第十五

卫灵公问陈于孔子①。孔子对曰:"俎豆之事②,则尝闻之矣;军旅之事,未之学也。"明日遂行。

[注释]①陈:同"阵",作战的阵势,这里指军事、战争。 ②俎(zǔ组)豆之事:指祭祀礼仪之事。"俎"和"豆"是古代举行宴饮、祭祀等礼仪活动时用来盛肉食的器皿。

在陈绝粮①,从者病,莫能兴②。子路愠见曰③:"君子亦有穷乎?"子曰:"君子固穷④,小人穷斯滥矣⑤。"

[注释]①孔子周游列国时,从陈国去蔡国的途中,因故被陈国人包围,绝粮七天。 ②兴:起来,此处指行走。 ③愠(yùn 运):怨恨,恼怒。 ④固:固守,安守。 ⑤斯:就。滥:泛滥,没有节制。

子曰:"赐也①,女以予为多学而识之者与②?"对曰:"然,非与?"曰:"非也,予一以贯之③。"

[注释]①赐:端木赐,即子贡。 ②女:同"汝",你。 识(zhì 志):同"志",记。 ③予一以贯之:我有一个基本原则贯穿始终。对照《里仁》篇可知,贯串孔子学说的是忠恕之道。

子曰:"由,知德者鲜矣①。"

[注释]①鲜:少。

子曰:"无为而治者,其舜也与①?夫何为哉②?恭己正南面而已矣。"

[注释]①无为而治者,其舜也与:一般儒者都认为舜无为而治,传说他一方面以自己的盛德感化人民,另一方面任用贤人,达到无为而治的效果。"与"同"欤",语气词。 ②夫(fú扶):他。

子张问行①。子曰:"言忠信,行笃敬②,虽蛮貊之邦③,行矣。言不忠信,行不笃敬,虽州里④,行乎哉?立则见其参于前也⑤,在舆则见其倚于衡也⑥,夫然后行。"子张书诸绅⑦。

[注释]①行:通达,使政令行得通。 ②笃(dǔ堵):忠实,一心一意。 ③蛮貊(mò末):南蛮和北狄,当时对我国南方和北方少数民族的贱称,这里泛指周边各族。 ④州里:居民基层组织,这里指本乡本土。战国学者设计五家为邻,五邻为里,以二千五百家为州。 ⑤参:显现。 ⑥衡:车辕前的横木。 ⑦书诸绅:把它们写在衣带上。"绅",士大夫束在腰间的大带子。

子曰:"直哉史鱼①!邦有道,如矢②;邦无道,如矢。君子哉蘧伯玉③!邦有道,则仕;邦无道,则可卷而怀之④。"

[注释]①史鱼:史鲥,字子鱼,卫国的大夫,敢于劝谏。他临死前嘱咐儿子说:"我数言蘧伯玉之贤而不能进,弥子瑕不肖而不能退。为人臣生不能进

贤而退不肖,死不当治丧正堂,殡我于室足矣。"他儿子遵遗嘱治丧,卫国国君问为什么不在正堂治丧,他儿子便把父亲的遗嘱相告,卫君便召蘧伯玉而退弥子瑕。史鱼生以身谏,死以尸谏,人们都赞扬他很正直。　②矢:箭,像箭一样直,这里指正直。　③蘧伯玉:名瑗,卫国的大夫。　④卷而怀之:指不能参与政事,柔顺而不得罪人。

子曰:"可与言而不与之言,失人①;不可与言而与之言,失言。知者不失人②,亦不失言。"

[注释]①失人:指错过人才。　②知:同"智"。

子曰:"志士仁人,无求生以害仁,有杀身以成仁。"

子贡问为仁。子曰:"工欲善其事,必先利其器①。居是邦也,事其大夫之贤者,友其士之仁者。"

[注释]①这两句是比喻,以工匠用利器来帮助做好工作,比喻仁人靠贤友来帮助实行仁德。

颜渊问为邦。子曰:"行夏之时①,乘殷之辂②,服周之冕③,乐则《韶》、《舞》④。放郑声⑤,远佞人⑥。郑声淫,佞人殆⑦。"

[注释]①时:指历法。夏朝的历法,以建寅之月(旧历正月)为每年的第一月,便于农业生产。周朝的历法,以建子之月(旧历十一月)为每年的第一月,而以冬至日为元日,不便于农业生产。在周朝时,也有很多国家不用周历而用夏历,或者两种历法同时用。我们现在用的农历,就是夏历。　②辂(lù 路):车子。殷代的车子比周代的车子自然质朴一些。　③冕(miǎn 免):古代天子、诸侯、卿、大夫所戴的礼帽。孔子主张礼服要华美,周代的礼帽比前

代的华美。　④《韶》:舜时的一种乐曲。《舞》:同《武》,周武王时的乐曲。　⑤放郑声:舍弃郑国音乐。"放",放弃,排斥。"郑声",在郑国流行的民间音乐。　⑥佞(nìng泞)人:惯于用花言巧语谄媚他人的小人。　⑦殆(dài代):危险。

子曰:"人无远虑,必有近忧。"

子曰:"已矣乎!吾未见好德如好色者也。"

子曰:"臧文仲其窃位者与①?知柳下惠之贤而不与立也②。"

[注释]①臧文仲:臧孙辰,鲁国的大夫,历仕庄公、闵公、僖公、文公四朝。窃位:窃居其位,指不称职而有愧于心,好像职位是窃取来的一样。　②柳下惠:姓展,名获,字禽,鲁国的贤人。"柳下"是他的封地,"惠"是他的谥号。立:位,古代立与位同字,此处指职位。

子曰:"躬自厚而薄责于人,则远怨矣。"

子曰:"不曰'如之何,如之何'者①,吾末如之何也已矣②。"

[注释]①如之何:怎么办,表示在动脑筋思考问题。　②吾末如之何也已矣:我也不知道怎么办了。"末",无。

子曰:"群居终日,言不及义,好行小慧,难矣哉!"

子曰:"君子义以为质①,礼以行之,孙以出之②,信以成之。君子哉！"

[注释]①质:根本,本质。 ②孙以出之:用谦逊的语言说出来。"孙"同"逊"。"出",出言,表达。

　　子曰:"君子病无能焉①,不病人之不己知也。"

[注释]①病:忧虑,担心。

　　子曰:"君子疾没世而名不称焉①。"

[注释]①疾:忧虑,担心。没(mò末)世:死亡。称:称赞。

　　子曰:"君子求诸己,小人求诸人。"

　　子曰:"君子矜而不争①,群而不党②。"

[注释]①矜(jīn今):庄重,慎重。 ②党:为了私利互相勾结。

　　子曰:"君子不以言举人,不以人废言。"

　　子贡问曰:"有一言而可以终身行之者乎？"子曰:"其恕乎①！己所不欲,勿施于人。"

[注释]①恕:推己及人,即"己所不欲,勿施于人"。

　　子曰:"吾之于人也,谁毁谁誉？如有所誉者,其有所试矣①。斯民也,三代之所以直道而行也②。"

[注释]①试:试验,考验。 ②三代:夏、商、周。

这里孔子强调自己不轻言毁誉,如有赞誉也一定是经过事实检验的。

子曰:"吾犹及史之阙文也①。有马者借人乘之②,今亡矣夫③!"

[注释]①史之阙文:史书上缺少文字的地方。"史",指史书。"阙文",没有字的空白之处。"阙"同"缺"。 ②"有马者借人乘之"和前一句没有什么关联,很难理解,大概是错简所致。 ③亡:同"无"。

子曰:"巧言乱德。小不忍,则乱大谋。"

子曰:"众恶之,必察焉①;众好之,必察焉②。"

[注释]①众恶之,必察焉:大家都讨厌的人,不一定坏,所以要去考察。②众好之,必察焉:大家都喜爱的人,不一定好,所以要去考察。

子曰:"人能弘道①,非道弘人。"

[注释]①弘(hóng 洪):扩充,光大。

子曰:"过而不改,是谓过矣。"

子曰:"吾尝终日不食①,终夜不寝,以思②,无益,不如学也。"

[注释]①尝:曾经。 ②以思:去思考。

子曰:"君子谋道不谋食。耕也,馁在其中矣①;学也,禄在其中矣②。君子忧道不忧贫。"

[注释]①馁(něi):饥饿。 ②禄:俸禄,指官位。

子曰:"知及之①,仁不能守之;虽得之,必失之。知及之,仁能守之。不庄以涖之②,则民不敬。知及之,仁能守之,庄以涖之,动之不以礼,未善也。"

[注释]①知及之:聪明才智足以达到。知:同"智"。"之"的含义包括下文"知及之"的"之",文中都没有说明,也没有什么参考,从下文的"不庄以涖之"诸句判断,这个"之"是指卿大夫的禄位,否则不会涉及临民和动员人民的。 ②涖(lì利):同"莅",临,到。

子曰:"君子不可小知而可大受也①,小人不可大受而可小知也。"

[注释]①小知:用小事情考察了解。大受:承担重任。"受",承受。
本章的意思是:用小事情考察君子,君子的表现并不一定突出,但是,君子可以承担大任,所以不能用小事情来考验君子。而小人在小事情上可以表现得很好,但是,绝对不能承担大任,所以,不能根据小事情的考察结果授小人以大任。

子曰:"民之于仁也,甚于水火。水火,吾见蹈而死者矣,未见蹈仁而死者也①。"

[注释]①蹈:踩,这里引申为"实行"。
本章的意思是说:民对仁的需要比对水火的需要更迫切,百姓生活离不开水和火,更离不开仁。仁对百姓是只有好处没有坏处的,在现实生活中,我们可以看到人们因溺水蹈火而死的,从来没看到因为躬行仁义而死的。

子曰:"当仁,不让于师。"

子曰:"君子贞而不谅①。"

[注释]①贞而不谅:讲大信而不计小信。"贞",正直、诚信,指固守正道。"谅",指不分是非地守信用。

子曰:"事君,敬其事而后其食①。"

[注释]①食:指俸禄。

子曰:"有教无类①。"

[注释]①类:类别,区别。孔子说"自行束脩以上,吾未尝无诲焉",便是"有教无类"。"无类"指没有贫富、地域等区分,对教育对象不加限制。

子曰:"道不同,不相为谋。"

子曰:"辞达而已矣。"

师冕见①,及阶②,子曰:"阶也。"及席,子曰:"席也。"皆坐,子告之曰:"某在斯③,某在斯。"
师冕出。子张问曰:"与师言之道与④?"子曰:"然,固相师之道也⑤。"

[注释]①师冕见:乐师冕来见孔子。"冕(miǎn 勉)",人名,当时任乐师。古时的乐师多是盲人。 ②及阶:到了台阶边。 ③某在斯:某人在这里。 ④与师言之道与:这是与乐师讲话的方式吗?句首"与"意为"和",句尾"与"为语气词。 ⑤相(xiàng 向):帮助。

季氏第十六

季氏将伐颛臾①。冉有、季路见于孔子曰:"季氏将有事于颛臾②。"

孔子曰:"求!无乃尔是过与③?夫颛臾,昔者先王以为东蒙主④,且在邦域之中矣⑤,是社稷之臣也⑥。何以伐为?"

冉有曰:"夫子欲之⑦,吾二臣者皆不欲也。"

孔子曰:"求!周任有言曰⑧:'陈力就列,不能者止⑨。'危而不持⑩,颠而不扶⑪,则将焉用彼相矣⑫?且尔言过矣。虎兕出于柙⑬,龟玉毁于椟中⑭,是谁之过与?"

冉有曰:"今夫颛臾,固而近于费⑮。今不取,后世必为子孙忧。"

孔子曰:"求!君子疾夫舍曰欲之而必为之辞⑯。丘也闻有国有家者⑰,不患寡而患不均,不患贫而患不安⑱。盖均无贫⑲,和无寡⑳,安无倾㉑。夫如是,故远人不服,则修文德以来之㉒。既来之,则安之㉓。今由与求也,相夫子㉔,远人不服,而不能来也;邦分崩离析,而不能守也;而谋动干戈于邦内㉕。吾恐季孙之忧,不在颛臾,而在萧墙之内也㉖。"

[注释]①颛臾(zhuān yú 专鱼):鲁国的附属国,在今山东费县西北。 ②有事:指战争。当时冉有和子路都是季氏的家臣,所以向孔子报告。 ③无乃尔是过与:这难道不应该责备你吗?"无乃",岂不。"尔",你。"过",责备。 ④东蒙:蒙山,在今山东蒙阴县南。主:主持祭祀的人。 ⑤邦域之中:在鲁国疆土之内。 ⑥社稷:先秦帝王祭祀的土地神和谷神,后来成为国家的代称,这里指鲁国。 ⑦夫子:指季康子。 ⑧周任:周代的一位史官,据说见识过人,品质优秀,被称为良史。 ⑨陈力就列,不能者止:把自己的本领都拿出来,能够胜任就担任职务,不能胜任就辞职。"陈",陈列,摆出来。"力",才力。"就",居,充任。"列",职位。 ⑩危而不持:看到盲人遇到危险不去扶持。"危",指站不稳。"持",扶着,稳住。 ⑪颠而不扶:将要摔倒而不搀扶。"颠",跌倒。"扶",搀扶。 ⑫相(xiàng 向):辅佐,帮助。这里指扶着盲人走路的人。 ⑬兕(sì 四):雌犀牛。柙(xiá 峡):关猛兽的笼子。 ⑭龟:龟甲,古人用来占卜。椟(dú 独):匣子。 ⑮固而近于费:城墙坚固又靠近费。"费",季氏的私邑,在今山东费县。 ⑯疾:憎恶。辞:托辞,借口。"君子疾夫舍曰欲之而必为之辞"的意思是:君子最厌恶的就是这种态度,不说自己贪心却硬找借口来掩饰自己。 ⑰有国有家:诸侯之地曰国,卿大夫之地曰家,这里指诸侯、卿大夫。 ⑱不患寡而患不均,不患贫而患不安:当作"不患贫而患不均,不患寡而患不安",意思是:不担心财富少,而担心社会分配不均;不担心人口少,而担心社会不安定。"寡",人口少。 ⑲均无贫:财富分配公平合理,上下各得其份,就没有贫穷。综合孔子思想,这里的"均"并不是平均主义,而是指财富占有和人的社会等级相适应,相同身份的人所拥有的财富、权利、义务相同。 ⑳和无寡:人与人之间和睦相处,民众愿意归附,就不会有人口少的事情。 ㉑安无倾:国家安定,就没有倾覆的危险。 ㉒文:文教礼乐。 ㉓则安之:百姓自动归附,就要使他们安居乐业。 ㉔相:辅佐。夫子:季氏。 ㉕干戈:指军事。"干",盾牌。"戈",刺杀的武器。 ㉖萧墙:鲁国国君在宫门内所设的屏风,人臣到屏风跟前自会肃然

起敬。"萧"是"肃"的意思,萧墙即肃墙。"萧墙之内"指朝廷内部。当时季孙氏把持鲁国朝政,鲁君想削弱季孙氏以收回权力。所以,季孙氏担心颛臾凭借地势之便起来帮助鲁君,于是先下手为强,攻打颛臾。孔子这句话,准确地刺中了季孙氏的内心。

孔子曰:"天下有道,则礼乐征伐自天子出;天下无道,则礼乐征伐自诸侯出。自诸侯出,盖十世希不失矣①;自大夫出,五世希不失矣;陪臣执国命②,三世希不失矣。天下有道,则政不在大夫。天下有道,则庶人不议。"

[注释]①盖:句首语气词,"大概"的意思。希:同"稀",很少。 ②陪臣:卿、大夫的家臣。

孔子曰:"禄之去公室五世矣①,政逮于大夫四世矣②,故夫三桓之子孙微矣③。"

[注释]①禄之去公室五世矣:国家政权离开鲁君已经五代了。"禄",爵禄,指对爵禄的控制,指政权。"去",离开,失去,丧失。"公室",诸侯的家族。"五世",五代。鲁文公死后,大夫东门襄仲杀嫡长子子赤而立宣公,掌握了鲁国的政权;宣公死后,鲁国政权又落在大夫季氏的手中,经历了成公、襄公、昭公到孔子说这段话时的定公四代,加上宣公便是五代。 ②政逮于大夫四世矣:政权到了季孙氏的手里已经四代了。"逮(dài 代)",到,及。"大夫",指季孙氏。"四世",季氏从开始掌权到孔子说这段话的时候,经历了文子、武子、平子、桓子四代。 ③三桓之子孙微矣:鲁桓公的三房子孙衰微了。"三桓",鲁国的三卿仲孙(即孟孙)、叔孙、季孙都是鲁桓公的后代,故称三桓。"微",衰微,指当时出现的"陪臣执国命"的情况。

孔子曰:"益者三友,损者三友。友直,友谅①,友多闻,益矣。友便辟②,友善柔③,友便佞④,损矣。"

[**注释**]①谅:诚信,诚实。 ②便(pián 骈)辟:逢迎谄媚。 ③善柔:当面奉承,背后诋毁。 ④便佞(pián nìng 骈泞):善于花言巧语。

孔子曰:"益者三乐,损者三乐。乐节礼乐①,乐道人之善,乐多贤友,益矣。乐骄乐,乐佚游②,乐宴乐③,损矣。"

[**注释**]①乐节礼乐:以礼乐节制自己行为为快乐。 ②佚(yì 义):同"逸",过分,放纵。 ③宴乐:宴饮取乐。

孔子曰:"侍于君子有三愆①:言未及之而言谓之躁,言及之而不言谓之隐,未见颜色而言谓之瞽②。"

[**注释**]①愆(qiān 千):过失。 ②瞽(gǔ 古):瞎子。

孔子曰:"君子有三戒①:少之时,血气未定,戒之在色;及其壮也,血气方刚,戒之在斗;及其老也,血气既衰,戒之在得②。"

[**注释**]①戒:防备,警惕。 ②得:贪得,指贪求名誉、地位、财货等。

孔子曰:"君子有三畏:畏天命,畏大人①,畏圣人之言②。小人不知天命而不畏也,狎大人③,侮圣人之言。"

[**注释**]①大人:指天子、诸侯等地位高贵的人。 ②圣人之言:指文王、周公等传世的典籍训诂。 ③狎(xiá 峡):狎侮,不尊重。

孔子曰:"生而知之者,上也;学而知之者,次也;困而学之,又其次也;困而不学,民斯为下矣。"

孔子曰:"君子有九思:视思明①,听思聪②,色思温③,貌思恭④,言思忠⑤,事思敬⑥,疑思问⑦,忿思难⑧,见得思义⑨。"

[注释]①视思明:看的时候,考虑看明白没有。 ②听思聪:听的时候,考虑听清楚了没有。 ③色思温:脸色表情,考虑是否温和。 ④貌思恭:体貌态度,考虑是否端庄、矜持、得体。 ⑤言思忠:说话的时候,考虑说话的内容是否诚实。 ⑥事思敬:对待工作,考虑是否严肃认真。 ⑦疑思问:遇到问题,就考虑如何向人家请教。 ⑧忿思难:将发怒的时候,考虑会有什么后果。 ⑨见得思义:看见可得的,考虑是否应该得到。"得",得到,指取得名利地位等。"义",合理。

孔子曰:"见善如不及,见不善如探汤①。吾见其人矣,吾闻其语矣。隐居以求其志,行义以达其道。吾闻其语矣,未见其人也。"

[注释]①汤:沸水。"探汤",把手伸进沸水里。

齐景公有马千驷①,死之日,民无德而称焉。伯夷、叔齐饿于首阳之下②,民到于今称之。其斯之谓与③?

[注释]①齐景公:名杵臼(chǔ jiù 楚旧),齐国国君。驷(sì 四):同拉一辆车的四匹马。古代一般用四匹马驾一辆车。 ②伯夷、叔齐:商朝末年孤竹君的两个儿子。父亲死后,他们二人因互让君位而出逃。周灭商后,他们耻食周粟,隐居在首阳山,采薇而食,终于饿死。古人称颂他们的节义。 ③这句与上文不相衔接,可能有缺漏。

陈亢问于伯鱼曰①:"子亦有异闻乎?"

对曰:"未也。尝独立,鲤趋而过庭②。曰:'学诗乎?'对曰:'未也。''不学诗,无以言。'鲤退而学诗。他日,又独立,鲤趋而过庭。曰:'学礼乎?'对曰:'未也。''不学礼,无以立。'鲤退而学礼。闻斯二者③。"

陈亢退而喜曰:"问一得三:闻诗,闻礼,又闻君子之远其子也④。"

[**注释**]①陈亢:姓陈,名亢,字子禽。伯鱼:姓孔,名鲤,字伯鱼,孔子的儿子。　②趋:快走,以表示恭敬。　③斯:这。　④远:不亲近,这里指不偏爱。

邦君之妻①,君称之曰夫人,夫人自称曰小童;邦人称之曰君夫人,称诸异邦曰寡小君;异邦人称之亦曰君夫人。

[**注释**]①邦君:诸侯国君。

阳货第十七

阳货欲见孔子①,孔子不见,归孔子豚②。

孔子时其亡也③,而往拜之。

遇诸涂④。

谓孔子曰:"来!予与尔言。"曰⑤:"怀其宝而迷其邦,可谓仁乎?"曰:"不可。""好从事而亟失时⑥,可谓知乎⑦?"曰:"不可。""日月逝矣,岁不我与⑧。"

孔子曰:"诺⑨,吾将仕矣。"

[注释]①阳货:又称阳虎,鲁国大夫季氏的家臣。季氏几代把持鲁国的政权,阳货这时又掌握了季氏的权柄,孔子说他是"陪臣执国命"。后来,他在内部争权的斗争中失败,逃往晋国。 ②归(kuì愧):同"馈",赠送。豚(tún屯):小猪。这里指蒸熟了的小猪。按当时的礼俗,大夫赠送礼物给士,如果不是在家里当面接受,士就应该去大夫家登门拜谢。阳货赠送一头蒸熟了的小猪给孔子,就是为了让孔子去回拜时和他相见,以便劝他出仕。但孔子不愿见阳货,所以趁阳货不在家里时去回拜。 ③时:同"伺",窥伺。亡:外出。 ④涂:同"途",道路,这里指路上。 ⑤这里的"曰"和下文的两个"曰"都指阳货自问自答。 ⑥亟(qì气):屡次。 ⑦知:同"智"。 ⑧与:在一起,这里有等待的意思。 ⑨诺:应答声,相当于"好吧"。

子曰:"性相近也,习相远也。"

子曰:"唯上知与下愚不移①。"

[注释]①上知:最聪明的上等人,如从小就聪明非凡的神童之类。下愚:最愚笨的下等人,如生来就愚笨的白痴之类。孔子认为一般的人都是"性相近,习相远",只有"上知"和"下愚"一生下来就是如此,习俗也不能把他们改变。

子之武城①,闻弦歌之声。夫子莞尔而笑②,曰:"割鸡焉用牛刀③?"

子游对曰④:"昔者偃也闻诸夫子曰:'君子学道则爱人,小人学道则易使也。'"

子曰:"二三子!偃之言是也。前言戏之耳。"

[注释]①之:往,到。武城:鲁国的一个小城。 ②莞(wǎn晚)尔:微笑的样子。 ③焉:哪里,怎么。这句以杀鸡不用宰牛刀,比喻治理武城这个城市用不着礼乐教化。 ④子游:姓言,名偃,字子游,孔子的学生,当时任武城长。

公山弗扰以费畔①,召,子欲往。

子路不说②,曰:"末之也已③,何必公山氏之之也④?"

子曰:"夫召我者,而岂徒哉⑤?如有用我者,吾其为东周乎⑥!"

[注释]①公山弗扰:一名公山不狃,鲁国大夫季氏的家臣。畔:同"叛",

叛乱,指公山弗扰伙同阳货在费邑反叛季氏。　②说:同"悦"。　③末:没有(什么地方)。之:去,往。已:止,罢了。"末之也已"的意思是:没有地方去就算了。　④何必公山氏之之也:即"何必之公山氏也"的倒装。前一个"之"字为结构助词,起倒装作用;后一个"之"字为动词,有"去"、"往"的意思。　⑤徒:徒然,白白地。"夫召我者,而岂徒哉"的意思是:那个召我的人,难道会让我白跑一趟吗?孔子的意思是说公山不狃会给自己实际权力的,有了实际权力就能把自己的理想变为现实,表明自己不是为了什么官禄想上公山不狃那儿去的。　⑥为东周:建设一个东方的周王朝,指在鲁国复兴西周的礼乐制度。

子张问仁于孔子。孔子曰:"能行五者于天下,为仁矣。"

"请问之。"曰:"恭,宽,信,敏,惠。恭则不侮,宽则得众,信则人任焉,敏则有功,惠则足以使人。"

佛肸召①,子欲往。

子路曰:"昔者由也闻诸夫子曰:'亲于其身为不善者,君子不入也。'佛肸以中牟畔②,子之往也,如之何?"

子曰:"然,有是言也。不曰坚乎,磨而不磷③;不曰白乎,涅而不缁④。吾岂匏瓜也哉⑤?焉能系而不食⑥?"

[**注释**]①佛肸(bì xī 必希):晋国大夫范中行的家臣,中牟(范氏的私邑)长。赵简子以晋侯的名义攻打范中行,佛肸便以中牟为据点反叛,所以召用孔子。孔子认为赵简子如果灭掉范中行,就会形成三分晋地的形势,因此想去辅助佛肸对抗赵简子。　②中牟(mù 木):晋国地名,在今河北邢台和邯郸之间。畔:同"叛"。　③磷(lìn 吝):薄,损伤。　④涅(niè 聂):可做黑色染料的矾石,这里作动词用,有"染黑"的意思。缁(zī 兹):黑。　⑤匏(páo 袍)瓜:瓠子,古代有苦、甘两种,味苦的不能吃,但可以系在腰间,作泗渡用。

⑥系:结,扣。系在腰间。

子曰:"由也,女闻六言六蔽矣乎①?"对曰:"未也。"

"居②!吾语女。好仁不好学,其蔽也愚;好知不好学③,其蔽也荡;好信不好学,其蔽也贼④;好直不好学,其蔽也绞⑤;好勇不好学,其蔽也乱;好刚不好学,其蔽也狂。"

[注释]①女:同"汝",你。六言:六个字,指仁、智、信、直、勇、刚,这是六种品德。蔽:指弊病。 ②居:坐。 ③知:同"智"。 ④贼:害。 ⑤绞:尖刻刺人。

子曰:"小子何莫学夫诗①?诗,可以兴,可以观,可以群,可以怨。迩之事父②,远之事君;多识于鸟兽草木之名。"

[注释]①小子:指学生们。 ②迩(ěr尔):近。

子谓伯鱼曰①:"女为《周南》、《召南》矣乎②?人而不为《周南》、《召南》,其犹正墙面而立也与③?"

[注释]①伯鱼:即孔鲤。 ②《周南》、《召(shào邵)南》:《诗经》国风的篇名。周南和召南是地名,周南在汉水流域东部,召南在汉水流域西部。《诗大序》说:"《周南》、《召南》,正始之道,王化之基。"儒家认为这两个地区的诗歌是合乎礼义的。 ③正墙面而立:正面向着墙壁站立,说明无法再向前行走。

子曰:"礼云礼云,玉帛云乎哉①?乐云乐云,钟鼓云乎哉？"

[注释]①玉帛(bó 博)：指举行礼仪时用的玉器、丝织品。

子曰："色厉而内荏①，譬诸小人，其犹穿窬之盗也与②？"

[注释]①色厉：外表严厉。内荏(rěn 忍)：内心软弱。 ②穿：穿洞。窬(yú 余)：同"踰"，爬墙。

子曰："乡愿①，德之贼也②。"

[注释]①乡愿：一作乡原，"原"与"愿"通。"愿"，谨慎的意思。"乡愿"的意思是不分是非善恶的好好先生。《孟子·尽心下》中万章问什么是"乡原"，孟子回答说："阉然媚于世也者，是乡原也。"讨好世俗、八面玲珑的人叫做乡愿。又说："非之无举也，刺之无刺也，同乎流俗，合乎污世，居之似忠信，行之似廉洁，众皆悦之，自以为是，而不可与入尧舜之道，故曰'德之贼'也。"这种人，要指责他，举不出大错误；要责骂他，也没有什么可责骂的地方，他只是同流合污，为人好像忠厚老实，行为好像方正廉洁，大家也都喜欢他，他自己也以为正确，但是和尧舜之道完全违背，所以说他是贼害道德的人。这是对"乡愿"最早也是最详细的解释。 ②贼：伤害。

子曰："道听而涂说①，德之弃也。"

[注释]①涂：同"途"。

子曰："鄙夫可与事君也与哉①？其未得之也，患得之②。既得之，患失之。苟患失之，无所不至矣。"

[注释]①鄙(bǐ 比)夫：品德低下的人。 ②患得之：这里是"患不得之"

的意思。

子曰:"古者民有三疾,今也或是之亡也①。古之狂也肆,今之狂也荡;古之矜也廉②,今之矜也忿戾③;古之愚也直,今之愚也诈而已矣。"

[注释]①亡:同"无"。 ②矜(jīn 金):自尊自大。廉:本意是器物的棱角,引申为人的行为方正有威不可触犯。 ③忿戾(fèn lì 奋利):态度凶恶,蛮不讲理。

子曰:"巧言令色,鲜矣仁。"

子曰:"恶紫之夺朱也①,恶郑声之乱雅乐也②,恶利口之覆邦家者③。"

[注释]①恶(wù 务):厌恶。朱:红色。古时以大红为正色,但春秋时代有些君主喜欢穿紫色衣服,以紫色取代了朱色的正色地位。 ②郑声:郑国的民间音乐。雅乐:周朝用于郊庙朝会的正统音乐。郑乐与雅乐的音调不同,孔子谓"郑声淫"。 ③利口之覆邦家者:以花言巧语颠覆国家的人。"利口",花言巧语,能言善辩。"邦家",国家。

子曰:"予欲无言①。"子贡曰:"子如不言,则小子何述焉?"子曰:"天何言哉?四时行焉,百物生焉,天何言哉?"

[注释]①孔子主张身教重于言教,他讲这句话的意思是启发学生们从他的一举一动中去学习。

孺悲欲见孔子①,孔子辞以疾②。将命者出户③,取瑟而歌,使之闻之④。

[注释]①孺悲:鲁国人,鲁哀公曾派他向孔子学习士丧礼。 ②辞以疾:借口有病,拒绝接待。 ③将命者:传话的人。 ④按当时的礼节,年轻人初次见年长位尊的人一定要有介绍人。有人说孺悲初次见孔子没有介绍人,孔子以为这是违礼。所以孔子使孺悲听见自己弹瑟唱歌,是让他知道自己没有接见他并不是因为生病,而是用这种办法教育他以后要守礼。

宰我问:"三年之丧,期已久矣。君子三年不为礼,礼必坏;三年不为乐,乐必崩。旧谷既没,新谷既升①,钻燧改火②,期可已矣③。"

子曰:"食夫稻④,衣夫锦,于女安乎⑤?"

曰:"安。"

"女安,则为之!夫君子之居丧,食旨不甘⑥,闻乐不乐,居处不安⑦,故不为也。今女安,则为之!"

宰我出。子曰:"予之不仁也⑧!子生三年,然后免于父母之怀。夫三年之丧,天下之通丧也。予也有三年之爱于其父母乎?"

[注释]①升:登,登场。 ②燧(suì岁):古代取火的器具,即燧石,通称火石。改火:古代用燧石钻木取火,所用的木头四季不同,春季用榆柳,夏季用枣杏和桑柘,秋季用柞楢,冬季用槐檀,周而复始,一年轮一遍。 ③期可已矣:服丧一周年就可以了。"期(jī基)",一周年。"已",止。 ④食夫稻:古代北方以稷(小米)为主要粮食,水稻的种植面积小,稻米很珍贵。按照礼制,三年丧期,不能有正常的娱乐宴饮活动,生活俭朴。"食夫稻"和下文的"衣夫锦"指服丧期满以后的正常的生活享受。 ⑤女:同"汝",你。 ⑥食旨不甘:吃美味的食物没有味道。"旨",滋味美,此处指美的食物。"甘",味道好。 ⑦居处:古代孝子服丧期间要住在用茅草木料临时搭成的棚子

里,这里的"居处"指住在平常住的房屋中。 ⑧予:宰予,即宰我。

子曰:"饱食终日,无所用心,难矣哉!不有博奕者乎①?为之,犹贤乎已②。"

[注释]①博奕(yì 义):下棋。 ②犹贤乎已:下棋游戏也比闲着好。"贤",胜过。"已",止,静止,什么也不干。

子路曰:"君子尚勇乎?"子曰:"君子义以为上。君子有勇而无义为乱,小人有勇而无义为盗。"

子贡曰:"君子亦有恶乎①?"子曰:"有恶:恶称人之恶者,恶居下流而讪上者②,恶勇而无礼者,恶果敢而窒者③。"
曰:"赐也亦有恶乎?""恶徼以为知者④,恶不孙以为勇者⑤,恶讦以为直者⑥。"

[注释]①恶(wù 务):憎恶。 ②居下流而讪上者:在下位而毁谤上级的人。"流"是衍文,晚唐以前的《论语》版本中无此字。"讪(shàn 扇)",诽谤。 ③窒(zhì 志):阻塞不通,这里指顽固不化、固执到底。 ④徼(jiāo 交):抄袭。 ⑤孙:同"逊"。 ⑥讦(jié 结):揭发别人的短处,斥责别人的过失。

子曰:"唯女子与小人为难养也,近之则不孙①,远之则怨。"

[注释]①近之则不孙:亲近了,就无礼。"孙",同"逊"。

子曰:"年四十而见恶焉①,其终也已②。"

[注释]①见恶:被厌恶。 ②已:止,尽。

本章意思是:人到四十岁还被厌恶,这一生也就完了。

微子第十八

微子去之①,箕子为之奴②,比干谏而死③。孔子曰:"殷有三仁焉。"

[注释]①微子:名启,殷纣王的哥哥,出生之时,其母亲还是帝乙之妾,后来被立为妻,又生纣,所以帝乙死后,微子不得继位为王,而由纣继位。"去",离开。"之",他,指纣王。"去之"即离开纣王,因为纣王无道,微子乃辞职隐去。 ②箕子:名胥馀,殷纣王的叔叔。他谏纣王,纣王不听,便披散着头发装疯,被纣王降为奴隶。周武王灭商后才被释放。"之",纣王。 ③比干:殷纣王的叔叔。他力谏纣王,纣王说:"吾闻圣人之心有七窍,信诸?"便将比干剖胸挖心,残忍地杀死。

柳下惠为士师①,三黜②。人曰:"子未可以去乎?"曰:"直道而事人,焉往而不三黜?枉道而事人③,何必去父母之邦④?"

[注释]①柳下惠:姓展,名获,字禽,鲁国的贤大夫。"柳下"是他的封地,"惠"是他的谥号。士师:官名,主管刑罚。 ②三黜:多次被罢免。"三",泛指多次。"黜(chù 触)",罢免。 ③枉:曲。 ④何必去父母之邦:何必要离开父母之邦?"父母之邦",指本国。

齐景公待孔子曰:"若季氏①,则吾不能;以季孟之间待之②。"曰:"吾老矣,不能用也。"孔子行。

[注释]①季:季孙氏,鲁国的大夫,位在上卿。 ②以季孟之间待之:给孔子次于季氏而高于孟氏的待遇。"孟",孟孙氏,鲁国的大夫,位在下卿。

齐人归女乐①,季桓子受之②,三日不朝,孔子行。

[注释]①归:同"馈(kuì愧)",赠送。 ②季桓子:季孙氏。

楚狂接舆歌而过孔子曰①:"凤兮②!凤兮!何德之衰③?往者不可谏④,来者犹可追。已而⑤,已而!今之从政者殆而⑥!"

孔子下,欲与之言。趋而辟之,不得与之言。

[注释]①接舆:楚国人,当时人称他为疯子,实际上是一个逃避现实的隐士。歌而过孔子:一边唱着一边走过孔子旁边。 ②凤:鸟名,即凤凰。传说凤鸟是一种灵禽,在有道之世才出现。这里以凤鸟比孔子。 ③何德之衰:你的德行为什么如此衰微?这句是讥讽孔子在无道之世出来奔走游说。④谏:劝阻。 ⑤已而:算了罢。"已",止。"而",语气词。 ⑥殆(dài代):危险。接舆认为当时统治者腐败,政局危险,劝孔子隐居,不要东奔西走、四处游说了。

长沮、桀溺耦而耕①,孔子过之,使子路问津焉②。

长沮曰:"夫执舆者为谁③?"

子路曰:"为孔丘。"

曰:"是鲁孔丘与?"

曰:"是也。"

曰:"是知津矣④。"

问于桀溺。

桀溺曰:"子为谁?"

曰:"为仲由。"

曰:"是鲁孔丘之徒与?"

对曰:"然。"

曰:"滔滔者天下皆是也⑤,而谁以易之⑥?且而与其从辟人之士也⑦,岂若从辟世之士哉⑧?"耰而不辍⑨。

子路行以告。

夫子怃然曰⑩:"鸟兽不可与同群⑪,吾非斯人之徒与而谁与⑫?天下有道,丘不与易也⑬。"

[注释]①长沮、桀溺:指两个隐士,不是真实姓名。耦而耕:古代的一种耕作方式,两人各执一耜,并排而耕。 ②津:渡口。 ③执舆:执辔,拉着马的缰绳。这本是子路干的,因为子路下车去问路,所以由孔子代为驾车。 ④是知津矣:他应该知道渡口在哪里。"是",指示代词,这个人,指孔子。这句话讥讽孔子周游列国,应该熟悉道路;又讥讽他应该认识政治形势,知道迷途而返。 ⑤滔滔者天下皆是也:洪水滔滔,天下弥漫。这里比喻社会纷乱。⑥谁以易之:你们和谁去改变它呢。"以",与。"易",改变。 ⑦且而与其从辟人之士也:你与其跟随逃避坏人的人。"而",同"尔",你。"辟",同"避"。"辟人之士"指孔子。 ⑧辟世之士:指逃避整个社会的人,长沮、桀溺自喻。 ⑨耰:农具名,打碎土块、平整土地的工具。这里指用土覆盖播下去的种子。辍(chuò 龊):停止。 ⑩怃(wǔ 舞)然:怅惘失意的样子。⑪鸟兽不可与同群:指孔子不愿隐居山林与鸟兽同群,必须在社会中生活,即不放弃自己的理想。 ⑫斯人之徒:指世上的人们。 ⑬天下有道,丘不与易也:如果天下有道,我孔丘就不参与改革社会了。"易",变革。

子路从而后,遇丈人①,以杖荷蓧②。

子路问曰:"子见夫子乎?"

丈人曰:"四体不勤③,五谷不分④。孰为夫子?"植其杖而芸⑤。

子路拱而立。

止子路宿,杀鸡为黍而食之,见其二子焉⑥。

明日,子路行以告。

子曰:"隐者也。"使子路反见之。至则行矣。

子路曰:"不仕无义。长幼之节,不可废也⑦;君臣之义,如之何其废之?欲洁其身,而乱大伦⑧。君子之仕也,行其义也。道之不行,已知之矣。"

[注释]①丈人:老人。 ②以杖荷莜:用拐杖挑着莜。"荷",肩负。"莜(diào 掉)",古代除草用的一种工具。 ③四体:两手和两脚。 ④五谷不分:分不清五种农作物,指不懂得农作耕种。五谷:黍、稷、菽、麦、稻。 ⑤植其杖而芸:把拐杖插在地里而后去除草了。"芸",同"耘",除草。 ⑥见其二子焉:使两个儿子拜见子路。 ⑦长幼之节,不可废也:指丈人引见其二子,是不废长幼之节的表现。 ⑧欲洁其身,而乱大伦:为了洁身自好而忽视了君臣之间的根本伦理。"大伦",最大的伦常。

逸民①:伯夷、叔齐、虞仲、夷逸、朱张、柳下惠、少连。子曰:"不降其志,不辱其身,伯夷、叔齐与!"谓:"柳下惠、少连,降志辱身矣,言中伦②,行中虑,其斯而已矣。"谓:"虞仲、夷逸,隐居放言③,身中清,废中权。我则异于是,无可无不可。"

[注释]①逸民:避世隐居的人。 ②中(zhòng 众):符合,合于。 ③放言:不谈世事。"放",置。

大师挚适齐①，亚饭干适楚②，三饭缭适蔡，四饭缺适秦，鼓方叔入于河③，播鼗武入于汉④，少师阳、击磬襄入于海⑤。

[注释]①大师挚：鲁国的太师（乐官之长），名挚。适：往，到。　②亚饭干：第二次吃饭时奏乐的乐师，名干。古代天子诸侯吃饭时都要奏乐，所以乐师有"亚饭"、"三饭"、"四饭"之称。　③鼓方叔：击鼓的乐师，名方叔。④播鼗（táo 桃）武：摇鼗鼓的乐师，名武。"鼗"，即拨浪鼓，两旁系着小槌的小鼓。　⑤少师阳：副乐官，名阳。击磬襄：敲磬的乐师，名襄。"磬"，古代的一种打击乐器，用玉或石制成，形状像曲尺。

本章记载了鲁国的乐师流亡四方的情况，可见当时礼崩乐坏的情景。

周公谓鲁公曰①："君子不施其亲②，不使大臣怨乎不以③。故旧无大故，则不弃也。无求备于一人。"

[注释]①鲁公：周公的儿子伯禽，封于鲁。　②施：同"弛（chí 池）"，松弛，这里指疏远、怠慢。　③以：用。

周有八士：伯达、伯适①、仲突、仲忽、叔夜、叔夏、季随、季骗②。

[注释]①适：音 kuò。　②骗：音 guā。

这八个人的生平事迹不详，大概是周朝的八个著名人士。

子张第十九

子张曰:"士见危致命①,见得思义②,祭思敬,丧思哀,其可已矣。"

[注释]①士见危致命:读书人在国家危难的时刻能不顾性命地挺身而出。从文字上看,"见危致命"之"危"的内容并不明确,按照字面理解则是"在危险时刻"或"见到危险"就豁出性命。但是,这和孔子的思想体系不合,因为"危"也是有前提的,要看"危"的对象是什么,再决定是否"致命"。《宪问》有"见利思义,见危授命"之语,故把"见危致命"理解为在国家危难的时刻而"致命"。"致命",舍生忘死,极尽生命。 ②思:考虑。

子张曰:"执德不弘①,信道不笃②,焉能为有?焉能为亡③?"

[注释]①弘:一解为"强",一解为"大"。"执德不弘"的意思是实施道德不够坚强,或不能把道德发扬光大。二者都通。 ②笃:忠实。 ③亡:同"无"。"焉能"二句是说,有他不为多,无他不为少,有与没有都无足轻重。

子夏之门人问交于子张。子张曰:"子夏云何?"
对曰:"子夏曰:'可者与之①,其不可者拒之。'"

子张曰:"异乎吾所闻:君子尊贤而容众,嘉善而矜不能②。我之大贤与③,于人何所不容?我之不贤与,人将拒我,如之何其拒人也?"

[注释]①与:相与,交往。 ②嘉:夸奖。矜(jīn 今):怜惜,同情。 ③与:同"欤",语气词。

子夏曰:"虽小道①,必有可观者焉;致远恐泥②,是以君子不为也。"

[注释]①小道:技,技艺,才能。指一般技能与才干,这里指的是儒家以外的学说。 ②泥:妨碍,拘泥难行。子夏认为,儒家以外的学说虽然有合理可取之处,但不利于实现远大的目标,所以"君子"不愿意从事那些"小道"。

子夏曰:"日知其所亡①,月无忘其所能,可谓好学也已矣。"

[注释]①亡:同"无"。这里指未知的新知识。

子夏曰:"博学而笃志①,切问而近思②,仁在其中矣。"

[注释]①博学:广泛地学习。笃志:坚守自己的目标。有的理解为"牢牢地记住知识",与语意虽通,但不如坚守目标贴切。 ②切问:恳切地请教。近思:切合实际地思考问题。

子夏曰:"百工居肆以成其事①,君子学以致其道②。"

[注释]①百工:各行各业的工匠。肆:作坊和集市。 ②致:达到。本章以百工专心生产为例,劝勉人们专心致志于学道。

子夏曰:"小人之过也必文①。"

[注释]①文:文饰,掩饰。

子夏曰:"君子有三变:望之俨然①,即之也温②,听其言也厉③。"

[注释]①俨(yǎn 眼)然:庄严的样子。　②即:靠近,接触。温:温和。③厉:这里指说话严谨、慎重。有的理解为"严厉",这和"即之也温"相矛盾。

子夏曰:"君子信而后劳其民;未信,则以为厉己也①。信而后谏;未信,则以为谤己也②。"

[注释]①信:取信于民。这句话的意思是:君子要先取信于民而后再使民听命于自己,否则百姓会以为是在虐待他们。　②信:取信于君。这句话的意思是:获得君主信任再劝谏君主,否则就会被看做是对君主的毁谤。

子夏曰:"大德不逾闲,小德出入可也①。"

[注释]①逾:超越。闲:栅栏,这里指界限。

本章的意思是:人不能违背道德原则,至于生活作风上的细节问题有点瑕疵是可以的。

子游曰:"子夏之门人小子,当洒扫应对进退,则可矣,抑末也①。本之则无②,如之何?"

子夏闻之,曰:"噫!言游过矣!君子之道,孰先传焉?孰后倦焉③?譬诸草木④,区以别矣。君子之道,焉可诬也?有始有卒者,其惟圣人乎⑤!"

[注释]①抑:不过,可是。末:琐碎小事。"抑末也",不过细节罢了。②本:指礼乐大道。儒家以礼乐为本,其余均为末。 ③倦:即"诲人不倦"的"倦",这里指教诲。一说是"传"字之误。如解为"倦",则"孰先传焉,孰后倦焉"的意思是哪一项先传授、哪一项后教诲。如解释为"传",意思则是哪一项先教、哪一项后教。二者均通。 ④譬诸草木:比喻学问有深浅,传授过程中应当分门别类,循序渐进,先浅后深,先末后本。"诸","之于"的合音。"草木",草木有大小,比喻学问有浅有深。 ⑤有始有卒者,其惟圣人乎:按照学问深浅、循序渐进地传授,并且有始有终,一般人是做不到的,只有圣人能做到。

子游认为子夏的学生只懂得事务性的礼仪,不懂得先王之道。子夏认为子游错了,因为这些事务性的礼仪也是先王之道的组成部分;人们在传授、学习的时候,有的先学习礼仪,有的先学习理论,因人因时而异,不能说那些学习洒扫应对之礼的就不合先王之道,也不能说那些洒扫应对之礼就是"末",因为学习洒扫应对之礼者并不等于不学先王之道,不过是学习进程不同罢了。一定要循序渐进地传授,只有圣人能够做到。

子夏曰:"仕而优则学,学而优则仕。"

子游曰:"丧致乎哀而止①。"

[注释]①这句的意思是:服丧表达自己的悲哀之情就可以了,不要过度。"丧",丧葬。"致",传达,表达。"止",停止,可以,够了。

子游曰:"吾友张也为难能也①,然而未仁。"

[注释]①张:指子张,即颛孙师。难能:难能可贵。

曾子曰:"堂堂乎张也①,难与并为仁矣。"

[注释]①堂堂乎:仪表壮伟的样子。张:子张。

曾子曰:"吾闻诸夫子:人未有自致者也①,必也亲丧乎②!"

[注释]①致:尽致,极致,指人的真情全部表露出来。 ②亲丧:指父母死亡。

曾子曰:"吾闻诸夫子:孟庄子之孝也①,其他可能也;其不改父之臣与父之政,是难能也。"

[注释]①孟庄子:名速,鲁国的大夫。他的父亲是孟献子,鲁国的大夫,据说有贤德。

孟氏使阳肤为士师①,问于曾子。曾子曰:"上失其道,民散久矣。如得其情②,则哀矜而勿喜③!"

[注释]①孟:孟孙氏。阳肤:相传是曾子的学生。士师:法官。 ②情:指犯罪的真情。 ③矜(jīn今):怜悯,同情。

子贡曰:"纣之不善①,不如是之甚也。是以君子恶居下流②,天下之恶皆归焉。"

[注释]①纣:商朝最后一个君主,历代被视为暴君。 ②恶:厌恶。下流:下游,地形低下的地方。这里的意思是一旦居于下流,天下的一切坏名声都会归到他的头上来。

子贡曰:"君子之过也,如日月之食焉:过也,人皆见之;更也,人皆仰之。"

卫公孙朝问于子贡曰①："仲尼焉学②？"子贡曰："文武之道③，未坠于地④，在人⑤。贤者识其大者⑥，不贤者识其小者，莫不有文武之道焉。夫子焉不学？而亦何常师之有？"

[**注释**]①公孙朝：卫国的大夫。　②焉：哪里。　③文武：周文王、周武王。　④未坠于地：周文王、周武王之道并没有坠落失传。"坠"，坠落，指失传。　⑤在人：就在人们中间。这里是说人们都还是能记得的。　⑥识：记住。其：指文武之道。"其大者"，主要的、根本的东西。

叔孙武叔语大夫于朝曰①："子贡贤于仲尼。"
子服景伯以告子贡②。
子贡曰："譬之宫墙，赐之墙也及肩，窥见室家之好。夫子之墙数仞③，不得其门而入，不见宗庙之美，百官之富④。得其门者或寡矣。夫子之云⑤，不亦宜乎！"

[**注释**]①叔孙武叔：鲁国的大夫，名州仇。　②子服景伯：名何，鲁国的大夫。　③夫子：指孔子。仞：长度单位，古时七尺或八尺叫做一仞。　④官：本义是房舍，后引申为官职。这里指房舍。　⑤夫子：这里指叔孙武叔。

叔孙武叔毁仲尼。子贡曰："无以为也！仲尼不可毁也。他人之贤者，丘陵也，犹可逾也；仲尼，日月也，无得而逾焉。人虽欲自绝，其何伤于日月乎？多见其不知量也①。"

[**注释**]①多见其不知量也：只能说明他不自量力罢了。"多"，只，仅仅。

陈子禽谓子贡曰①:"子为恭也,仲尼岂贤于子乎?"

子贡曰:"君子一言以为知②,一言以为不知,言不可不慎也。夫子之不可及也,犹天之不可阶而升也。夫子之得邦家者③,所谓立之斯立,道之斯行④,绥之斯来⑤,动之斯和。其生也荣,其死也哀,如之何其可及也?"

[注释]①陈子禽:姓陈,名亢,字子禽。 ②知:同"智"。 ③邦:诸侯统治的地区。家:大夫统治的地区。"得邦家者",指当上诸侯或卿大夫。 ④立之斯立,道之斯行:让百姓立足社会,百姓就能立足社会;引导百姓,百姓就会自觉前进。"道",同"导"。 ⑤绥:安抚。

尧曰第二十

尧曰①:"咨②!尔舜!天之历数在尔躬③,允执其中④。四海困穷,天禄永终⑤。"

舜亦以命禹。

曰:"予小子履敢用玄牡⑥,敢昭告于皇皇后帝:有罪不敢赦。帝臣不蔽,简在帝心⑦。朕躬有罪⑧,无以万方⑨;万方有罪,罪在朕躬。"

周有大赉⑩,善人是富。"虽有周亲⑪,不如仁人。百姓有过,在予一人。"

谨权量⑫,审法度⑬,修废官⑭,四方之政行焉。兴灭国,继绝世⑮,举逸民⑯,天下之民归心焉。

所重:民、食、丧、祭。

宽则得众,信则民任焉⑰,敏则有功,公则说⑱。

[注释]①尧:传说是远古的圣君。他把君位传给舜,舜又传给了禹。②咨(zī资):感叹词,表示赞美。③天之历数:古人认为帝位传承像日月星辰按照一定顺序运转一样有序进行。尔:你。躬:自己。这一句的意思是:上天的大命已经落到你身上了。④允执其中:诚实地把握你的正确。"允",诚实。"执",坚持。"中",正确、关键、根本的东西。⑤四海困穷,天禄永

终:如果天下百姓都陷入贫穷之中,上天给你的禄位也就永远地终止了。"天禄",上天赐予的禄位。 ⑥予小子履敢用玄牡:我小子谨用黑色公牛做牺牲。"予",我。"履",商汤王名履。他自认为是上天之子,所以在占卜祭祀时自称"予小子"。"玄牡",黑色的公牛。 ⑦帝臣不蔽,简在帝心:这是对天帝的祷告词,意思是说:您的臣仆的善恶我不敢隐瞒掩盖,您心里是早已知道的。"简",阅,这里是明白的意思。 ⑧朕:我。先秦时代,人们日常说话都可以自称为朕,从秦始皇开始才专用做帝王的自称。 ⑨万方:指各方百姓。 ⑩赉(lài 赖):赏赐。 ⑪周亲:至亲。有人说"虽有周亲"四句是周武王封诸侯的誓词。 ⑫谨:谨慎,引申为严格。权:称轻重的秤。量:量容积的斗斛。"权量",度量衡的简称。 ⑬审法度:审查、制定、完善国家政令。 ⑭修废官:修复已经废弃的官位职能。 ⑮兴灭国,继绝世:复兴被灭亡的国家,延续世系已经绝传的宗族。 ⑯举逸民:提拔被遗忘的人才。"举",用,选拔使用。"逸民",隐逸民间的人才,这里主要是指过去的有才干的遗老遗少,而不是一般意义上的隐士。 ⑰宽则得众,信则民任焉:宽厚就可以得到民众的拥护,诚信就可以得到别人的信任。"信则民任焉"五字在《阳货》中是"信则人任焉",在东汉石经、唐代写本等一些版本中没有这五个字,因而自清朝以来,就有学者认为这句话是衍文,是《阳货》的篡入。 ⑱敏则有功,公则说:勤敏就会取得成功,公平就会使人高兴。"敏",勤敏。"公",公正。"说",同"悦"。

子张问于孔子曰:"何如斯可以从政矣①?"

子曰:"尊五美,屏四恶②,斯可以从政矣。"

子张曰:"何谓五美?"

子曰:"君子惠而不费,劳而不怨,欲而不贪,泰而不骄③,威而不猛。"

子张曰:"何谓惠而不费?"

子曰:"因民之所利而利之,斯不亦惠而不费乎?择可劳而劳之,又谁怨?欲仁而得仁,又焉贪?君子无众寡,无小大,无敢慢,斯不亦泰而不骄乎?君子正其衣冠,尊其瞻视,俨然人望而畏之④,斯不亦威而不猛乎?"

子张曰:"何谓四恶?"

子曰:"不教而杀谓之虐;不戒视成谓之暴⑤;慢令致期谓之贼⑥;犹之与人也⑦,出纳之吝谓之有司⑧。"

[注释]①斯:就。 ②屏:屏除,排除。 ③泰:安宁而庄重。 ④俨然:庄重的样子。 ⑤不戒视成:不加告诫教育就要看成绩。 ⑥慢令致期:开始时做事懈怠,不加督促,后来突然限定期限。 ⑦犹之:均之。与:给予。"犹之与人"即均之与人,同样是把财物给人。 ⑧出纳之吝谓之有司:给人财物,出手吝啬,叫做小家子气。"出纳",拿出和收入。此处"出纳"连用,只表示"出"的意思。"有司",专管某项事情的小官吏。这里指度量狭小。

孔子曰:"不知命,无以为君子也;不知礼,无以立也;不知言①,无以知人也。"

[注释]①知言:善于分析别人的语言,辨别是非善恶。

本章意思是:不懂得命运,就无法成为君子;不懂得礼,就无法立足于社会;不懂得分辨别人的语言,就无法区分人的好坏优劣。

参 考 文 献

何晏、邢昺:《论语注疏》,《十三经注疏》本,中华书局,1980年版。
朱熹:《论语集注》,岳麓书社,2004年版。
刘宝楠:《论语正义》,中华书局,1990年版。
康有为:《论语注》,中华书局,1984年版。
程树德:《论语集释》,中华书局,1990年版。
杨树达:《论语疏证》,科学出版社,1957年版。
杨伯峻:《论语译注》,中华书局,1980年版。
张燕婴:《敦煌论语集解校证》,中华书局,2006年版。
李泽厚:《论语今读》,三联书店,2004年版。
程石泉:《论语读训》,上海古籍出版社,2004年版。
毛子水:《论语今注今译》,台北商务出版社,1984年版。
唐满先:《论语今译》,江西人民出版社,1980年版。
来可泓:《论语直解》,复旦大学出版社,1996年版。
南怀谨:《论语别裁》,复旦大学出版社,1996年版。
钱穆:《论语新解》,三联书店,2002年版。
赵纪彬:《论语新探》,人民出版社,1959年版。
邱汉生:《四书集注简论》,中国社会科学出版社,1980年版。
蔡尚思:《孔子思想体系》,上海人民出版社,1982年版。

蔡尚思:《中国古代学术思想史论》,广东人民出版社,1990年版。

杨焕英:《孔子思想在国外的传播与影响》,教育科学出版社,1987年版。

严北溟:《孔子的哲学思想》,上海人民出版社,1959年版。

钟肇鹏:《孔子研究》,中国社会科学出版社,1990年版。

牟钟鉴:《儒学价值的新探索》,齐鲁书社,2001年版。

刘和忠:《孔子道德教育思想研究》,高等教育出版社,2002年版。

杨朝明:《孔子与孔门弟子研究》,齐鲁书社,2001年版。

匡亚明:《孔子评传》,南京大学出版社,1990年版。

洪丕模:《东方圣经》,浙江人民出版社,1996年版。

杨伯峻:《春秋左传注》,中华书局,1990年版。

韦昭:《国语注》,上海古籍出版社,1988年版。

司马迁:《史记》,中华书局,1959年版。

近期国学读物要目

国学新读本

诗经　梁锡锋　注说
论语　臧知非　注说
尚书　姜建设　注说
国语　曹建国　张玖青　注说
孔子家语　杨朝明　注说
山海经　郑慧生　注说
墨子　苏凤捷　程梅花　注说
孟子　何晓明　周春健　注说
庄子　曹础基　注说
荀子　杨朝明　注说
韩非子　赵沛　注说
孙子兵法　赵国华　注说
楚辞　李中华　邹福清　注说
潜夫论　王健　注说
文心雕龙　戚良德　注说
商君书　徐莹　注说
战国策　张彦修　注说
淮南子　杨有礼　注说
老子　曹峰　注说
礼记　杨天宇　注说
吕氏春秋　张福祥　注说
世说新语　赵成林　陈艳　注说
史通　李振宏　注说
春秋繁露　曾振宇　注说

百年河大国学旧著新刊

河洛方言诠诂　王广庆　著
三统历表　邵瑞彭　著
中国戏剧概论　卢前　著
晚明思想史论　嵇文甫　著
论语新探　赵纪彬　著

天问研究　孙作云　著
汉魏六朝文学史　李嘉言　著
金艺文志　金登科记考　万曼　著
唐集叙录　万曼　著
中国文学史新编　张长弓　著
汉碑集释　高文　著
袁中郎研究　任访秋　著
东夷杂考　李白凤　著
宋会要辑稿考校　王云海　著
长江集新校　李嘉言　著
高适岑参选集　高文　王刘纯　选著
花间集注　华锺彦　著
庆湖遗老诗集校注　王梦隐　著
曾瑞散曲集校注　李春祥　著
辛弃疾选集　佟培基　选著

于安澜书画学四种
画论丛刊
画史丛书
画品丛书
书学名著选

元典文化丛书
中华第一经——《周易》与中国文化　宋会群　苗雪兰　著
教化百科——《诗经》与中国文化　孙克强　张小平　著
经国治民之典——《周礼》与中国文化　郝铁川　著
哲人的智慧——《老子》与中国文化　高秀昌　龚力　著
圣人箴言录——《论语》与中国文化　李振宏　著
武学圣典——《孙子兵法》与中国文化　龚留柱　著
亚圣思辨录——《孟子》与中国文化　何晓明　著
逍遥之祖——《庄子》与中国文化　白本松　王利锁　著
外王之学——《荀子》与中国文化　张曙光　著
中国帝王术——《韩非子》与中国文化　王宏斌　著
史家绝唱——《史记》与中国文化　邓鸿光　著
诸经总龟——《春秋》与中国文化　涂文学　周德钧　著
管理宝典——《管子》与中国文化　袁闯　著
纵横家书——《战国策》与中国文化　张彦修　著
人仙之间——《抱朴子》与中国文化　徐仪明　冷天吉　著

医学圣典——《黄帝内经》与中国文化　王庆宪　梁晓珍　著
礼乐渊薮——《礼记》与中国文化　黄宛峰　著
词章之祖——《楚辞》与中国文化　李中华　著
星学宝典——《历书天官书》与中国文化　郑慧生　著
天人衡中——《春秋繁露》与中国文化　曾振宇　范学辉　著
王政全书——《吕氏春秋》与中国文化　张富祥　著
神话之源——《山海经》与中国文化　高有鹏　孟芳　著
新道鸿烈——《淮南子》与中国文化　杨有礼　著
史家龟鉴——《史通》与中国文化　曾凡英　著
政事纲纪——《尚书》与中国文化　姜建设　著
春秋弦歌——《左传》与中国文化　龚留柱　著
平民理想——《墨子》与中国文化　苏凤捷　程梅花　著
人伦本原——《孝经》与中国文化　臧知非　著
法典之王——《唐律疏议》与中国文化　徐永康　吉霁光　郑取　著
文论巨典——《文心雕龙》与中国文化　戚良德　著

宋代研究丛书

北宋诗学　张海鸥　著
宋代东京研究　周宝珠　著
宋代地域经济　程民生　著
宋代监察制度　贾玉英　著
宋代官员选任和管理制度　苗书梅　著
宋代地域文化　程民生　著
宋代文学通论　王水照　主编
宋代司法制度　王云海　主编
宋代教育　苗春德　主编
清明上河图与清明上河学　周宝珠　著
宋代文化史　姚瀛艇　主编
黄庭坚与宋代文化　杨庆存　著
宋代交通管理制度研究　曹家齐　著
岳飞和南宋前期政治与军事研究　王曾瑜　著
成圣之道——北宋二程修养工夫论之研究　温伟耀　著
宋代绘画研究　邓乔彬　著

汉语史专书语法研究丛书

《三朝北盟会编》语法研究　刁晏斌　著
《荀子》虚词研究　黄珊　著
《晏子春秋》词类研究　姚振武　著

《聊斋俚曲》语法研究　冯春田　著
《孟子》词类研究　崔立斌　著
《朱子语类辑略》语法研究　吴福祥　著
敦煌变文12种语法研究　吴福祥　著
《吕氏春秋》句法研究　殷国光　著
《尚书》语法论稿　钱宗武　著
《左传》语法研究　何乐士　著
《元典章·刑部》语法研究　李崇兴　祖生利　著
汉语语法史断代专书比较研究　何乐士　著

图书在版编目（CIP）数据

论语/臧知非注说.—开封：河南大学出版社，2008.3
（2015.1重印）
（国学新读本）
ISBN 978-7-81091-743-8

Ⅰ.论…　Ⅱ.臧…　Ⅲ.①儒家　②论语－注释
Ⅳ.B222.22

中国版本图书馆CIP数据核字（2008）第002881号

责任编辑　李景奇
封面设计　马　龙

出版发行	河南大学出版社
	地址：河南省开封市明伦街85号　邮编：475001
	电话：0371－22825003（营销部）　网址：www.hupress.com
排　　版	河南第一新华印刷厂
印　　刷	开封智圣印务有限公司
版　　次	2008年3月第1版　　印　次　2015年1月第2次印刷
开　　本	650mm×960mm　1/16　印　张　17
字　　数	213千字　　印　数　2001—3000册
定　　价	30.00元

（本书如有印装质量问题请与河南大学出版社营销部联系调换）